U0743534

培养小学生音乐核心素养途径与方法的研究

天津市中小学教师继续教育中心　编

天津出版传媒集团

天津科学技术出版社

图书在版编目(CIP)数据

培养小学生音乐核心素养途径与方法的研究 / 天津市中小学教师继续教育中心编. -- 天津 : 天津科学技术出版社, 2021.12

(天津市中小学"学科领航教师培养工程"团队攻坚成果系列丛书)

ISBN 978-7-5576-9812-6

Ⅰ. ①培… Ⅱ. ①天… Ⅲ. ①音乐课-教学研究-小学 Ⅳ. ①G623.712

中国版本图书馆 CIP 数据核字 (2021) 第 278125 号

培养小学生音乐核心素养途径与方法的研究

PEIYANG XIAOXUESHENG YINYUE HEXIN SUYANG TUJING YU FANGFA DE YANJIU

责任编辑:韩　瑞

责任印制:兰　毅

出版:　天津出版传媒集团

　　　　天津科学技术出版社

地址:天津市西康路 35 号

邮编:300051

电话:(022) 23332397 (编辑室)

网址:www.tjkjcbs.com.cn

发行:新华书店经销

印刷:天津印艺通制版印刷股份有限公司

开本 710×1000　1/16　印张 16.25　字数 259 000

2021 年 12 月第 1 版第 1 次印刷

定价:128.00 元

目　录

第一篇

培养小学生音乐核心素养的途径

浅谈微课助力小学音乐
教学内容的实施

天津市滨海新区塘沽湾第一小学　王薇薇

天津市滨海新区塘沽岷江里小学　　刘静

摘　要:微课作为一种新型的教学手段和学习方式,以其富有感染力的音效、直观生动的图像、启发性的视频片段等特点脱颖而出,改变了过去教师单一的教学模式。对于小学音乐教学来说,微课可以创造真实、具体的教学情境,把不易于用教材、课件和语言来讲授的音乐知识、歌曲内容、音乐欣赏、乐器教学等通过视频演示的方法展现出来,变得生动有趣,从而达到良好的教学效果。音乐课程教学一般是通过聆听、演唱、演奏、综合性艺术表演、音乐编创的实践形式得以实施。本文论述说明了微课的使用丰富了教学实践的形式。

关键词:微课　音乐教学　教学内容　兴趣

随着信息技术的快速更新发展,微课这种新型的教学模式和学习方式越来越受到教师和学生的欢迎。这种"技术+教育"的创新形态给教育教学带来了巨大的变革——即学习时间的变革、学习形式的变革。

一、微课的概念

微课是为了使学习获得最佳效果,按照一定的设计和制作标准,以短小精悍的视频为主要载体,针对某一知识点(重点、难点、疑点、热点等)或教学环节而精心设计开发的一种情景化、可视化、具有趣味性的学习资源。从定义中我们看出,微课是以视频的方式呈现的,而视频是一种富媒体,它可以包含图片、音像等碎片化的内容,并能有效地压缩时空,将多种媒体元素有机结合。

微课一般为 5~8 分钟,具有短小精悍的特点,给人耳目一新的精致感,满足了学习者在信息超负荷情况下的知识摄入方式,拾起碎片化的时间、分解知识的难度、灵巧便捷、平等高效。微,意味着细小、具体、个性;微,意味着灵动、互助;微,意味着积累、分享、交流。

对于小学音乐教学来说,微课可以把不易于用教材、课件和语言来讲授的音乐欣赏、乐理知识、歌曲内容、器乐教学、音乐相关文化等转化成画面生动、语言简练、动静结合的学习内容,并创造相应的真实、具体的教学情境,强化学生对美的感受,激发学生学习兴趣,从而达到良好的学习效果。

二、微课助"感受与欣赏"插上想象的翅膀

新课标指出:"感受与欣赏"是音乐课程的重要领域之一,是整个音乐学习活动的基础,是培养学生音乐审美能力的有效途径。学会欣赏音乐、学会感受音乐中的情感,不仅是人生的一项技能,也是一个资本。

(一)利用微课"创设情境"激发联想

学生借助微课创设的情境来展开想象,引发联想,让学生更投入到课堂中,既调动学生的学习能动性,又可以增强学习音乐的信心。小学生年龄结构较小,独立

思考能力还不足,不能在短的时间内接受并熟练使用新的知识,但是他们对于贴近生活场景却有着清晰的认识,所以我们创设情境的时候,要选择同学们了解或在日常生活中能够接触到的事情作为出发点,从而进一步提高小学音乐教学的质量和学习效率。动画片是学生在实际生活中感兴趣的元素,试想一下,如果动画人物出现在微课中,并用其特有的语言、动作和学生互动,那么学生会非常感兴趣的。例如:刚刚踏入小学校门的孩子,在他们进入小学的第一节音乐课是学唱歌曲《你的名字叫什么?》。笔者制作了一个动画式的微课,让学生们最熟悉的卡通人物喜洋洋用唱歌的方式介绍自己,前两句歌词是个问句,第三句是回答。"你的名字叫什么? 你的名字叫什么? 我叫喜洋洋,你的名字真好听。"学生们学会了这首歌曲以后,再用这种方式与孩子们互动,喜洋洋来问,学生来回答,通过简单的互动,吸引了孩子们的注意力,而且能够让每一名学生参与,得到满足感、成就感,更能激发他们对音乐课的兴趣。

蒙台梭利在《新世界的教育》中指出:"学习必须通过个体在环境中的亲身体验,而不是靠听来获得。"例如:在《森林水车》的教学活动中,笔者在活动开始就利用微课给学生创设了一个情景:"小鸟邀请我们去森林游玩。"接下来为了让学生记住水车主题,教师设置情境:"森林中的水车迫不及待地和小鸟一起唱起了歌。"并用"水车旋转溅起朵朵水花"的动态图谱(图 1)把主题的连与断、起与伏的节奏与旋律特点做了形象直观的诠释,学生更能够理解音乐形象,表演乐曲的意境。

图 1　森林水车 2

(二)利用微课"自主学习"提升能力

交响乐是音乐中的高级形式,同样是人们不容易接近的高雅音乐,利用微课将严肃、难以接近的交响音乐变得通俗、易懂,消除"高雅音乐高高在上"的心理障碍也是一个有效的途径。

在传统课堂上,学生是被动的接受者,教师习惯将"系统的知识"传授给学生,而学生在教学机器的灌输下囫囵地吞下整节课的内容,没有时间去消化、吸收营

表1　欣赏《三只小猪》课前自主学习任务单

欣赏《三只小猪》(图2)。

图2　《三只小猪》微课

一、学习指南

1.课题名称:二年级下册第七课,欣赏《三只小猪》。

2.达成目标:

①初步感受《三只小猪》快乐、活泼的情绪,想象三只小猪的可爱形象。②能哼唱乐曲的主题旋律。③选出自己喜欢的角色,利用废旧物品制作打击乐器,为盖"草屋、木屋、砖屋"三段音乐伴奏。

3.学习方法建议:

①扫码自主观看微课视频,可暂停或反复观看。②利用网络资源查找相关资料。

4.课堂学习方式预告:

①课始检测:检测自主学习成果及目标达成度。②进阶学习:哼唱主题,听辨主题出现的次数。③协作探究:分组设计"盖房"的方案。④展示交流:交流作品,师生评价。

二、学习任务

1.通过观看微课,完成下列自测题:

①完整欣赏全曲后,全曲是＿＿＿＿＿＿＿＿情绪。

②选出自己喜欢的角色,并制作简易打击乐器。

| 猪大哥 | 猪二哥 | 猪小弟 |
| (　　) | (　　) | (　　) |

续表

③ 哼唱乐曲主题。

2.写出你的聆听感悟,如:最喜欢哪个音乐形象? 为什么?

三、困惑与建议

　　将你在自学中遇到的问题记录下来,或需要老师在课堂教学中给予哪些指导的建议,留待上课时和大家共同交流。

　　养,更没有能力使之变成自己可以提取使用的知识技能。而微课教学中的"自主学习任务单"恰好就解决了这一问题,它的出现时间是课前,能起到很好的预习作用。学生可以按照自己的节奏来完成一系列目标学习任务,学生在自主学习的过程中通过"观察、思考、吸收、探索、质疑"这一系列的动脑过程完成对新知的初步吸收,待课堂上有备而来的他们定会收获满满(表1)。

三、微课助"音乐知识"贴上有趣的标签

(一)微课让音乐知识更有趣

　　音乐是依靠乐音的高低、长短、强弱及音色的对比、变化有规律地组织起来,形成音乐的形象,并通过听觉器官来感受的一门艺术,这就要求学生必须学习基本的音乐知识。但是,在实际教学当中,学生觉得音乐知识的学习非常枯燥,这也是教师非常苦恼的地方。所以改变传统的单向灌输及书面练习等教学方式"迫在眉睫"。

　　微课短、小、精的优势则可以解决这一难题。首先,微课一般为5~8分钟,时间短,内容少,但是有教学目标和完整的教学过程。其次,微课是以视频的方式呈现的,它可以包含大量的生动的图片、富有感染力的音效等多媒体资源,极大地吸引学生的注意力,提高了学生的学习兴趣。

　　例如:微课《认识力度记号"f"强和"p"弱》(图3)笔者以故事情节为主线,设计了三个场景,首先跟随着主人公"强强"和"诺诺"来到森林房子聆听大雨和小雨的声音,了解音的强、弱,并知道声音是有强弱对比的(图4);然后来到音乐小屋聆听美妙的音乐,认识了喜欢轻轻歌唱的姐姐"p"和喜欢大声歌唱的弟弟"f",并通过字母外形和声音的区别加深力度记号"f"和"p"的认知和理解(图5);最后来到"寂静山谷"聆听山谷中的回声,表现力度记号强和弱(图6)。三个场景体现了四个环节——认知、对比、巩固、应用,让学生通过视听、分辨、体验,感受强与弱在音乐中的重要性。微课结合了学生所熟知的事物进行讲解和演示,力求把生硬的乐理知识讲得生动而形象,使教学不枯燥、呆板,易于学生接受和记忆。

图3 力度记号 f 强和 p 弱

图4 聆听大雨和小雨的声音

图5 力度记号的认知和理解

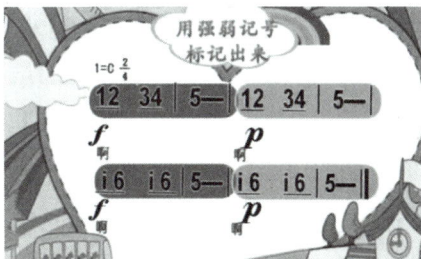

图6 "寂静山谷"聆听山谷中的回声

　　通过这样的一节微课,学生们不仅牢牢地记住了力度记号"f"和"p",也理解和掌握了它们的用法。微课中还有很多这样有趣的教学方式,同学们从"讨厌学习"变为"乐于学习",达到了良好的教学效果。

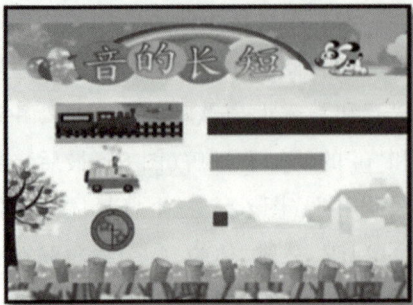

图 7 生活中声音对比

例如：人音版一年级上册《认识音的长短》，"微课"中的卡通形象分别吹奏了喇叭，学生通过观察吹奏线条的长度直观地比较出声音的长与短，再利用生活中出现火车、汽车、钟表的声音进行对比（图 7），比较出长、短不同的音，加强认知。这节"微课"内容丰富，语言生动有趣，更像是个动画片，能促进学生自主学习，掌握积累系统的音乐专业知识。

(二)微课让识谱教学更直观

音乐教学中的识谱，并不是单纯的认识曲谱，而是在实际学习过程中，既要认识曲谱又要演唱曲谱，还要在曲谱的基础上提升学生的音乐素质。学生一旦掌握了识谱，会极大程度地提高学生自信心和学习能力。但是，五线谱对初学者来说是一种很难辨识的记谱方法，学生不仅要认识音符和时值、唱准节奏还要辨识调式，学生觉得五线谱既难学又枯燥，这也是所有音乐教师非常苦恼的地方，想要让孩子们真正认识五线谱，牢记于心，并运用自如，我们不妨试一试微课。

例如：一年级的识谱课《认识五线谱的线和间》，微课刚开始的画面是卡通建筑工人正在盖一座"五线谱大楼"，这座大楼的内部结构是"五线四间"，音乐小精灵们就住在这座大楼里，每一个房间都有自己的门牌号(图8)，如：第一间，第一线等，随后音符宝宝来介绍自己住的位置。在练习环节，设置情境：有的音符宝宝迷路了，你能把它送回家吗？小朋友们的积极性瞬间被点燃，齐刷刷地举起小手，在比学赶帮的氛围中，同学们踊跃回答微课中提出的问题。

图 8 "五线谱大楼"

四、微课助"器乐教学"提升传授的效率

德国著名的音乐教育家奥尔夫先生说过:"器乐是学习音乐的重要手段。"随着课程的改革,口风琴、竖笛、陶笛等简单易学的乐器走进了小学音乐课堂,学生在学习乐器的过程中,和老师、同学互相帮助,尤其在合奏的过程中,既要演奏又要学会聆听、控制和欣赏,这既是能力也是品质,很多学校也把器乐教学作为校本课程。

学习器乐就意味着把识谱、乐理、视奏等有机结合在一起,对于学生来说是不容易做到的。在传统模式下的器乐教学总是令人精疲力竭的,教师不仅花费大量的时间去讲解,而且需要每时每刻都要像"在舞台上演出"一样有热情,即便是这样学生学起来依然感觉很吃力,久而久之学生水平参差不齐,学习兴趣慢慢丧失。利用微课教学之后,器乐微课资源取代了教师重复费力的讲解,使得老师把更多的精力放在对学生的观察、了解和个别指导上以及具体问题的研究上,学生可以按照自己的方式汲取知识,获得掌握技能的乐趣,越来越相信学习是自己的事情,器乐课堂也焕发出勃勃生机(表2)。

表2 传统课堂与微教学课堂时间使用情况对比

传统课堂		微课课堂	
活动	时间	活动	时间
热身活动	5分钟	热身活动	5分钟
讲授新课	20分钟	关于微课的问答时间	10分钟
学习指导、独立练习	10分钟	学习指导、独立练习	20分钟
展示	5分钟	展示	5分钟

例如:微课《认识口风琴》(图9),本节微课适用于口风琴的初始课,教学目标是了解口风琴的构造、认识琴键。为了避免乏味的学习,并为以后的学习奠下基石,将口风琴设计成了一个可爱的卡通形象,通过它的自我介绍,让学生通过试听了解口风琴(图10)。

图9　认识口风琴

图10　卡通形象口风琴

认识琴键是本节微课的难点,笔者力求把生硬、枯燥的知识介绍变得生动有趣。琴键是由一排小蚂蚁驮着出现的(图11),认识白键(图12),这种新颖的出场方式能吸引学生的眼球。介绍琴键时,将镜头拉近,学生看得更加清晰,通过这一节微课,学生对口风琴产生了浓厚的兴趣,为今后的学习奠定了基础。

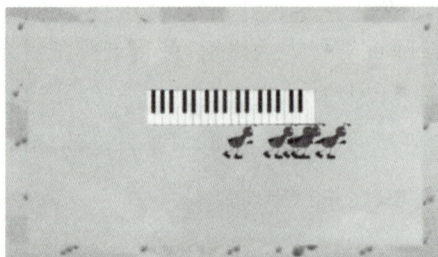

图11　小蚂蚁驮着琴键

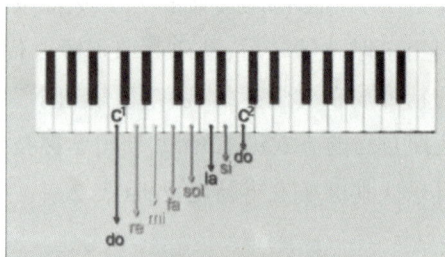

图12　认识白键

打开小学音乐课本,我们很容易发现,打击乐器的教学内容在课本中占了很大的比例。美国著名的音乐教育心理学家詹姆士·莫塞尔曾经说过:"打击乐器教学可以说是通往更好体验音乐的桥梁。"打击乐器(响板、木鱼、铃鼓、蛙鸣筒、串铃、沙锤等),以它的易学易奏、品种多样、音色丰富、合作性强等特点受到广大师生的喜爱。虽然学生在幼儿园阶段已经接触过,但是学生对于这些乐器的准确名称、归类以及正确的使用等方面的认知还是处于懵懂的模糊状态。对于专业方面的学习,更需要"微课"出马,方显学科的专业力量,培养学生核心素养。

例如:微课《认识蛙鸣筒》,本节微课通过对蛙鸣筒的外形、种类、演奏方法的介绍,学生能够认识这件打击乐器,并在音乐学习中能根据蛙鸣筒的特点结合实际应用到相关的音乐活动中。观看微课后,学生为《青蛙音乐会》伴奏,演奏短促有节奏的声音模仿小青蛙的齐唱,演奏连续不断的声音模仿小青蛙的喝彩声,丰富了音乐的表现力,提高学生对打击乐器的兴趣,让学生在玩中就可以学到知识(图13、图14)。

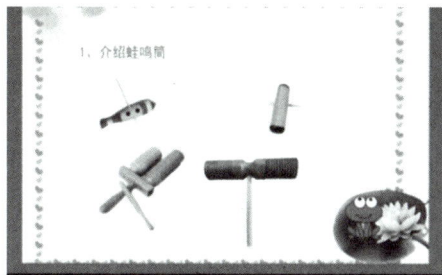

图 13　介绍蛙鸣筒

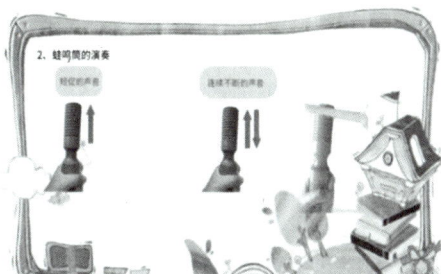

图 14　蛙鸣筒的演奏

五、微课助"音乐文化"拓宽广阔的视野

(一)微课让音乐文化"走出课堂"

音乐学科作为人文学科的一个重要领域,其音乐文化的内容对培养学生音乐素养有着积极作用。以微课的形式介绍音乐文化,我们就可以让孩子们开阔眼界,身临其境。微课既能用于课堂教学也可以"走出课堂"用于课前、课后的自主学习,呈现方式灵活,使用便捷,有效引导学生从新的角度去感受、体验音乐作品,帮助学生提高感悟、理解音乐的能力。

例如:微课《介绍音乐家——爱德华·施特劳斯》,这节微课属于一年级下册中的聆听曲目《火车波尔卡》中的音乐知识。微课以教师的口吻向学生介绍作曲家、小提琴家爱德华·施特劳斯的成长环境、家庭背景,帮助学生了解作曲家的生活,从而辅助对其作品的理解。微课重点欣赏了管弦乐《火车波尔卡》,介绍它的创作背景,是为庆祝一家铁路公司通车典礼而创作的,乐曲采用写实的手法,对蒸汽机车启动、加速、行进、到站等做了细致的描绘,洋溢着欢乐的气氛。

音乐家知识微课属于音乐学科核心素养中文化理解的范畴。音乐课标中也提出"了解中外音乐发展的简要历史和有代表性的音乐家,初步识别不同年代,不同民族的音乐"。在认识音乐家过程中,领略世界不同民族音乐的独特性和多样性,拓展音乐文化视野,培养音乐文化素养。

(二) 微课助戏曲教学"一臂之力"

我国戏曲历史久远,剧种繁多,有着丰富的音乐文化内涵。戏曲类的音乐知识是音乐教学内容中重要组成部分,感知、比较、体验不同地域的戏曲风格,能帮助学生理解我国戏曲音乐特征,激发学习戏曲的兴趣,提高音乐素养。戏曲类文化知识以微课形式呈现是音乐学科信息化的创新。博大精深的传统戏曲,唱腔、做派、行当、曲牌样样讲究,但学生对其音乐知识了解甚少,新型的网络教学资源微课深受学生喜爱。它通过直观形象的视频,拉近了学生和戏曲的距离,打开学习戏曲音乐一条新路径。戏曲音乐知识微课对传承和发展戏曲音乐文化有着积极的作用。

例如:人音版五年级下册《京韵》,教材中要求,感受和体验音乐中的京剧之韵,并学做几个京剧的造型动作。并不是所有的音乐老师都擅长戏曲,与其展示给学生蹩脚的造型动作,还不如绕道进行,这恐怕也是部分隐约教师存在的真实想法。如果我们借身边同行的力量,邀请擅长戏曲的音乐教师用"微课"助力,或者选用学生表演的录像素材,更贴近学生,观看同龄学生的表演可以进一步调动学唱表演的积极性。

六、结语

总之,当音乐微课资源走进课堂、走进教师、走进学生时,我们会惊奇地发现:说教型的课堂被走心的教学环境所取代;机械重复的练习被灵活地演示所取代;冗长的知识讲解被主动思考所取代。这种改变无声无息,从理论到实践、从抽象到具体、从表面到实质。

音乐课堂中微课的应用,不仅提高了学生的音乐素养,还发展了审美想象,让学生在欢乐活泼的气氛中积极主动地获取知识,从而使小学音乐课堂得到优化。

参考文献

[1]李桂珠.龙音"微"风[M].北京:人民音乐出版社,2020.

合唱教学活动对小学生核心素养提升的研究

北京师范大学天津生态城附属学校　王晶

摘　要：近年来合唱教学活动在小学音乐教育中占有举足轻重的地位,对小学生音乐核心素养的提升起到了很大的作用。本课题旨在研究如何在日常班级合唱教学和社团活动中提升学生的音乐核心素养。笔者将通过合唱的教学活动、合唱的社团活动、合唱的训练及演出比赛成果三个方面进项阐述;从理论和实践两个方向来证明,合唱教学活动对提升小学生音乐核心素养起到了良好的促进作用。

关键词:小学合唱　核心素养　音乐能力

一、选题意义

合唱教学在培育高素养的新时期人才当中展现着很大的积极作用,它逐渐多地被学校,音乐老师与学生所关注。本课题旨在研究如何在日常班级合唱教学和社团活动中提升学生的音乐核心素养。

(1)在合唱教学中,学生不仅要做到自己演唱声部的准确性,还要兼顾与他人的合作、注意倾听各声部的声音,以确保整部音乐作品的完整性。

(2)在排练和表演中,通过反复练习,对指挥的要求能够做出敏锐准确的反应。

(3)通过合唱实践活动,学生的歌唱能力、音乐听辨能力、表现能力等基本音乐素养都得到提升。

(4)合唱有多种形式的表演活动方式,通过参加各种形式的合唱表演活动,增加学生实践经验、积累合唱表现的感性经验。

(5)掌握各种不同风格、形式合唱曲目,通过听赏、创设情境、听唱、引导学生从作品的节奏、速度、力度、和声等音乐形式上来理解作品内容,培养学生发现美、认识美、领悟美,表现美的能力。

二、研究现状

笔者通过中国知网的文献检索进行了大量的文献阅读,其中关于"小学音乐核心素养"和"合唱教学"的一些文献使我得到了很大的启发。

(一)期刊

(1)陈小静在《当代教研论丛》2017 年 8 月发表的《聚焦音乐核心素养发展学生合唱能力》一文中,通过对中国合唱教学的发展以及合唱活动对学生核心素养的提升效果;张莎在《论课堂合唱教学对提升学生音乐核心素养的重要作用》一文中,对音乐核心素养进行了深入的阐述,并且对如何在班级合唱教学活动中提升学生的音乐核心素养进行了讨论。

(2)张趁丽《基于核心素养下的小学音乐课堂合唱教学初探》中着重阐述了如何运用科学全面的教学方法和合唱活动来提升小学生的音乐核心素养。

(3)蔡凌凌《核心素养下的小学音乐课堂教学研究》一文中,阐述了核心素养下的音乐课堂,让学生更好地积累艺术知识,技能与方法。并以合唱为教学手段,为我们提供了研究如何提高学生音乐核心素养的途径。

(4)周竞雄在《核心素养下小学音乐合唱教学研究》中,分析了核心素养在音乐学科中的体现,并阐述了核心素养下小学合唱教学方法。

(二)研究生论文

(1)郝梦娇《"班班有歌声"活动对贵阳市学校音乐课堂合唱的影响研究》通过对贵阳市"班班有歌声"活动发展概况的具体介绍及对贵阳市参与本活动的部分中小学的现状调查,分析研究贵阳市"班班有歌声"活动对贵阳市课堂合唱教学的积极影响及实践价值。

(2)周哲《"素质型学校音乐教育新体系"指导下的班级制合唱团研究》在深入梳理、分析和研究"素质型学校音乐教育新体系"理论的基础上,提出了开设以"新体系"理念为指导的班级制合唱团的重要性,并探索了其开设意义、课程构建与训练方法等问题。

(3)戚玉敏《核心素养背景下学校音乐校本课程研究》从广域课程的角度,立足于音乐校本课程;以"湖北省武汉市钢都小学管乐队实训为例"进行教学实践;对实际教学情况进行数据信息分析及教学评价。

(4)郑艺伟《论小学唱歌课课程目标》认为只有站在"育人"的角度,重新理解和落实小学唱歌课的课程目标,才能从根本上改变唱歌课依旧偏重知识技能目标的现状,实现完整的唱歌课课程目标。

(三)书籍

(1)[德]卡尔·皮特·奇拉的《童声合唱团指导手册实用建议》为童声合唱团的训练提供建议、策略与计划,有利于与合唱团成员进行交流,以及开展工作。

(2)马革顺《合唱学新编(修订版)》实为作者积累六十多年对合唱作品艺术再现的理论研究与从事合唱作品艺术再现的实践经验的总结。为笔者在训练合唱团过程中提供了很多理论帮助。

三、研究内容

(一)合唱的教学活动

合唱是中小学音乐教育的重要组成部分,将核心素养融入其中,合理安排教学内容,将合唱的艺术魅力发挥得淋漓尽致。

(二)合唱的社团活动

社团活动是学校中重要的实践活动之一。学生通过参加合唱社团活动,有充足的时间和深入的教学练习专项技能,能够接受多方面有关音乐的锻炼和学习,从而获得课堂内学不到的音乐知识,锻炼出课堂上获得不了的技能。

(三)合唱的演出比赛成果

音乐实践能力是学生音乐素养的重点,通过合唱教学和合唱社团,最终应用到实践当中就是参加各类演出和比赛,进行成果展示,不仅能快速提高学生的音乐素养也是对合唱学习的一种评价和反馈。

四、研究目标

(一)增强艺术表现力

通过多种多样的合唱表现形式和丰富多彩的合唱实践活动表达音乐作品的艺术美和内涵美。

(二)深化文化理解力

合唱作品的选材是多元化的,从古至今、从中到西,不同国家、不同民族、不同文化的经典合唱音乐作品乃至优秀的器乐或者其他体裁的作品都可以改编成合唱曲,纳入教学中提供给学生进行欣赏和排练,拓宽学生的音乐视角,深化文化理解力。

(三)提高审美感知力

通过一系列的音乐实践活动从艺术听觉特征、表现形式、表现要素、表现手段等方面培养和提高审美感知力。

五、合唱的教学活动

合唱是中小学音乐教育的重要组成部分,将核心素养融入其中,合理安排教学内容,将合唱的艺术魅力发挥得淋漓尽致。

在小学音乐课堂中进行合唱教学,是目前小学音乐教育的改革方向。学生从入学开始音乐教师就开始培养和声概念,有利于之后的合唱教学。随着合唱教学活动的增加,学生音乐学习经验的不断积累,学生的音乐感受力,表现力和创造力也在不断提升,从而达到了提升学生音乐和声素养的教学目的。

兴趣是最好的老师,小学音乐课堂中融入合唱教学,增强了音乐课的趣味性,同时提高了学生的团队协作能力,全面地培养学生的各项音乐素养,是一种高效的音乐教学手段。学生在合唱教学活动中,开阔了眼界,建立了正确的和声概念,整体音乐核心素养得到了提升。

在小学音乐课堂中融入合唱教学,需要从最基础的合唱教学开始。先进行简单的轮唱,再逐步加入二声部,在学生有了很好的和声概念之后,才能加大教学作品的难度。同时,运用各种教学手段来保证学生对于合唱的兴趣,合唱教学才能循序渐进地进行,从而达到提高学生音乐核心素养的教学目的。

六、合唱的社团活动

社团活动是社团活动是合唱教学活动在实践中的延伸,是学校中重要的实践活动之一,也是提高学生音乐核心素养的重要途径之一。通过集中排练,提高学生对于音乐作品的理解,通过各项演出、比赛提高学生的表现力及团队合作能力。学生通过参加合唱社团活动,有充足的时间和深入的教学练习专项技能,能够接受多方面有关音乐的锻炼和学习,从而获得课堂内学不到的音乐知识,锻炼出课堂上获得不了的技能。

七、合唱的教学及演出比赛成果

音乐实践能力是提高学生音乐核心素养的重点,通过合唱教学和合唱社团,最终应用到实践当中就是参加各类演出和比赛,进行成果展示,不仅能快速提高学生的音乐核心素养也是对合唱学习的一种评价和反馈。

(一)合唱团的教学

我们的合唱团主要通过线上线下教学相结合的教学方式对学生进行音乐的核心素养提升。

线上教学模式主要在假期和没有社团课的时间学生自愿进行,充分丰富了学生的课余时间的同时也提高了学生的音乐文化素养。在线上合唱教学时将新学歌曲分声部,分乐段拆分练习,提高了合唱团员的学习效率,也缩短了新歌的学习时间。平时利用线上打卡和提交作业的形式督促学生练习所学歌曲,提高了合唱团的训练效率。线上学习新歌主要分为以下三步:

第一步:声部调查及安排

我校合唱团 2020—2021 年第一学期期末至寒假中段会进行一个合唱团声部

的统计填表,以便于新歌的声部人员安排。进行一轮摸底后,合唱团教师就会以填表数据为基础进行声部微调,重新发布一个新的声部安排表,并且通知学生查看后再进行新歌学习。

第二步:发布通知并及时跟进

教师发布一个详细的学习安排通知,并且详细讲解如何练习,怎样练习,哪位老师负责答疑,我们会以什么形式检验学习成果,让学生的歌曲学习有的放矢,有所收获。我们把第一个阶段学习所需的音频和视频打包上传到指定的文件夹中,方便学生新歌的学习。通知中提到"一声部的同学只听一声部的音频,练习时看一声部的歌谱;同样的,二声部的同学只听二声部的音频,练习时看二声部的歌谱。练习时只唱音名,不用唱歌词",是学生在家学习新歌的具体方法,遵循了音乐学习规律的同时,也提高了学生的学习效率。

第三步:线上线下相结合,验收合唱活动的成果

发布通知的同时,我们开始布置线上作业。线上合唱教学主要的障碍就是不能与学生面对面交流,那么我们就要及时对学生的反馈进行评价,在学生不断上交作业时,我们及时给予评价和指导,既是对学生自主学习能力的肯定,又能够及时掌握学生的学习进度,在发布一部分优秀作业后,学生的学习热情得到了很大的提高。线上教学就是在评价互动中实现了良性循环。

以上三步是一个学习循环,我们以一个星期为一个循环,下一个循环开始前的通知中要着重点评并提出新的要求,让学生能够体会到学习音乐的乐趣并且坚持学习。通常一首新歌可以在三到四个星期在线上教学中结束,真正做到了提高学生音乐核心素养的教学目标。

线下教学主要是社团活动,教师主要进行学生的声部管理;利用科学的发声方法提高学生演唱技巧;歌曲的编排及二次创作在社团的合唱教学中占有极其重要的地位,教师通过将自身对于作品的理解和创意传达给学生,来开拓学生的视野,提高学生的音乐感受力和创造力,从而提高了学生的音乐核心素养。

小学合唱社团活动主要通过以下三种方式来提高学生的音乐核心素养。第一种方式是日常练习。在社团课中,老师制定详细的合唱教学方案,通过科学的发声练习及多声部练习来提高学生的音乐感受力和和声概念,从而提高学生的音乐核心素养。科学的发声方法的基础是呼吸,在日常的合唱团教学中,教师要着重于学

生的呼吸练习。不能只注重于高音的练习,低音同样重要。在发声过程中一定进行多声部发声练习,使学生在练声过程中建立和声概念。第二种方式是从不同的音乐作品中培养学生的音乐审美能力和开拓学生的视野。在课题进行期间,我校合唱团已经学习演唱了《falalala》《爱是我的眼睛》《闪烁小红星》等一系列作品。在这些作品中,既有国外作品,也有爱国作品,还有公益作品等等。学生每学习一部作品,教师就会通过这部作品的教学,拓展很多同类作品的演唱方法、相关文化及作品所赋予的感情。学生在演唱不同作品的同时就能提升自身的音乐核心素养。第三种方式是参加各种演出及比赛。

社团的日常练习和作品积累,都是为了比赛和演出准备;反过来说,比赛和演出也是检验合唱团日常练习的方法和途径。学生在比赛和演出任务的压力下迅速成长,演唱能力和音乐表现力显著提高。在各项比赛过程中合唱团队员空前团结,为了一个目标而努力,学生团结协作的能力得到了培养。这也是提高学生音乐核心素养的途径之一。

(二)2020年文艺展演演出比赛成果

(1)荣获天津市学校文艺展演小学组小合唱市级一等奖。
(2)荣获天津市学校文艺展演小学组大合唱市级二等奖。
(3)荣获天津市学校文艺展演儿童歌舞剧市级三等奖。
(4)荣获天津市学校文艺展演小学组民乐小合奏市级三等奖。
(5)荣获天津市学校文艺展演小学组校园时尚舞市级三等奖。
(6)荣获滨海新区文艺展演大合唱区级一等奖。

八、课题组成员科研成果

本课题经过深入研究,初步得出,在小学合唱教学活动中,提高学生的核心素养是当前音乐教师需要在日常合唱教学中重点关注的,教师在提高自身的核心素养的同时,也要通过各种教学手段来提高学生的核心素养,使音乐课堂变为高效课堂,合唱训练成为提高学生核心素养的重要手段,这才是我们不断研究不断创新的核心目标。

王晶撰写论文《浅谈核心素养下小学音乐"三精一高"教学模式的创新》获区级一等奖、教学案例《在"三精一高"模式下通过合唱教学活动提升小学生核心素养的研究》、论文《浅谈新课程背景下童声合唱教学的探究与思考》、教育教学研究课执教四年级《乘着歌声的翅膀》、五年级上学期执教《牧场上的家》、五年级下学期执教《京调》、发表论文《在小学生合唱教学中提高核心素养的策略》；才小溪发表论文《在小学生合唱教学中提高核心素养的策略》、执教公开课四年级上《大家来唱》和四年级下《我们大家跳起来》；安跃华发表论文教学《浅析手风琴教学在小学音乐课堂中的运用》、执教二年级上册公开课《乃呦乃》《母鸡叫咯咯》；田蕊执教公开课《打字机》荣获全国教育教学课程评比一等奖、发表论文《在小学音乐教学中关注"核心素养"——培养学生实践创新的能力》认定为天津市基础教育教育教学成果。

九、结论

在小学合唱教育中，提高学生的核心素养是当前音乐教师需要在日常合唱教学中重点关注的，教师在提高自身的核心素养的同时，也要通过各种教学手段来提高学生的核心素养，使音乐课堂变为高效课堂，合唱教学活动成为有效教学，才是我们不断研究不断创新的核心目标。

参考文献

[1]杨鸿年.童声合唱训练学[M].北京：人民音乐出版社,2017.

[2]奇拉.童声合唱团指导手册(实用建议)[M].于嵩楠,译.北京：中央音乐学院出版社,2013.

[3]尼采.少年儿童嗓音训练与养护[M].孙超,译.北京：中央音乐学院出版社,2014.

[4]里施.富有活力的声音：说话与歌唱的发声训练[M].顾苏,译.北京：中央音乐学院出版社,2014.

[5]教育部基础教育课程教材专家工作委员会.义务教育音乐课程标准(2011年版)解读[M].

北京:北京师范大学出版社,2011.

[6]吴丽花.合唱教学对提升学生音乐核心素养的作用研究[J].黄河之声,2019(17):108.

[7]陈琳.音乐核心素养下小学音乐多声部合唱的方法初探[J].亚太教育,2019(08):96.

[8]张趁丽.基于核心素养下的小学音乐课堂合唱教学初探[J].北方音乐,2019,39(13):191-192.

[9]周竞雄.核心素养下小学音乐合唱教学探究[J].科学咨询(教育科研),2019(07):136.

[10]林忠光.高校声乐教学中的合唱训练实践[J].教育现代化,2019,6(52):172-173+176.

[11]薛雯丹.基于核心素养下的音乐校本课程开发研究[D].沈阳:沈阳师范大学,2019.

[12]王倩倩.小学音乐教育关于核心素养的培养[J].黄河之声,2019(07):108.

[13]陈静.核心素养背景下小学音乐课堂合唱教学的问题及策略分析[J].课程教育研究,2019(17):215.

[14]蔡凌凌.核心素养下的小学音乐课堂合唱教学探究[J].课程教育研究,2018(41):202-203.

[15]张莎,魏莹莹.论课堂合唱教学对提升学生音乐核心素养的重要作用[J].科学咨询(科技·管理),2018(03):101-102.

[16]董雁.合唱课是体现音乐学科核心素养的途径[J].北方音乐,2018,38(01):191.

[17]陈小静.聚焦音乐核心素养 发展学生合唱能力[J].当代教研论丛,2017(08):121+126.

[18]林忠光.高校声乐教学中的合唱训练实践[J].教育现代化,2019,6(52):172-173+176.

[19]周越.核心素养语境下高中音乐课程歌唱模块教学探究[D].贵阳:贵州师范大学,2019.

[20]李海侠.农村初中学生合唱能力与核心素养的培养[J].艺术评鉴,2019(08):123-125.

小学音乐社团对随迁子女审美感知能力培养的研究

天津市静海区第八小学　付秋娣

摘　要：小学音乐社团作为小学开展课外音乐活动的主要方式之一，对学生音乐审美感知能力的培养起到重要作用。本文通过分析小学音乐社团对随迁子女审美感知能力培养的影响，对影响因素和解决途径进行初步分析，使最终结果应用于指导教学实践。

关键词：随迁子女　音乐社团　审美感知

随迁子女问题一直备受国家关注。因为其数量庞大，影响因素众多。而且随迁子女随着父母前往异地进行教育，影响因素众多，培养的模式也众多，因为环境因素，随迁子女受外界影响较大。随迁子女对中国未来发展具有重要意义。小学音乐社团作为小学开展课外音乐活动最主要方式，对随迁子女音乐审美感知和能力培养起重要作用。本文通过分析小学音乐社团对随迁子女审美感知能力培养的影响，对影响因素和解决途径进行初步分析。

一、随迁子女和小学音乐社团

随迁子女是在改革开放的大前提下形成的。随着父母工作流动，子女上学地也随之流动。随迁子女特点是流动性,在父母打工的地方完整接受九年义务教育群体较少。随着我国改革开放的进一步发展,随迁子女的数量呈现稳中有升,这么大的群体数量,是研究的重点也是研究的难点。黄麟等(2019)研究建议,社会办学和扶持民办教育来解决随迁子女入学人数较多难题。丁百仁等(2019)研究认为,随迁子女融入暂居地教育存在一定障碍,具体体现在入学手续烦琐与学校层次低、学习过程阻力大与升学受限较多,提出了"外部情境-自身实践"互相起作用的动态发展系统论点来对随迁子女教育进行研究。李文利等(2019)[3]研究认为,流动人口之间存在明显的层次分化和差异,跟老一代流动人口相比,新生代流动人口已呈现出明显的代际分化和差异。新生代流动人口随迁子女比例较老一代降低,留守儿童数量增加,并对新、老两代差异四个因素进行分析和讨论。张铁军(2018)研究认为,应追求融合教育,将农民工随迁子女吸收到现有的城市经济生活联系与教育框架中来。目前,研究热点集中在随迁子女形成和融入这一方面。

社团活动是学校音乐教育的一个组成部分,是课堂学习的有益补充,社团活动做得好,学生综合素养也有提高,目前各个小学对社团活动重视度都较高,已呈现出百花齐放的格局。小学基本上都有固定的时间进行社团活动,对提升学生综合素质起到了关键作用。曾海元(2019)对激励教育在小学足球社团管理进行研析,利用鼓励等措施用于提升学生对于足球的兴趣,从而提升学生对于足球社团的参与度。高雪才(2019)研究了对美术社团与小学美育的相互作用进行研究,首先分析了美术社团对于小学美育的影响和促进,然后对于小学美术社团进行活动的具体形式和表现提出自己的理解,并给予组织建议。在随迁子女与社团融合教育方面也进行了研究。曹永亮(2018)针对南京市一所城乡接合部小学作为样本对此进行分析,发现随迁子女在社团中可以很好地表现自己,更好地融合进整体教育中。

小学音乐社团的展开不仅可以有力地提高学生的审美能力、专业知识能力,另外对于学生学习各种音乐知识的热情有提升,广纳百川,有容乃大,从而发展学生的音乐审美感知能力。针对小学音乐社团建设已有较多研究。母天芳(2019)探讨小学音乐社团活动中存在问题及改善办法。周红(2018)对小学音乐社团建设的重要性和实施策略进行分析。她认为,利用小学音乐社团,将其与音乐课堂学习结合起来,两者起相互促进的作用,合理选取小学音乐社团操作的步骤,有效地引导学生进行音乐学习,构建起音乐特质。徐爽(2019)利用农村小学二胡社团活动开展研究,从民族音乐文化角度入手,有效的传承和发扬,研究在中国传统民乐二胡的视角下,反映出对时代音乐进行的补偿,对完善、发扬二胡社团活动进行探讨。

二、随迁子女音乐审美感知能力培养

审美感知作为音乐素养组成部分,近年越来越多研究设计这一部分。魏波(2019)利用歌唱教学三部曲,从歌曲联系开始体验歌曲之美,学唱歌曲抒发对美的体会,改变歌曲可以创造美三方面对歌曲教学模式对小学音乐教育提升和应。赵宁(2019)探讨运动觉训练在小学音乐教学中的作用,通过配组听觉、视觉和体觉等多种器官,将人的动作和体态结合作为重要的参考因素,来感受与音乐同进的过程,以体触乐,使音乐可触可寻,促进审美体验,进而提升音乐感知能力。李卉白(2019)认为,小学音乐教师应将学生的音乐审美观作为培养的重点内容。黄飞飞(2019)在其研究指出,就小学生的认知耦合方式,结合音乐学科的重要特点,巧妙联和,让小学生在触碰音乐之初就对音乐有美的欣赏力,有创造美的意识,有发扬美的萌动。

三、随迁子女与音乐社团分析

(一)随迁子女家庭情况研究分析

调查样本数 40 份,回收 40 份,结果如下:家长学历普遍偏低,高中学历仅占样本 20%左右,绝大部分都是初中毕业(70%),其他占 10%;子女看管主要是老人(65%),家长自己看管的仅占 35%;随迁子女家长与子女接触时间偏少,陪学生做作业的仅占 45%,偶尔陪一次的占 30%,其他占 25%;认为音乐课重要的占 30%,

不重要的占70%;对于音乐社团认为有用的占65%,没用的占35%。

　　总体来说,随迁子女父母学历偏低,对子女教育因为多种原因影响关注度不够,对于音乐与素质教育关联认识度较低。

(二)音乐社团对随迁子女音乐教育影响

　　调查样本数30份,回收30份。对于学生参加音乐社团,100%父母支持;学生来学校之前,100%没有进行音乐培养;参与社团后,16.6%学生进入外面音乐辅导班学习;参加音乐社团后,孩子比以前活泼的占50%,没有变化的占50%;参与音乐社团后,孩子主课成绩没有受影响占100%。

　　总体来说,音乐社团对随迁子女音乐审美感知能力有助推作用。对于家长,表现在发现子女在某方面的能力,并加以拓展;对于子女,对于性格方面有调剂作用,培养孩子互帮互助的能力,同时提升了音乐审美感知能力。

四、社团培训和活动开展

(一)日常训练

　　日常训练分为"四固定":

　　(1)固定时间,按时组织。音乐社团活动是音乐课堂教学的有益补充及拓展延伸。因此,音乐社团活动确定固定的训练时间,可以有效地保证音乐社团活动有质有量、持续开展。同时,规划课余加练时间。

　　(2)固定时间,按本训练。音乐社团的负责老师,根据本学期教学安排及学生实际情况,制定活动计划,撰写活动教案,做到训练有目的、有重点、有效果。目的是每次都有收获,每次都有进步,环环相扣。社团活动后,布置合理、适量的课后练习,既丰富了学生的家庭生活,又巩固了社团活动成果。

　　(3)固定考核,目标明确。为了评估社团活动的开展是否有进步、有提高,因此音乐社团活动有考核章程,每学期对于音乐社团进行量化考核,考核分校内考核和校外考核,校内考核时对社团进行抽查,在校内利用节日比赛机会发现问题并加以订正;校外就是参与校级比赛,对大赛出现的问题加以总结,看看是否有提高,以此促进师生对于音乐社团活动的认识,激发师生参与的主动性。

(4)固定比赛,呈现成果。从成立伊始,社团就瞄准各项比赛,先后参加市、区、镇等各级比赛,一方面作为阶段性成果,另一方面为进一步深层次打磨社团提供参考依据。比赛是多种能力的综合,培养在陌生条件下对环境的迅速融入,培养心理素养在大的场合不怯场,培养社团带队老师的面对突发局面的应变能力。经过这么多年的比赛,收获颇多,为今后社团继续发展强大打下了基础。

(二)活动开展

(1)积极参加艺术活动及比赛。组织社团利用各种校内、校外活动及比赛进行锻炼。2013年至今,社团每年都参加静海区、静海镇组织的艺术展演活动;每年学校进行"六一"校内比赛,社团报名进行比赛。在各项比赛中获得很好的锻炼,也获得令人满意的成绩。通过一系列的活动、比赛,音乐社团学生的音乐审美感知能力得到了极大提升和促进,教师在活动中也得到了充分锻炼,实现了教学相长。

(2)积极举办选新活动。学校是铁打的营盘流水的兵,学生一届一届向高年级升,所以人员的"吐旧纳新"尤为重要。在每参加完一届静海区艺术展演之后,进行校内选拔筛选,这也是对学校艺术人才进行摸底的过程,利用"老带新",使新的学生迅速成长起来。

五、实践效果

小学音乐社团的初心,着眼点不是用于培养专业的音乐家,而是培养小学生对音乐学习的持续性的兴趣和热爱,积累对音乐的知识,从而从音乐的"门外汉"变成一个初通音乐知识的学生,对学生今后的音乐核心素养有正向养成作用,对核心素养的重要三个方面:音乐审美感知能力、艺术表现能力、文化理解能力有正向理解。

(一)知识技能学习,培养审美感知能力

对于随迁子女,针对其乐理基础较弱的现状,在教学过程中对于音乐的基础知识及技能的教学比重上有所侧重,为学生更好地感知音乐中的节拍、情绪、旋律等音乐语言要素中的美感奠定了基础,同时能用音乐的耳朵去感受生活中的艺术之美,有"武器"去欣赏、感受音乐,从而培养音乐审美感知能力。另一方面,归沙成金,也提升了社团的层次。

(二)艺术实践练习,提升审美感知能力

通过艺术作品的排练,使学生将音乐蕴含的情感带入自己表演中。在社团活动中对学生的演唱能力、表演能力进行重点关注,在社团排练中将合唱知识进行传授,同时排练时给学生留出思索的空间,让他们自己考量成功、失败,充分激发调动了学生的能动性,通过一"动"(心动、肢体动)一"静"(静静思量),加深了学生对于作品的认识,从而有发于心、表于行的表现,进而去挖掘学生的内在天分,通过学习音乐、感受音乐和享受音乐,从而提升学生对于音乐的审美感知能力。

同时,通过社团内部表演、学校的节日展演等一系列的活动,也是极大地提高了学生表演能力,提升了学生对于音乐的审美感知能力。

(三)艺术作品理解,加强审美感知能力

通过表演作品的多层次选择,丰富了学生对于各种音乐作品创作背景的文化理解。比如选用一系列爱国歌曲、最新的抗疫歌曲等,提升学生对于民族的热爱之情;对比国外的抗疫成果,真正知道什么叫把人民放在心中的执政党,提升学生对于共产党执政能力的理解,从而提升作用中国人的自豪感和认同感,为今后成为社会主义的接班人进行启蒙的作用。

当奥运会和亚运会等场合,国歌响起时,心中的感觉无以言表,就是激昂,油然而发的激发出为祖国自豪的热情;激励人们的斗志,是音乐内在的触动。《歌唱祖国》听起来大气磅礴,词曲表达作曲家对于国家的热爱,对于人民的热爱,对美好新生活的赞誉,而且是作者有情而发,一夜完成,这也是感情澎湃的表现;《梁祝》描写了梁山伯和祝英台凄美的感情故事,现实主义和浪漫主义结合的,聆听者都能感受那种飘逸的、空灵的美。通过不同体裁、风格音乐的学习,加强了学生审

美感知能力。

六、结语

随迁子女的音乐审美感知能力培养是一个长期的、艰苦的工作，必须进行长期的训练和实践，通过音乐社团的学习、锻炼，学生从听、唱、演等不同的音乐学习途径入手，使学生们从如一张白纸一样的懵懂到对乐理、歌曲都有初步认识，提升了学生的音乐审美感知能力。但是学生音乐审美感知能力的提高不是偶然获得的，而是一步一步积累出来的，作为教师，要引导学生多体觉、多感受、多实践，激发学生可以自己利用所学来创作音乐，由被动变为主动，来鉴评音乐，感受音乐的美，通过小学音乐社团的长期、系统的练习和培养，从而提升学生的音乐审美感知能力。

参考文献

[1]黄麟,胡俊华.城市化进程中随迁子女入学的现状、问题与对策[J].教学与管理(理论版),2019(07):26-29.

[2]丁百仁,王毅杰.以生态系统理论创新农民工随迁子女教育研究[J].青年探索,2019(02):100-110.

[3]李文利,梁在.中国两代流动人口子女随迁决策的比较研究[J].人口学刊,2019(03):77-86.

[4]张铁军.农民工随迁子女融合教育问题探论[J].理论导刊,2018(06):111-116.

[5]曾海元.激励教育在小学足球社团管理中的运用[J].文存阅刊,2019(22):122.

[6]曹永亮,郭娟娟.基于社团活动背景下的随迁子女快乐成长实践研究[J].中小学班主任,2018(5):36-37.

[7]周红.小学音乐社团建设的重要性和实施策略[J].新课程·小学,2018(12):196-197.

[8]徐爽.基于民族音乐文化传承的农村小学二胡社团活动开展研究[J].当代音乐,2019(22):75-76.

[9]魏波.歌唱教学三部曲,提升小学生审美感知能力[J].科学大众(科学教育),2019(06):

42.

[10]赵宁. 基于运动觉训练促进小学生审美体验,提高音乐感知能力的实践探索[J]. 新教育时代电子杂志(教师版),2018(44):212,189.

[11]李卉白. 小学音乐课音乐的审美感性探究[J]. 软件(教育现代化)(电子版),2019(05):78.

[12]黄飞飞. 浅谈小学音乐教学中如何培养学生审美能力[J]. 读与写,2019,16(31):199.

[13]宁鹏东. 社会音乐教育中儿童钢琴学习动机的调查与分析[J]. 音乐创作,2013(07):175-177.

乡村小学音乐知识教学方法的研究

天津市宝坻区新安镇北潭小学　　任志佳

摘　要: 乡村小学相对于城市小学而言,由于其生活环境不同、教学设施的不完善、教师的知识结构和专业技能的欠缺,在音乐的教学方式上有较多不足。为了让学生们在学习音乐的同时,提高学生的整体综合素养,让音乐知识更有趣味,笔者通过实践、探索,从演唱、演奏、鉴赏、创作等方面入手,在教学中多采用简单易懂且生动活泼的形式进行音乐知识的渗透教学,让学生易于接受、自主学习,提高教育教学质量和学习质量。

关键词: 乡村小学　音乐知识　提升策略　音乐素养

乡村小学与城市小学由于生活环境不同,教学设施的不完善、教师的知识结构和专业技能的欠缺,在音乐的教学方式上存在很多差异。对于传统的音乐教育方法与教育手段的重大变革就是通过有效地结合使用一些传统音乐教育将音乐知识的重难点呈现展示出来,让乡村学校的学生在具备良好文化美育的同时,也更加需要他们自己具备扎实的音乐基础。为了让学生们在学习音乐的同时,提高学生的整体综合素养,让音乐知识变成有趣的,学生才能够更好地为将来学习音乐做铺垫,能够更好地灵活运用自己掌握的音乐基础知识,自主参与学习,提高乡村小学音乐教育教学质量。

小学音乐课程的学习内容主要包括唱歌、欣赏、演奏和创编四个方面。音乐知识作为学习音乐的基本工具,对于这几项学习内容非常重要。无论是唱歌、作品欣赏、乐器演奏或者是音乐的编创都是属于音乐的艺术。它主要是依靠声音的长短、高低、强弱以及音色的对比、变化、有规则地进行组织和表现,形成具体的音乐意境和形象,并通过视觉和听觉进一步感受音乐艺术的魅力,这就需要我们的学生必须掌握丰富的音乐知识,从而更好地把握音乐作品和情感表现。

一、农村小学生学习特点

(一)心理特点

小学生正处于幼儿向青少年发展的衔接阶段,世界观、人生观和价值观正在逐步形成。作为乡村学校的小学生,所处的地理环境不同,接触的人群也不同,相应的,心理特点也和城市发孩子有差异。农村的环境多是农村特有的事物和环境,干扰了学生学习的氛围,村民朴实善良,但受传统意识的影响,思想保守,导致学生自制力和进取心相对薄弱。农村小学相对于城镇小学,师资力量和教学硬件设施都相对薄弱,制约着乡村学校的教育教学质量与效果的提升,要想达到同样的学习效果,乡村学校的孩子要付出更多的辛苦。

(二)音乐课学习特点

由于农村家庭的经济条件不足,以及缺少相关的课外办学机构和辅导班,乡村孩子接受音乐知识的学习很少,致使学生的音乐知识基础薄弱,对音乐的学习兴趣也不够浓厚。

在乡村学校的学生和家长心中,音乐课是"副科",就是唱歌玩乐的科目,休闲放松的科目,甚至可以补充语数英学科教学课时的不足,这就造成了学生对音乐课的不重视,学习上也不主动,影响了音乐课堂教学的效果。

二、农村小学音乐知识教学的重要性

(一)学习音乐知识有利于音乐素养的提高

音乐素养是一种综合性的音乐素质，学习者应具备基本的音乐理论知识，可以有效地帮助学生们准确地听辨各种音乐的旋律节奏，有助于他们更好地进行欣赏、理解、分析和充分展示音乐的内涵。正确掌握音乐知识的一些基本概念，能极大地提高中小学生对音乐的认知能力与审美能力，提高音乐素养，加强综合素质，获得更为深层的文化感悟能力。

(二)乡村小学音乐教育作为艺术教育之一,能够丰富农村儿童的生活

通过表演音乐、欣赏音乐、弹奏音乐、创造音乐不仅可以使得乡村的孩子们生活更加丰富多彩，还可以促进他们智商与情商的协调发展，帮助孩子们成长为全面发展的人才。

三、通过探索课堂教学实践,找准提升策略

若要提高学生的音乐素养，音乐知识教学是重要条件，是教会学生充分利用音乐学习工具的重要内容。如何教会学生运用好音乐基础知识的工具性，能够辅助自身体验音乐、探究音乐进而创造音乐，是每一位乡村小学音乐教师都应该深入思考与实践的问题。

(一)歌唱教学中的音乐知识教学方法研究

歌唱课是小学音乐课程教学中最基本的课型，要求学生不仅要学会用正确的方法演唱歌曲，感受音乐的情感及内涵，还要掌握相应的音乐基础知识，提高歌唱技巧，而教师在歌唱课中想要有效地完成课堂教学任务，渗透音乐知识也是必不

可少的。考虑到乡村学生的心理和个人性格特点,以充分激发学生的自主性兴趣与学习的积极性作为教育的准则。

1.读歌谣记符号

借助于网络搜集关于音乐知识的顺口溜、口诀和歌谣,简单有趣,便于学生理解和记忆。

2.拍身体记音高

通过用手拍打身体各个部位来感受节奏、节拍,体验声音的高低、长短、强弱,让学生易于理解接受。

3.做游戏帮助体验

例如:"切蛋糕"感受二分音符、四分音符、八分音符和十六分音符,"猜谜语"加深对乐器的形象特点的印象。

在小学音乐课程中,音乐知识的教学目的就在于能够让学生准确识读乐谱,通过对乐谱中音高、速度、节拍、力度的把握,帮助学生更深刻、更清晰地理解乐谱进而准确表达音乐的内容、歌曲情境和音乐形象的理论支撑,进而增强学生对音乐的感悟能力和理解能力,将歌曲唱准、唱好。

(二)欣赏课中的音乐知识教学方法研究

作品欣赏在小学音乐教材中是除歌唱课之外另一种重要课型,内容覆盖面广,涉及中外经典音乐作品,种类丰富,从低年级到高年级,欣赏作品的篇幅逐步加大,对学生的听赏要求也逐渐提高。

1.要在学生产生强烈愿望的基础上进行歌曲欣赏

小学音乐课程中的音乐欣赏过程是一个审美的过程,是发展和培养小学生的音乐审美能力技巧的有效途径。在课堂上欣赏时,引导学生充分感知乐曲的旋律,并用自己喜欢的方式(比如肢体动作、乐器演奏及言语表述等)充分表达其感知到的主题及内涵,鼓励并肯定学生的想法和表现,让学生在美妙的乐曲声中受到潜移默化的教育,提高欣赏水平。

2.加强视觉元素渗透

运用多媒体信息技术把抽象的音乐知识呈现出直观的形象,帮助学生理解作品,提高音乐欣赏的有效性和趣味性。

(三)在乐器演奏课中的音乐知识教学方法的研究

音乐知识教学在演奏中的最突出体现的是音色。不同的乐器或振动所发出的声音是不同的,音乐的表现力也就不同,作品演奏的效果也就大不相同。教学中,紧密的结合音乐基础知识、视唱练耳的训练,设计教学内容,寻找适合的教学方法,由易到难循序渐进地教会学生如何弹奏乐曲,使农村小学音乐课堂更好地做到聆听、演唱、演奏相结合。

1.打击乐器伴奏

在课堂教学中加入打击乐器如三角铁、沙锤、木鱼、碰钟、铃鼓以及自制的小乐器等,让学生练习不同的节拍、节奏和速度,为歌曲伴奏,让学生更好地实践所学到的音乐知识。

2.乐器演奏

兴趣小组活动中,我们开设了电子琴和葫芦丝的教学,将音乐知识和理论运用到学习与实践中。

(四)在音乐创编中的音乐知识教学方法的研究

音乐创作课程的教学目标是让学生掌握即兴创编和音乐创作的基本方法和简单技能,从而激发学生的想象力和创造性潜质,让学生主动参与到音乐表现和创造中去。小学阶段的即兴创编和音乐创造主要包括:节奏型、旋律、歌词、打击乐器为歌曲伴奏以及律动舞蹈等类型。

1.设计合理的创编环节

根据音乐作品的不同,加入对歌词、节奏、伴奏、舞蹈的创编环节,发展学生的个性和特长,有效培养了学生的实践能力和自主学习团结协作能力。

2.设计梯度渐进的创编环节

按照学生不同成长年龄阶段的心理发展水平和音乐认知特点,按照低中高年龄段设计创编环节。比如,低年龄段活泼好动善于模仿,采用游戏的方式在玩中创造,体验抽象的音乐知识;高年级学生自主意识增强,积累的音乐知识点更多,可以注重学生的个性发展以及新兴事物的利用。

音乐知识掌握的程度如何,一大部分取决于音乐编创活动这一环节的效果。学生想要达到自己所要表达的艺术效果,对音乐知识的需求就需更高,从而促进了学生对音乐知识的主动学习。

(五)信息技术的运用对小学音乐知识教学的有效方法

信息技术与小学音乐课堂教学深度融合,以新课程的理念作为指导,利用云平台、电脑、教学课件、互动课堂软件、教学助手软件等信息技术资源,突出教学方法和学习方法的改变,改变传统的教学模式,为提高教育教学质量服务,张扬学生的个性,增强学生学习的自信心。

1.微课

微课教学作为一种由信息时代诞生的新型教学模式,内容丰富多彩,填补了乡村学生经验的空白,让学生可以轻松地通过微课自主掌握更多的音乐知识与技巧。在实践和应用的过程中,要充分考虑到农村学生的认知能力和学习特点,录制符合农村学生需求的微课视频,还要注重通过观察学生的学习状态和反馈情况,不断地进行改善,录制出更高品质的微视频。

2.多媒体技术

除了制作多媒体课件辅助讲课,还可以开发使用不同种类的多媒体教学软件,借助这些软件让学生学习并掌握更多的音乐知识,同时来检测自己的音乐水平,不但有助于吸引学生主动学习音乐的兴趣,同时也为乡村的学生期望达到更高效的学习效果打下坚实的基础。在实践和应用中,教师还可以利用这类的多媒体音乐软件让学生录制演唱的声音和视频,让农村的孩子体验"录音棚"的场景,进一步分析自己在演唱中的发声、音准、音调、情感表达等多方面的问题,能够明确自己在演唱歌曲中的优势与不足。

四、成效分析

(一)理性讲解,形成特色体系

研究中,我在小学阶段的低、中、高年级中选择了二、三、五年级进行实践教学,涵盖了不同认知水平的学生。根据低、中、高年级的学习特点,将音乐知识由少到多、有浅到深合理设置,充分利用每节课堂的黄金时间,通过音乐游戏、读歌谣、读顺口溜、闯关大比拼等方面激发学生学习音乐知识的兴趣,教学形式涉及歌曲演唱、器乐演奏、律动与舞蹈等多个方面。

(二)兴趣领航,教学形式多样

兴趣是学习知识最好的驱动力。在音乐知识的教学中,教师应该结合农村学生的特点,发挥其创造性功能和引领农村地区音乐发展的主体作用,运用各种教学手段激发乡村学生对于音乐的学习兴趣,提高学生的音乐素养。

1.动起来,在游戏中收获知识

小学生生性好动,喜欢游戏,这是不争的事实,也是这个年龄段孩子的特性。把音乐基础知识的学习与小游戏结合起来,把抽象的音乐语言,复杂的音乐原理和枯燥的技能技巧转化为好玩、趣味的游戏,使之形象化、具体化,让学生在了乐此不疲的游戏当中不知不觉地掌握音乐知识,完成教学任务。

2.唱起来,在歌声中收获知识

音乐知识是抽象的音乐符号,但也是有规律可循的。如果仅仅单凭老师讲、学生听,不可能激发学生积极参与教学的学习热情。相对于教师填鸭式的教学方式,将音乐知识化作歌谣,让学生在歌声中收获知识,效果会大不一样。为了调动学生学习乐理的积极性和主动性,教师将乐理知识变成口诀、歌谣、顺口溜等朗朗上口的口语知识,会取得音乐知识教学事半功倍的教学效果。

3.赛起来,在竞争中收获知识

小学生都有着很强的竞争意识,喜欢比一比。教学中,通过竞赛学习音乐知识,不仅可以使学生的思维得到发散,还能够在竞争的过程中从别人身上学到更多的知识,活跃课堂氛围。教师可在每节音乐课尾声布置下小任务,让学生通过课余几分钟的时间进行了解并巩固课堂中的音乐知识,既是对课堂音乐知识的巩固,又为下节课的音乐课堂的比赛埋下了伏笔。

4.温故而知新,反复练习中巩固知识

每隔一段时间,学生就会对自己的知识有所忘记遗忘,教师在给孩子们讲授新课的同时,可以充分地结合前面已经学过的音乐知识,温故而行,激励和启发他们积极地思考新的问题,引导他们把之前学过的知识运用起来,进而引导学生走进新的音乐活动。另外,充分利用现有的教具实际体验以及运用多媒体技术进行演示,把音乐理论中的抽象概念演化得更加易懂,这样简明生动,让学生记忆犹新且又易于掌握,促使学生乐于主动参加教学活动。

(三)课外实践,体验成功

音乐课堂与艺术实践活动是相互影响,共同发展的。依托乡村学校少年宫活动的开展,我们在兴趣小组中进一步实施音乐知识的教学,为提高学生的音乐鉴赏能力和表现能力创造条件,还可以使学生在实践活动中获得了更多的审美感受和体验,养成良好的团结合作意识和团队精神。

1.合唱小组

歌唱教学在小学艺术实践活动中最主要的体现在合唱,能够将音乐知识的综合起来。在合唱练习的过程中,学生可将课堂中的音乐知识很自然地运用在合唱中,在合唱的艺术形式中更深刻地理解音乐知识;也可以将合唱中所学的音乐知识运用到音乐课堂中,体验学习音乐知识的成就感。

2.葫芦丝小组

器乐丰富的音色、变化的演奏技法,对于培养学生良好的乐感,发掘学生艺术潜能具有很好的作用。我们开设了葫芦丝兴趣小组,这一乐器深受学生们的喜爱,也得到了家长们的支持。校园内外每天都能听到悦耳的声音。孩子们从简单的吹

奏中探索了音乐的奥秘,为了更好地表现,学生们更主动地要求老师传授演奏技巧,他们在学习中练习了识谱能力,巩固了节拍号、全音符、二分音符、四分音符、小节线、终止线、反复记号、休止符等等,学生的音乐知识在吹奏中得到了巩固与加深。

如今,器乐教学已经成为辅助音乐课堂教学中的重要方式之一。在学生演奏乐器时也会不断地使用到音乐课堂所学乐理知识,更好地表现乐谱;在音乐课堂中教师也会形象地利用器乐演奏的中的技巧来帮学生"温故而知新"。在演奏的过程中,学生也会体会到学习音乐的成功和快乐。

3.舞蹈小组

舞蹈是音乐的姊妹艺术,彼此紧密相连,密不可分。学生在舞蹈的艺术实践活动中能够更深刻地理解音乐知识在音乐中的运用,感受音乐力度、速度在舞蹈艺术中的体现。将自己内心对音乐情绪的抽象感受通过肢体律动的形象表达,体现得更立体、更优美、更生动。

(四)搭建平台增长见识,提高音乐艺术水平

因为乡村各种条件的限制,与城市的条件相比,那确实是天壤之别,所以我就创造乡村孩子增长见识的机会。

1.购置乐器,增加兴趣小组乐器种类的学习

依托乡村学校少年宫,我们陆续购买了如古筝、竖笛、琵琶、二胡、吉他、萨克斯等乐器,校外聘请辅导教师,让乡村的学生增长见识。课堂上也能展示这些乐器实物,让学生真正感受到乐器的音色、形状,甚至还能亲手弹一弹,满足了学习的兴致。

2.着眼于提升乡村小学生的音乐艺术能力和表现

每学期我都会组织学生参加各种文艺表演或比赛,让乡村的孩子见见世面,从中获得教益。如参加市区级的校园艺术节、文艺展演、个人才艺展演,每次都能有收获;合唱队和舞蹈队曾多次获得过区级一等奖和市级奖,这些成绩让我们这些农村地区的孩子提升了更大的信心和学习兴趣。

五、问题思考

音乐知识的学习加快了农村小学生音乐素养提高的步伐,怎样才能在教学上达到最佳效果,是每一名乡村小学音乐教育工作者都应该深入思考的问题。我们需要解决并完善两个关键性的问题:一是根据农村学生特点进行针对性教学,二是形成音乐知识教学的连贯性和系统性。音乐知识教学在音乐实践中的运用必须遵循一定的规律,必须找准符合乡村小学特点的教学方法,合理安排课程的进度和选择教学内容,使学生在实践中易于于掌握,才能最大限度地发挥作用。

实践证明,在乡村学校现有条件下,完善教学体系,提高农村小学生音乐素养是可行的。只要我们乡村学校的音乐教师充分利用我们身边的素材,因地制宜积极挖掘本土资源,寻找多种途径,完善教学方法,通过多种音乐形式让每个乡村孩子有接受艺术教育的机会,让音乐艺术教育真正在农村小学生的心里生根、发芽、开花、结果,学生的音乐素养会得到很大的提高。

参考文献

[1]教育部基础教育课程教材专家工作委员会.义务教育音乐课程标准(2011年版)解读[M].北京:北京师范大学出版社,2012.

[2] 纪彦冰.农村小学音乐识谱教学的实践与思考[J].教书育人,2018(11):76.

[3]倪岚.小学音乐课堂乐理知识渗透策略研究[J].学苑教育,2017(12):22.

[4]刘晨泽.浅谈新课程下的乐理知识教学[J].新课程学习(中),2014(09):17.

[5]梁艳.浅谈多媒体在音乐课堂教学中的运用[J].中小学音乐教育,2011(10):20-21.

乡村小学音乐知识与教学实践的有效融合

天津市宝坻区新安镇北潭小学　任志佳

摘　要：音乐知识作为音乐教育教学活动的基础，包括音色、音准、节奏、节拍等，是学习声乐、舞蹈和器乐所必须具备的知识技能。音乐知识的掌握和准确的运用，是学生学习音乐的深度和广度的体现。音乐知识是学生音乐能力最基本的标准，教师在教育教学活动中，必须要通过有趣的方式将音乐知识的重点难点表现出来，让学生有良好的美育的同时，也要有扎实的基础。

关键词：音乐知识　教学实践

在小学课堂中，音乐教育方法的改变是为了让学生们在学习音乐的同时，提高学生的综合素养，让音乐知识变成有趣的，学生才能够更好地为将来学习音乐做铺垫，能够更好地运用乐理知识，自主学习，提高教育教学质量和学习质量。本文从策略方面来阐述乡村小学音乐知识与教学实践的有效融合。

一、多种方式，激发学生兴趣

音乐知识作为音乐的基础知识，音色、音准、拍子、节奏这些也都需要学生掌握,所以在教育教学过程中,教师应该用充满趣味性的游戏改变课堂的学习氛围,提高小学音乐和乐理知识的完美融合。教师通过对音乐的理解,掌握音乐特点,找到音乐教育的特殊性和规律性,运用多种教学方式,调动学生思维,提高学习兴趣。

(一)环境创设渗透音乐意识

学校里,教室里都是进行音乐知识渗透的最佳场合,学校的校报和宣传栏是学生课外探索的重要渠道,教室里的墙饰、通知栏,楼道里的装饰等,这些资源都是给学生展示的平台,让音乐知识无处不在,能够提高学生参与音乐活动的积极性。将音乐知识融入环境中,随时都能读一读,唱一唱,使学生主动掌握所学的乐理知识,教师在教育教学活动中讲述有关乐理知识后,引导学生将所有的知识应用在表演音乐的实践中。

(二)课堂小游戏调动积极性

音乐游戏也是在教育教学活动中展开的一种非常好的方式,用游戏在教学中把枯燥乏味的知识交给学生时,会使抽象难懂的内容容易掌握,游戏又符合学生爱玩的特性,实现愉快教学,在讲授新课时,用游戏帮助学生提高了学习兴趣。

比如:学生学习 do、re、mi、fa、sol、la、si 时,将音乐《我的身体都会响》播放做律动。摸摸我的小脚,dodododo,摸摸我的膝盖,rererere,拍拍我的双腿,mimimimi,叉叉我的小腰,fafafafa,拍拍我的双手,solsolsolsol,摸摸我的肩膀,lalalala,拍拍我的脑袋,sisisisi,高举我的双手,dodododo。然后教师将小米、大米、绿豆、豇豆、黑豆、蚕豆、红枣代替,粘贴到放大的五线谱上,教师用点代替蚂蚁,让学生感知到越来越高。

(三)用比赛的方式,强化乐理知识记忆

根据小学生的心理发展特点,教师在课堂教学活动中,可以用比赛的方式来进行强化本节课所学内容的训练。让学生们在玩中学习,在学习中玩,在合作中竞争在竞争中合作。用这种方式既可以使课堂气氛显得较为活跃,又能巩固住学生们本堂课所学的知识和内容。

比如:学习音阶和唱名的环节,教师邀请学生分组做"你来说,我来做"的游

戏。两个同学相互配合,一个抽签读题目要求,一个边做边唱出音高,每两组比拼一次,比出最优秀的一组。也可以教师将 do、re、mi、fa、sol、la、si 做成标识牌贴到身上,学生选出七人,将七种不同的动物贴到学生头上,教师在终点背对学生,教师一直读 do、re、mi、fa、sol、la、si 当教师回头时学生们都停止动作,教师继续闭眼睛读时所有同学就往前走,一直走到终点,到达之后再将教师身上符合你的音符撕下来,最先拿到谁赢。

二、精心设计,科学讲解

(一)准确简单,生动形象

在课堂教学中,教师的说话方式和形容的准确程度,直接影响了学生的理解程度。教师能够简单准确生动,声音起伏有规律地描述出想要传授的内容是至关重要的。这样的教学方式和说话形式在课堂教学中能够让学生更直观、更准确地理解本堂课所要学习的内容、重点以及难点,提高学生学习效率。

(二)循序渐进,层层递进

农村小学生的认知能力和理解水平还不够强,看待事物及问题比较具体形象性。教师在教学中应该从简入手,由少到多,由易到难,从感性到理性,从具体到抽象。

(三)多次重复,巩固记忆

音乐知识相对于别的学科来说比较难,学生的接受能力差,所以就造成了有些学生在理解不了的情况下,机械地用脑子死记一些东西,并且不能有效运用。所以,如果音乐知识只在课堂中一次、两次地重复性教学,学生根本就掌握不了。因此,教师必须要经过很多次重复性教学才能让学生真正地记住。

三、利用信息技术,开放式教学

(一)多感官接受音乐情境

现代信息技术是一种现代教学手段,可以打破时间与空间上的限制,以视频、音频或图片的多种形式来展现音乐情境,刺激学生的多种感官,让学生更深刻地体会到语言所不能表达的情感与意境,能够让学生如身临其境,展开想象的翅膀,飞翔于音乐的艺术殿堂。如在学习歌曲《那达慕之歌》时,由于学生并不了解蒙古草原的那达慕大会,为此我们利用现代信息技术来为学生创设真实而生动的情境,以动态的视频画面、直观的图片、动听的音乐来将学生带入辽阔的大草原,让学生置身于音乐情境中,并适时播放歌曲,这样学生就可以在画面与音乐的刺激下展开丰富的想象,走进那片美丽而壮观的草原夜晚,感受"那达慕"盛大的场面。这样学生学习歌曲的热情更高,也不再是被动地学习演唱,而是能够真正地融入歌曲所创作的意境之中,置身其中,感受草原的美丽与壮观,蒙古人民的热情与豪迈,这样丰富了学生的情感体验,帮助学生理解和记忆歌词,进一步能够提高学生的音乐欣赏水平与音乐素养。

(二)利用网络拓展知识

教师将教育教学活动中的音乐知识交给学生,让学生在网上进行知识面的扩充,对这堂课的知识加以了解,然后教师将学生的观点在课上进行探讨,将自己遇到的问题在课上分析,教师起到引导作用,让学生全面了解。

四、鼓励参与,体验快乐

积极引导学生参与音乐实践活动,是音乐新课标的基本要求。因此,音乐教学中,教师应不断拓展新知,创新教育教学模式,运用各种教学方法和手段,鼓励学生积极参与音乐实践活动,从中体验成功。

(一)搭设展示平台,体验成功的快乐

每学期,我们举办各种文艺表演或比赛,让农村的孩子也能够体验舞台展示的快乐。如校园艺术节、文艺展演、个人才艺展演、合唱节、课本剧等等。掌声中,这些农村地区的孩子提升了更大的信心和学习兴趣。

(二)课外素质拓展,感受提升的快乐

根据我们乡村少年宫的实际情况,我们分别开设了舞蹈、合唱、电子琴和葫芦丝的课外兴趣小组,在活动中进一步巩固学生所学到的音乐知识。

1.舞蹈表演让学生自由地表现主题音乐

学生有能力对音乐作品有了更深层次的分析理解以后,便可以运用已掌握的音乐基本知识,把自己对乐曲的感悟和内心的感受用肢体语言表现出来,形成了更加鲜明、生动的音乐形象。

2.乐器演奏是音乐教学中重要的辅助手段之一

我们在音乐知识的教学中也经常用乐器演奏的手法,帮助学生巩固旧知识,了解新知识,更是从中体验到成功的快乐。

(三)鼓励参与创作,获得创新的快乐

依据音乐教材内涵和农村学生实际学情,我们引导学生因地制宜自制一些简单的打击乐器,如三角铁、沙锤、串铃、小鼓之类的简易乐器,从而保证人人手里都有乐器,每堂课都是一个小乐队。在课堂教学活动中,学生们用自制的打击乐器或自身肢体的拍打节拍,结合音乐知识学习内容,创造性地创编音乐节奏,从而有效地训练学生音乐技能,巩固和深化体验所学的音乐知识。

总之,教师应该抓住音乐的特点,抓住乡村学校的小学生的心理特点,完善和改进音乐知识的学习方法和教学手段,积极渗透小学音乐课堂中的音乐基础知识,从而让学生在音乐的学习与体验中提升音乐素养,让学生成为音乐学习与创作的主人,享乐音乐所带来的乐趣,这才是我们所要追求的有效教学。

参考文献

[1]倪岚.小学音乐课堂乐理知识渗透策略研究[J].学苑教育,2017(12):22.

[2]张圆.信息技术在中学音乐教学中的应用实践[J].北方音乐,2017,37(06):157.

探析小学音乐教学中培养学生音乐核心素养的有效途径

天津市北辰区模范小学　　王学荣

摘　要:小学阶段是培养一个人的黄金阶段,同时,也是小学生处于知识获取,品行观念养成的重要阶段。对于外界事物的好奇会驱使小学生对新事物的接受和学习,而音乐艺术教育意在培养小学生的全面探索精神,落实素质教育,实现小学生德、智、体、美的全面发展。此时开展音乐的教学,能够有效提升小学生的音乐核心素养以及对于音乐的探索欲,通过对音乐直观的感受来激发对音乐的学习兴趣,从而带动小学生在音乐以及其他方面学习的积极主动性。因此音乐艺术教育在小学生的学习生涯中具有重要作用,本文将从音乐核心素养出发探析培养学生音乐核心素养的有效途径。

关键词:小学音乐教学　音乐核心素养　有效途径

音乐艺术源自我们的生活,可为我们陶冶情操、舒缓身心、放松心境,是我们日常生活常态的一种优美展示。为让小学生更好的通过音乐的美妙感受世界的美好,激发学生审美潜力并且提升音乐素养,应当在小学音乐教学上,让小学音乐素养培育回归到日常生活中去,充分发掘生活中的教学素材,让学生感受到音乐离我们的日常生活如此接近。

一、小学音乐教学素养的内涵

(一)小学音乐教学

小学阶段是学生获取知识最开始的阶段,学生对于外在事物的好奇心是培养学生音乐核心素养的良好开端。音乐课程是培养小学生音乐素养的有效途径,同时也能培养小学生的音乐审美和情感表达,让学生在小学音乐课程中通过听觉来引起对于艺术的思考和内心的感悟,从而提升学生对于音乐的学习和鉴赏能力,让学生在课程中对音乐产生主动的接触和感受,开始在音乐中思考关于内心的世界、自我的理解,从而帮助学生在音乐学习过程中逐渐建立起良好的音乐审美、音乐鉴赏能力并且充实自己的内心世界。

(二)音乐核心素养

音乐核心素养是指人们对于音乐作品的主要理解能力和欣赏能力,在对作品的理解之上进行自身艺术特色的结合和重新创作。对于音乐作品的学习和创作是为了更好地在自身理解之上加以表达内心的情感和艺术特色,音乐不应该是在老师的想法上进行机械的练习,而是学生在学习后的灵感来源和情感表达,老师应该更加注重学生在音乐中情感的变化,引导学生在教学中提高自身音乐素养。

二、培养学生音乐素养的途径

(一)以身作则树立榜样

教师作为学校教学的前沿工作者,一言一行都在潜移默化地影响学生的认知。想要在音乐上培养学生的音乐素养,老师本身就要具有较高的音乐素养和较高的音乐认知水平,通过自身示范的言传身教,吸引学生对于音乐的喜爱。教师自身必须具有良好的道德品质,对学生一视同仁,形成良好的职业道德规范,在不断提升自身职业修养的同时,也要不断提高自己在音乐艺术上的造诣,用积极向上的工作态度为学生树立"终身学习"的意识,树立良好的音乐学习榜样,从而为学生提升音乐核心素养奠定基础。再通过教师对于音乐教育体系的思考感悟,能够进行教学理念的创新,改革原有的教学模式,有针对性的对于学生因材施教培育学生,在不断实践中探索出适用于当前教育体系的音乐教学模式。

(二)营造良好学习氛围

古人有云,"兴趣是最好的老师"。兴趣是我们对于喜欢事物进行探索学习的动力,所在音乐教学上也要培养学生对于音乐的兴趣,将音乐培养成他们的兴趣爱好。由于小学生好奇心大,很难在课堂上面对单一知识的教学提起兴趣,因此要提高课堂教学的趣味性,可以根据学生的自身特点,创造良好的音乐学习氛围。例如,可以运用多媒体教学,实际展示音乐并且添加教学内容,让学生在享受音乐的同时又能快乐学习;还可以在课堂上增加与音乐知识相关的趣味小游戏,发动孩子的自我表现能力,活跃课堂氛围,也让音乐课堂教学更加充实且具有趣味性,充分调动小学生音乐学习的积极性与自身能动性,更加全方位地培养学生。注重培养学生们的音乐核心素养,要在教学中渗入音乐课程相关标准的理念,进行创新式发散思维的建设,在学习中充分调动学生的感官去感知音乐,去感受歌词所表达的意境和思想内涵,体会音乐所表达的情感,并且运用到自身的学习与思考中去。这样生动灵活的教学模式有助于营造良好的音乐学习氛围,也有助于学生音乐核心素养的提升。

(三)加强音乐基础教学

教师在注重环境培育重要性的同时,也要增强音乐基础知识的教学,只有学生掌握扎实的音乐基础知识,才能具备音乐的鉴赏能力和审美能力。例如,简单的音阶和五线谱就是小学生应当掌握的基础乐理知识,同时还要引导学生学习音符以及音符时长,利用趣味性小活动带动学生参与课堂,有利于学生对于音乐知识的学习和记忆,让学生在拍手、跺脚中潜移默化地掌握节奏和音律,既提高了对音符的学习效率,又加深了他们对于知识的了解和掌握。在对于音乐知识的学习和掌握后,趣味性的教学能够不断激发学生对音乐艺术的兴趣和音乐激情,让学生脱离枯燥学习的苦海,让其切身体会到学习的快乐,激发学生潜在的音乐鉴赏能力和感受能力,从而达到提升他们音乐素养的目的。

(四)开展音乐实践活动

实践出真知,所以实践也是提高学生能力、强化知识记忆、巩固知识体系的最佳途径。在音乐实践中,学生的主动参与和积极学习,不但能够锻炼学生的参与能力和表达能力,而且还能培养学生的音乐素养。因此,教师可以积极带领学生开展音乐实践活动课,为学生提供更有效、便捷的平台去学习和展示。相比于单纯的乐理知识教学,实践更能够带动学生的积极性,引导学生去感知音乐的魅力,培养学生对音乐的兴趣和爱好。例如,可以开展"音乐情景剧""课堂歌唱大赛"和"音乐作品赏析",当学生在欣赏或演唱音乐时,学生的脑海中就会浮现相应的画面和歌曲的情感,从而让学生在繁忙的学习中能够有时间去放松身心。在描述和感受音乐作品时,学生才能从不同的角度去理解和感受作品,从而用欣赏的眼光看待音乐,去真正在欣赏中感受音乐作品的独特魅力,让音乐把学生真正带入到艺术的世界中去。

(五)加强与学生的沟通

教师与学生之间是教学相长的关系,教师可以在与学生的交流中可以更好地了解学生的想法和观点,更好地从学生的角度看待问题,从而改进自身的教学方法,更贴合学生需求。教师和学生的交流也可以拉近师生之间的距离,从日常的交流中与学生建立信任感,让学生感受到教师的平易近人而非高高在上,在交谈中激发学生对音乐的情感,能够更容易让学生对音乐艺术有更深的理解和感悟。并且日常的交流不像教学一样具有强制性,与学生之间的交流更像是从生活的角度去深入学生的内心,从生活的角度引导学生对音乐进行探索学习,学生也可以向教师表达出内心更真实的想法和实际的感受,教师与学生之间相互信任,也会让学生更加积极地配合教师的教学,跟随教师的步伐逐步建立起对音乐的信任和喜爱。教师和学生在交流中相互了解、相互学习、共同进步。

三、结束语

小学音乐作为从小培养学生音乐艺术鉴赏能力和欣赏水平的重要课程,能够提高学生的审美和鉴赏能力,培养学生广泛的兴趣爱好,也是培养学生全面发展的核心素养。在教学实践中,教师必须紧跟时代变化不断探索新形势下的教育模式和方法,探究培养学生音乐核心素养的途径并在实际教学中积极应用。教师应该在提升自身素养的同时,也要采用科学的方法活跃课堂,加强基础教学,增加社会实践活动并且增加与学生的沟通,帮助小学生培养音乐素养并且帮助他们开阔视野,丰富他们的精神世界,为他们提供更好的学习条件,助力小学音乐素养效率的提升,使小学生能够全发面发展。

参考文献

[1]王霞.小学音乐教学对学生艺术素养的培养[J].学园,2014(30):44.

[2]文蕾,陈文丽.如何利用小学儿童的心理特点进行音乐教育[J].读与写杂志,2008(02):167-170.

[3]张立娜.浅析小学音乐核心素养的特征及培养策略[J].中华少年,2017,10(29):169.

舞动音符，音舞相融

——关于小学音乐课堂中舞蹈教学的构想论述

天津市武清区杨村第十六小学　王春华

天津市武清区杨村第十一小学　欧阳国浩

摘　要：在现代教育发展的过程中，我们一直强调要对学生的德智体美全面发展从小抓起。小学教育中的音乐课堂是一个引领学生认识美、感受美的重要契机，同时，在教学素材的选择上又涵盖了多民族、多国家的文化领域，旨在让小学生于潜移默化中为艺术与文化修养打下基础。然而，在教育教学实践中，传统的文字讲述、形式跟唱等音乐教学方法与小学生尚未成熟的心理机制和活泼好动的天性相抵触，很多所谓的舞蹈教学又流于形式。本文旨在从小学音乐课堂中舞蹈教学的必要性、可行性分析入手，对音乐课堂与舞蹈教学相融合的实践构想加以阐述。

关键词：小学生　音乐课堂　舞蹈教学　艺术

随着时代与社会的发展变迁，无论是从家长还是从教育工作者的角度都希望能够从小培养孩子们艺术与文化修养，让教育真正渗透到精神层面而不是从小让孩子沦为功利化的考试工具。而在内涵基础塑造期且学习竞争等现实压力相对较小的小学阶段，这种全方位的文化教育诉求则显得更为突出。

音乐从"声"的角度传达出人们对于生活的感受和对文化的体悟，舞蹈又从

"形"的领域表现出人体本身最天然的艺术与美。音乐是舞蹈的灵魂,音乐中包含了并决定着舞蹈的结构、特征和气质。基于相互的作用,音乐课堂上的舞蹈教学在让小学生释放天性的基础上将舞蹈的律动与音乐的旋律相结合,既能让小学生在学习单调的乐理知识时不再感到枯燥乏味,也能让他们接触到更为多样的艺术形式,用身体带动内心去感受不同的民族文化。

一、小学音乐课堂中舞蹈教学的必要性

(一)音舞相融发现美

"原始的音乐绝不是单独的音乐,它是和动作、舞蹈、语言紧密结合在一起的,是一个不可分离开来的领域。"针对小学生的舞蹈教学,首先可以从生理和心理两个方面促进孩子的成长。作为一个成年人,我们都知道形容一个人的美与丑绝不仅仅是单纯的所谓"颜值",很多时候,更重要的是无形的气质。通过舞蹈动作简单的拉伸和训练,可以帮助小学生增强肢体的柔韧性与动作的协调性,进而帮助孩子们塑造好的身形体态,有效地预防和减缓驼背等不良习惯。同时,在连贯性的舞蹈动作过程中又可以促进人体的新陈代谢,促进小学生的生长发育。美国舞蹈家邓肯说过,舞蹈通过人体动作的表情来让人认识人体心灵的美和圣洁。如果伴随着音乐的舞蹈本身是对音乐文化的深层次渲染和感受,那么对于舞蹈节奏的把握又是在组织纪律性方面的训练。

(二)视听结合学习美

在小学音乐课程的教学素材中有很多民族文化鲜明的歌曲,比如《草原就是我的家》和《金孔雀跳跳跳》等。随着我们成长中社会阅历与文化认知的层次加深,可能会比较容易地从旋律本身特点产生联想和准确辨别,但对于小学生而言,可能只是不同的两首歌曲而已。如果能够在教唱《草原就是我的家》时,教授一些蒙古舞的基本动作,在学习《金孔雀跳跳跳》时进行孔雀舞的欣赏和模仿,则能够让孩子们将"视"与"听"等多种感官相结合,对不同的民族文化有进一步的了解,加深记忆。而身体的或扭动或旋转又能让学生们更鲜明地感受到音乐旋律所表达的情绪与节奏节拍的快慢变化,弥补了单纯语言教学的不足。

这种"动态教学"不仅能够调动学生学习音乐、欣赏音乐的积极性,活跃课堂气氛,还增加了小学生的表现和互动能力,对其建立自信心有很大帮助。

二、小学音乐课堂中舞蹈教学的现状

在新课标的要求中就有提到"保持学生对音乐的兴趣,使学生敢于参加音乐活动。能够主动参与综合性艺术表演活动,并从中享有乐趣……",再加之我们之前的分析,其实在寻求解决方案的过程中已经有部分学校逐渐尝试将舞蹈元素融入音乐课堂里,但由于各方面原因,这种融入仍然流于表面,不能完全展现初衷。

(一)师资素质待提升

一些音乐教师难以改变原有的教学习惯,采取"弹琴+跟唱"的形式,仅以教会学生演唱课本或教学计划中规定的曲目为目的。且由于自身素质的局限性,部分小学音乐教师本身就在舞蹈教学和对舞蹈的感知上缺乏经验或为了避免麻烦缺少从自身开始学习转变的主动性和积极性。在课堂上通过简单的视频欣赏来带领学生进行单纯的动作模仿,这种"跟做"的教学方法与"跟唱"在本质上其实并无差异。不仅没有达到让学生通过舞蹈来塑造形体,发现艺术之美的深层目的,即便是与原本的音乐教学也是脱节的。

(二)表面教学需改善

部分旨在"展现课堂活跃气氛"的形式在公开课的教学设计上更为普遍,学生或展示出事先设计并排练好的舞蹈动作或是被要求现场讨论、即兴创编。这种缺乏连贯性和缺乏老师引导的教学对于基础薄弱、领悟能力较差的小学生来说并不能起到很好的效果,学生参与的积极性和反馈反而可能会有所下降。

三、小学音乐课堂中舞蹈教学的改进构想

音舞结合的教学方式若想在课堂上得到最大化的实现和促进,首先需要音乐教师从自己做起,提升音舞相融的能力素质,"当舞蹈真正和节奏结合的时候,就好像江水入大海和林鸟夜归巢那样,会使人感到舒畅和安慰"。同时要积极备课,结合小学生的实际情况,比如动作强度、感知接受能力等,以及音乐课程的原本特征,比如音乐节奏、音乐情绪、音乐背景等进行教学内容的规划。

(一)入门重在打基础

小学期间是一个逐渐从孩童转变为青少年的成长过程,小学生的理解能力和学习能力在不同年级都有着鲜明的差别和特征,因此在教学方法的制定上也要采取循序渐进的方式。比如,对于低年级新入学的小学生,在课堂上以师生互动,帮助孩子们在听乐曲和做动作时集中注意力为主。从单一动作比如拍手、跺脚、点头等入手,培养学生对于音乐中强拍、弱拍以及节奏感的认知,让他们感受到肢体动作与音乐的匹配性与可结合性。在背唱歌曲的时候,可以通过动作来加深对歌词的记忆,比如歌曲中经常出现的一些小动物、太阳、花朵等词语都可以被精心编排成幼儿舞蹈的动作,让孩子们边跳边唱。

(二)螺旋提升学技巧

随着学生年龄与年级的增长,可以通过提升成就感来激发学生对音乐舞蹈持续学习的热情。除了之前提到的一些民族歌曲与民族舞的结合外,在教学《四小天鹅舞曲》的时候一定会向学生们进行芭蕾舞的介绍,《星光恰恰恰》的音乐也正是拉丁舞的独特伴奏。这种专业性很强的舞蹈必然不可能在小学的音乐课堂上进行过于专业的学习或训练,但一些简单的动作和不同舞种所体现的"精气神"却是可以教学的,比如芭蕾舞的手臂伸展动作以及下颌、脖颈的流畅体现所带来的自信与优雅的美感,还有拉丁舞的经典矩形步伐以及挺胸提臀的张扬和面部灿烂笑容所表达的热情澎湃。在这个阶段的教学过程中,最重要的便是鼓励学生勇于进行

新的尝试,接受新的挑战。所谓举一反三,可以让学生聆听同一类型的不同音乐,用基础的舞蹈动作和感觉进行展示,或者是在同一音乐的基础上,融入自己的理解来表现不同舞蹈动作。

(三)融会贯通自编导

有了前面两个阶段的积累,学生们已经具有一定的音乐舞蹈素养,教师要在这个基础之上为学生提供更多的想象和发挥自己的创造性以及主观能动性的空间。在适当放手的基础上进行必要的指导和引导,由学生根据对音乐的理解和感悟自行编导,将音乐、舞蹈和自己的情感结合在一起,有身体来表达内心的真挚。

《诗·大序》曰:"……言之不足,故嗟叹之。嗟叹之不足,故咏歌之。咏歌之不足,不知手之舞之足之蹈之也。"所谓舞由心生,舞蹈跳的就是文化,跳的就是一个人的文化底蕴。在小学的音乐课堂中适当增加舞蹈教学的内容,与学生的孩童天性相辅相成,既能激发兴趣,又能丰富课程。学生的舞蹈既是对音乐学习理解的考量,也是学生对自我内心的反馈和表达。无论是音乐还是舞蹈,作为一名教育工作者,都是希望通过有效的途径从小培养学生对美的认知,陶冶性情,全面提升自身素养。

参考文献

[1]黄敏青. 小学音乐课堂中音舞结合教学的研究[J]. 教育教学论坛,2014(47):45-46.

[2]逯茜. 舞蹈教学在小学音乐课堂中的作用[J]. 吉林教育,2011(35):50-50.

[3]颜建平. 如何在小学阶段渗透舞蹈教学[J]. 科学大众:科学教育,2011(06):102-102.

[4]赖世琴,周娟.浅析小学音乐教育专业舞蹈教学能力的培养[J].才智,2013(14):203.

以网络技术助力情感体验,提升音乐鉴赏能力的实践研究

天津市河北区教师发展中心　　冯媛媛

摘　要:音乐是一门听觉艺术,良好的音乐感受能力与鉴赏能力的形成,对于丰富情感,提高文化素养,增进身心健康具有重要的意义。如今,在网络技术如此发达的现代社会中,如何顺应时代的潮流,利用强大的网络技术培养学生音乐鉴赏能力,是当今音乐教师需要探讨的一件事。结合教学实践,谈一谈如何利用网络技术教学,提升学生音乐鉴赏能力。

关键词:小学音乐　网络技术　音乐鉴赏能力

网络是当今时代众所周知的词汇,它影响着人们的生活,在教学领域中发挥着巨大的作用。它改变了教师传统的填鸭式课堂,弥补了教学方式的多样化,同时为学生不断提高音乐鉴赏力提供了丰富的资源。那么,如何利用网络技术更好地在小学音乐教育中培养学生们的音乐鉴赏能力,我认为可以从以下几点考虑。

一、利用网络技术激情引趣,提高音乐审美能力

喜欢音乐,爱上音乐,对欣赏音乐感兴趣,是培养学生音乐鉴赏能力的首要任

务。每个人都是差异的个体,所以如何打造一个令所有学生都喜爱的音乐课,让生性活泼的小学生们能够平静地坐下来欣赏音乐,这是一件较有难度的事。教师利用网络技术可以有效地丰富课堂内容,让每一个学生,不管是喜欢音乐还是不喜欢音乐的学生都对音乐产生喜爱。有了兴趣,以兴趣为基石,要想让学生在音乐课堂中提高音乐鉴赏能力就不再成为一件难事了。例如:在学唱《顽皮的小杜鹃》这首歌的时候,我利用网络技术在课前搜集很多关于杜鹃鸟的图片,并且下载各种情境下杜鹃鸟叫声的音频资料。课上给学生们播放,并设计美丽大自然中寻找杜鹃鸟的情境,让学生们感受"顽皮小杜鹃"的音乐形象。利用网络技术设计音响,激情引趣,体会生动活泼的音乐情绪,在这样欢快愉悦的气氛中提高学生们对于音乐的鉴赏能力。

二、利用网络技术创设情境,提高音乐鉴赏能力

情境教学在任何学科的教学中都是一种行之有效的方法,它能很好地给学生提供用心感受音乐的机会和氛围,从而更高效地理解和掌握音乐情境。在小学音乐教学中,利用网络技术创设情境,将学生们带入符合音乐情景的真实情境中,对作品进行有效的欣赏与品析,从而在不断感悟中提升音乐鉴赏能力。

《义务教育音乐课程标准(2011 年版)》基本理念中的第一点是以音乐审美为核心。可见,音乐审美在音乐教学中占有最重要的地位。在音乐活动中,教师要充分营造出与乐曲情感相吻合的教学情境,让学生充分体验蕴含在其中的音乐表现形式,探索音源材料,用已知素材创编出新的音响效果,为音乐所表达的情境所吸引、所陶醉,与之产生强烈的情感共鸣。而这一创编过程是需要师生共同体验、发现、创造、表现和享受音乐美的过程。

在教师的引导下,师生共同探索音源材料所带来的音响效果,学生在音乐故事中,创造了一个美好的意境和氛围。在此教学活动中,学生充分发挥了想象力和创编能力,在自己营造的情景中,大胆地进行实践和创作。此活动的设计,为学生

的创造才能搭设了舞台,给他们自由发挥的空间,从而完成体验—表现—创造的过程。

例如:在教学《玩具交响曲》这一课,为了很好调动学生积极性,让学生们投入更多的注意到这首歌曲中,我利用网络进行教学。首先展示了下载了很多玩具的图片,让学生们去进行一个丰富的想象,想象自己是这些玩具的主人,你要怎样去摆弄他们,随后又在网上搜了一首欢快的玩具交响曲的歌曲,随着这些图片与视频的播放给学生们进行展示,让学生们闭上眼睛去跟着音乐一起哼唱,并且在脑海中想象自己在一个非常美好的地方玩儿这些玩具。这样通过网络进行教学将学生们带入到一个真实的情境当中,让学生们在这样一个真实的情境中去感受这首歌曲,欣赏歌曲,在一个优美的欣赏中不断地去提升对于音乐的鉴赏能力,去感受歌曲的欢快,感受歌曲当中存在的艺术的美。

三、利用网络技术诠释音乐的美,提高音乐鉴赏能力

音乐是一门微妙神秘的艺术,在音乐中我们可以不断发现各种沁人心脾的美,正是这些美的存在,让我们能够通过音乐缓解情绪,让我们更好地享受生活。换言之,挖掘这些美正是我们在教学中提升学生音乐鉴赏能力的关键因素。

人音版第六册《红旗颂》是一首欣赏作品,为了更好地理解作品,理解作品所表达的那种情怀和品质,教师有目的的启发学生从两方面挖掘审美元素。一方面是人民当家作主,对革命走向胜利的喜悦之情;另一方面诠释了铿锵有力的三连音节奏中,圆号奏出简短有力的曲调,乐曲从颂歌主题变成进行曲那种走在历史大道上奋勇前进的巨人步伐的旋律之美。

由于小学时期的学生们年龄小,缺少生活阅历,不能直接体会作品的内涵,因此,利用网络技术辅助教学,对理解作品和鉴赏能力的提升起到了事半功倍的效果。课堂上老师为大家播放视频,请同学们边感受音乐边听教师讲解。在视频中,大家了解到作曲家吕其明及其创作背景;感受到哪些乐句唱出了对红旗的赞美和

歌颂,对祖国的敬仰和爱慕之情;感受到哪部分旋律比优美更壮丽,比壮美更深刻,更加富有哲理的崇高美;体会到什么样的节奏,什么样的音色奏出了走在历史大道上奋勇前进的巨人步伐的旋律之美。反复聆听,反复感受,帮助学生体味歌曲所蕴含的丰富创作手段的音效之美,已达到提高鉴赏能力的提升。

四、利用网络技术引发创作,提升音乐鉴赏能力

想象是创造的先导,提出一个问题比解决一个问题更重要。尤其对于小学阶段低年级的学生,培养学生的创造能力,提高音乐鉴赏能力尤为重要。所以在教学中,笔者特别关注培养学生创造性思维能力的发展。平时的音乐教学中,我尝试着采用多种教学方法来培养学生的这一能力,从而让学生在学习过程中经历一个由想象到创造的过程,以此来提高音乐的鉴赏能力。激发学生的创作灵感,达到感受美、体验美、表现美、创造美。

唱歌教学是音乐课主要的教学内容之一。在学习歌曲时,为了让学生感受歌曲旋律,多数音乐教师会让学生先用"wu"或者"lu"来哼唱旋律,我也不例外。

"视听结合"——使旋律线条"动"起来。在学唱《小宝宝睡着了》时,我先在黑板上画出旋律线条,接着我带领学生边画边唱,让学生体会旋律的高低起伏变化。学生们画得可认真了,我感觉他们掌握得不错,就用钢琴伴奏让学生自己听着乐曲边唱边画。这时候,问题出现了。学生们唱出的声音断断续续,手指比比画画的,根本连不成线。虽然我让学生反复练习了很多次,但学习效果并不理想,演唱和旋律的流动总是结合不起来。

如何在这一环节降低学习难度,让学生唱、画兼顾,且画准呢?我想:如果能让旋律线"流动"起来,就可以在学生演唱同时,通过视觉感受给学生提供帮助,让流动的旋律引领学生学习。于是我利用了"电子白板"的交互功能,并用白板上的绘画笔,将静止的旋律谱"流动"起来了,随着歌曲旋律我开始画起来,学生们此时争着用电子白板来尝试画旋律。经过反复尝试,我发现这种视、听、画结合的方法,使

歌谱教学更形象、学生对歌曲的旋律走向一目了然。然后，我又让学生观察每个唱名之间的距离有什么变化，可以发现音与音之间长短的不同，距离大的几个唱名，则是节奏舒缓的，而距离小的唱名，则是节奏紧密的。从而使节奏这一相对抽象的音乐要素变得容易感受和理解。

"流动"的旋律谱这一个做法解决了三个教学难点：①唱准音高，在唱的同时能够看到旋律的高低变化；②画准旋律，把白板上已有的唱名用线连起来；③读准节奏，通过观察唱名之间的距离可把握好每个音的长短。此教学活动借用了多媒体——电子白板的交互功能，达到了多媒体辅助教学的目的，正真让现代化技术手段在教学中发挥了不可替代的作用。

音乐是能够让我们生活的更加有情调，更加美好的一门艺术，学生们通过对音乐这门学科的学习与领域，可以更好地陶冶自己的情操，不断提高自己的鉴赏能力。网络技术的不断发展也为音乐学科的教学提供了巨大的便利。以上便是我提出的在小学音乐教学中网络技术提高音乐鉴赏能力的实践研究，望对广大教师有所帮助。

参考文献

[1]杨晗誉.多媒体在小学音乐教学中的应用[J].中国教育信息化,2008(09):39-41.

[2]叶勤峰.巧用电教媒体优化音乐课堂[J].儿童音乐,2002(04):33-36.

信息技术与音乐教学
深度融合的研究

天津市红桥区教师发展中心　付群

摘　要: 信息技术的发展,使教师可以利用网络查找资料进行课前准备,并且信息技术拥有结合多感官体验的特点,能突破地域、时间的限制,清楚地展现出音乐教学的主题,并能根据学生需求予以再现,使教学过程生动形象。本攻坚研究探索从理论研究和实践两方面,结合学校的实际,探索有关信息技术融合的教学对培养学生的核心素养的途径与方法;并通过攻坚研究,提高音乐教师和音乐教研员的科研能力,为深化音乐新课程的改革奠定良好的基础。

关键词: 深度融合　信息技术　音乐教学

在中小学音乐教育教学中, 如何有效地利用信息技术来为音乐课堂教学服务,是当前中小学音乐教师需要掌握的一项重要教学技能,通过这一攻坚研究的研究,促使教师更加深入地学习信息技术在音乐教学中的应用,并了解其价值所在,思考信息技术在音乐教学实践中可能出现的问题以及解决办法,提高教师将信息技术应用于音乐实际教学中的能力。

信息技术的发展,使教师可以利用网络查找资料进行课前准备,并且信息技术拥有结合多感官体验的特点,能突破地域、时间的限制,清楚地展现出音乐教学的主题,并能根据学生需求予以再现,使教学过程生动形象。

攻坚研究探索将从理论研究和实践两方面,结合学校的实际,探索有关信息技术融合的教学对培养学生的核心素养的途径与方法;并通过攻坚研究,提高音乐教师和音乐教研员的科研能力,为深化音乐新课程的改革奠定良好的基础。

现在就此谈几点本人在实践中的体悟。

一、研究的目标与过程

(一)国内外相关文献

1.国内研究的状况

在 2011 年教育部颁布的《义务教育音乐课程标准(2011 年版)》中也明确提出了"音乐教师应合理利用现代教育技术视听结合、声像一体、资源丰富等优点,为教学服务。要加强对学生在影视、广播、网络上学习音乐的指导。善于利用现代远程教育中的音乐课程资源进行教学,努力提高教学质量"。

2.国际上研究的状况

美国教育部自 20 世纪 80 年代以来进行的以教育信息化为重点的教育改革。1996 年,克林顿总统提出了要把美国的每一间教室和图书馆联上互联网,要让每一个 8 岁的儿童能够上网。为了适应科学技术高速发展及经济全球化的挑战,美国教育界已经开始把注意力放在培养学生一系列新的能力上,特别要求学生具备迅速地筛选和获取信息、准确地辨别信息的真伪、创造性地加工和处理信息的能力,并把学生掌握和运用信息技术的能力作为与读、写、算一样重要的新的终身有用的基础能力。

(二)研究的目标

在小学音乐教学中,合理应用信息技术,更好地突出音乐教学中的难点和重点问题,通过使用网络功能,将音乐教学中所需使用的资源进行整合优化,提高教学的针对性,让小学生在学习中更好地对音乐内涵进行理解。

(1)通过信息技术优化整合音乐教学资源应用,提高课堂教学质量,从而优化整合小学音乐教学。

(2)利用信息技术提高小学音乐教学趣味性,通过视频、音频和网络素材等刺激学生多种感官,从而调动他们参与的积极性和主动性,增加其学习兴趣,确保音乐教学质量。

(三)研究的内容

(1)信息技术与小学音乐教学深度融合,完善学生审美能力的推进。

(2)信息技术与小学音乐教学深度融合,从而优化课堂,提升教学质量。

(3)提高教师专业化发展,引领教育现代化的理念,创新教育教学应用。

(4)在教学实践中发挥多媒体现代音乐 APP 平台优势。

(四)研究的方法

主要的研究方法有:行动研究法、经验总结法、调查法(社会调查、教育调查、学生发展需求调查、问卷、访谈、个案等)。

二、实施方法

(一)信息技术与音乐教学深度融合,促进审美能力的提升

在长期的教学实践中发现信息技术对学生的审美能力的确有推进作用。它能使学生在音乐、身体、大脑之间迅速建立一种分析、交流、合作的联系,使学生全身心投入、尽情表现音乐。

1.视频的教学资源开发与应用

在教学实践中下载视频、截取视频、插入视频等对于信息技术与音乐教学深度融合是非常重要的。首先要去 WPS 这个官方的网站下载这个软件,几乎跟WORD操作一样。之前我们截取视频都在视频编辑软件中操作,比如 EDIUS、绘声绘影这样的视频编辑软件来解决。但是现在不用,我们只要有视频,我们想从哪儿接就从哪接。在 WPS 当中的它就有一个专门的视频的工具,可以设置播放和结束,那么

我们就无须再去剪音频。这个环节应该是多媒体运用中最简单的一个方式。播放大屏幕有画面感，然后老师弹唱，或者跟着音乐唱，也可以配乐播放视频。但是这样一个简单技术手段，实际上同学们是非常喜欢的。那只有老师亲身参与进去，孩子们才能带进去，比播放大屏幕要远远能吸引学生的目光。所以同样也要求我们教师本身的专业技术一定要过硬。

通过案例可以看出下载视频非常的简单，如果网站上下载不下来，我们也可以有办法把下载到我们的电脑中为我所用。另外，我们在教学中的导入环节用到的最多的其实就是这种方式。非常的直接，让学生们在视觉、听觉，还有音乐实践活动都得到了一个联觉。这样，我们就可以发挥自己的特长为教学做辅助，把自己的音乐专业放在课堂当中。这样的方式非常简单，但是它要求做为一名音乐教师的专业水平。现在有很多音乐教师几乎音乐专业很欠缺，甚至说弹不了，唱不了，那这样的话就无法完成一个真正的音乐课，所以我们无论把视频的教学资源怎样来开发，我们一样需要我们音乐教师的专业，课堂时间活动才能丰富多彩，学生们才更喜欢音乐老师，喜欢音乐课。

(二)信息技术与音乐教学深度融合,优化小学音乐评价

1.教学知识点结构分布

知识点看似简单，其实是个复杂的工程。它不光是每节课上的知识点，它还有一个知识体系的结构，比如说节拍，节奏，音高，音准等等这些音乐能力。所以我们应该从一年级第一册开始到六年级的第十二册，把它的所有的知识点都罗列出来。然后按照一年级、二年级、三年级、四年级、五年级、六年级这样的不同的水平来划定，学生在这个年级当中应该掌握多少知识点，技能又能够掌握多少，然后我们再根据这些做一个知识体系考核框架。当然，我现在说的是对一年级、二年级、三年级这样的年级性的考察。

2.音乐工具软件的使用与应用

比如，我们想给学生听一段乐曲，让他判断是什么乐器来主奏的，那么我们不可能给他放一整首乐曲，我们要截取其中一个乐段，如果是在截取的时候，我们用普通的工具来截取，就会有停顿，这违背了音乐的美感。那么我会教大家采取专业的音乐软件，让大家截取音乐非常完整。另外，就是节奏，如果您想让学生分辨节

奏,务必是自己做一种节奏让孩子来辨别。那么,如何来做这个节奏的音频呢,那么也需要一些音乐的软件来辅助我们来完成,这样呢,我们在学情分析的时候就能让学生听的是音乐,获取的是也是音乐能力,而不光是文字上的音乐测试题,我们用音乐实践活动来完善课堂反馈环节,了解学情。

三、实施效果

"信息技术与音乐教学深度融合的研究"在教学研究取得了很大的进展,成效甚丰。以下做简单陈述。

(一)通过研究过程,提升教师教学科研能力

通过攻坚研究,参与教师的教学理念转变非常大,科研意识明显增强,科研能力有了很大提升,整体教学质量有明显提高。

(1)受邀中国教师研究网,做教育部国培计划远程培训《信息技术深度融合的教学应用》《如何利用信息技术提高学情分析的有效性》等9节国家级讲座。

(2)应邀全国中小学继续教育网,做《如何将"新潮"技术与音乐教学深度融合》的国家级讲座。

(3)我设计的二节高中音乐课《007影视音乐欣赏》《智取威虎山》的教学课例,均被全国中小学继续教育网被录用国家级高中音乐课例。

(4)指导本区青年教师冯悦等11人获区级小学课例一等奖,侯忠杰等2人获区级中学课例一等奖。小学微课9节、中学微课6节均报到送市级评比。

(5)论文《地域文化与音乐教学相结合促进核心素养的策略初探》荣获天津市中小学第十四十七届教研教改成果二等奖。

(二)通过研究研究过程,采用丰富的学情分析手段

在学情分析的手段运用上, 我们可以采取问卷星或者是UMU这样的小程序来辅助,可以帮助我们了解自动生成每道题的孩子答题情况。那么前提也是我们在做知识点结构水平的卷子之上,让孩子来通过问卷星来完成。如果我们想把音

乐加在问卷的题目之中,我们可以采取的是 UMU,这样的更简便一些。当然,我们也可以在教室的大屏幕上显示我们所有的题,我们还可以把题目做得更趣味一些,让学生用问卷星来选择 a、b、c、d,这样我们也可以全程地了解学生整体的学习情况。这一讲中,我会实际操作几道典型题,用到这几个小程序,让大家感受一下学情分析的手段、运用及学情分析的结果。

(三)信息技术教学实验研究中的评价研究

在攻坚研究中,对信息技术与音乐教学深度融合的研究过程中教师的教和学生的学的评价的研究,也是一个重要内容。对信息技术与音乐教学深度融合的研究过程中教师的教和学生的学的评价的研究,也是一个重要内容。教师以新课程的理论为指导,践行新课程所倡导的新的评价方式,运用 UMU 收到了实效。创新了课堂评价手段,运用有童话游戏的方式,将音乐、动画和技术手段融为一体,这样不仅对学生有一个整体是能力有了解,而且对学生掌握课前、课后的音乐知识与能力,也能够轻而易举地掌握。

四、问题与思考

通过研究,我们有了很多的收获,也有一些值得反思的问题,以下是我们的一些思考。

(1)在小学音乐的教学中,与音乐教学相关的信息技术音乐软件较少,可用的课堂应用软件更少,信息技术薄弱的音乐教师上手有些难,信息技术融合的手段还不能调动全体学生。

(2)攻坚研究中,从学科的角度出发,对于学生音乐素质的测评尚可以,但是对于学生创造思维的测评方法不够全面,还应该选用一些趣味音乐的创造思维检测手段开展游戏测评。

(3)在日常音乐教学中发现,有些由于信息化水平的低下,使得很多教师的信息素养未能得到有效的提升,从而使得教师在教学中,只能够简单地操作课件,而信息的搜集和处理能力,课件的制作能力等都相对低下,这样的技术水平,难以将信息技术手段有效地融合到课堂教学中。

参考文献

[1]加德纳.艺术·心理·创造力[M].齐东海,译.北京:中国人民大学出版社,2008.

[2]舍思伯格.与大数据同行[M].赵中建,译.上海:华东师范大学出版社,2015.

[3]唐凯麟.教师成长与师德修养[M].北京:教育科学出版社,2010.

[4]萨蒂.创造性思维:改变思维做决策[M].石勇,译.北京:机械工业出版社,2017.

[5]卢梭.爱弥儿——论教育(上下卷)[M].李平沤,译.北京:商务印书馆,1978.

[6]圣吉.第五项修炼:学习型组织的艺术与实践[M].张成林,译.北京:中信出版社,2018.

[7]奥克利.学习之道[M].教育无边界字幕组,译.北京:机械工业出版社,2016.

[8]加德纳.多元智能新视野[M].沈致隆,译.北京:中国人民大学出版社,2008.

音乐教学中对小学生审美感知能力的培养

天津市东丽区教师发展中心　孙志燕

天津市东丽区苗街小学　杨凤萍

摘　要:《义务教育音乐课程标准(2011 年版)》指出,音乐教育以审美为核心,主要作用于人的情感世界。音乐课的基本价值在于通过以聆听音乐、表现音乐和音乐创造活动为主的审美活动。音乐学科不同于一般的文化学科,具有两项明显功能,即:教育功能和审美功能,可以说,音乐不仅仅是一种美的艺术,更是培养学生欣赏美、表达美的最佳途径。本文结合课堂教学和教育活动两方面,以唱歌课教学、欣赏课教学、素质拓展活动来培养学生感受美、欣赏美、表现美,创造美的能力,使学生身心得到全面发展。把专业学科理论与教育教学活动联系起来,提高学生核心素养,提高教师教育教学能力。

关键词:音乐教学　审美感知　小学生　核心素养

小学音乐课教学目的不是让学生认识一两条音乐艺术规律,也不是学会一两种音乐技能,而是培养学生对音乐的兴趣和喜爱,提高音乐文化素养及审美感知能力,渗透于人的心灵的情感教育,使学生具备一定的审美能力和音乐素养,能够喜欢音乐、懂得音乐、欣赏音乐、表现音乐。本内容是基于本学科团队攻坚项目《培养小学生音乐核心素养途径与方法的研究》下的研究内容,本文将以课堂为阵地,以活动为载体,在音乐审美感知活动中寻找培养小学生音乐核心素养的方法与途径,创设美育氛围,培养学生音乐文化素养及审美能力,最终提高学生的音乐核心素养。本文结合音乐课堂教学和素质拓展教育活动,培养学生感受美、鉴赏美的能力,使学生身心得到全面发展。探寻在教师引导下学生有效的创新实践活动,提高学生音乐核心素养。

一、小学音乐课堂教学中提高学生的审美感知能力的策略

(一)唱歌教学中提高学生审美感知能力的策略

1.律动在唱歌教学中培养学生的审美感知能力

律动教学是小学低年级必不可少的教学内容,它包含强烈的节奏感和韵律美,能够唤起学生的审美感知,在律动中引导学生发现更多的音乐之美;而每当学生感受到音乐的音高、音色、力度和节奏变化时,他们就会情不自禁地手舞足蹈,其自身的动作与音乐律动产生了协调一致的美感,让学生们获得了美的享受。学生在参与律动表演的过程中,掌握知识开发了潜力、丰富情感,提高了学生的审美能力,创新能力。

2.识谱在唱歌教学中培养学生审美感知能力

音乐课的识谱教学环节较枯燥,因此需要对唱歌、识谱教学过程进行优化整合。我们可以运用先唱歌后识谱培养学生的审美能力,把唱歌的环节移到前半部分,然后再进行难点节奏、视唱练习,可以多给学生听几次录音,学生可以边听边模仿学习,学生对歌曲一定程度的熟悉之后,他们就会体验到歌曲情绪、节拍、力度等,这时候让学生能把歌曲哼唱下来,在这个时候再进行识谱教学,他们唱出的音符就会充满了灵性,使学生在唱谱中体验到美感。

3.运用实践性和创造性教学活动,体验音乐的美

音乐是一种实践性很强的活动,比如参与音乐编创、音乐表演等,这些实践创

造也体现了音乐教学中的审美教育的特征。通过音乐学习的实践活动,可以提高学生的音乐感受能力、音乐表现能力、音乐鉴赏能力、音乐创造力,培养学生高尚的审美情趣,完成美感的实现。

4.运用常规教学提高学生的审美感知能力

在日常教学中,我们也可以在这个环境中培养学生的审美能力。比如,在低年级的音乐教学中,当学生不守纪律时,我们可以通过有趣的"儿歌",对学生进行善意的提醒之,比如当要求学生列队时,我们可以这样说:"我们边走边学小鸭子排好队进入音乐教室好吗?"当学生的坐姿不正确时,运用顺口溜要求他们:"身体坐正脚放平,抬头挺胸眼平视。"这些都是课堂常规教育,而把课堂常规教育与音乐联系起来,让他们发现了音乐的美,让音乐的美对自己产生良好的影响,从而体验到生活之美。

(二)欣赏课中提高学生审美感知能力的策略

小学音乐教学中音乐欣赏是重要的教学内容,通过音乐欣赏教学,把有声的音乐变成学生对音乐的无声的情感体验,充分发挥音乐的形象性与情感性,使之结合起来,引导学生进入审美想象的意境之中,既在音乐欣赏中聆听了美妙的音乐,又陶冶了自己内心的情操。

1.运用音乐本身去激发学生的审美情趣

音乐的美在于它的本身,教师应当运用生动的方式给学生提供一些必要的音乐知识及背景知识,随后引导学生进行作品艺术的体会和艺术要素的运用,了解作品的艺术之美。音乐欣赏教学应当更注重"听"本身的重要性,听是感知和理解音乐的前提条件;听是音乐艺术实践中最重要的过程。音乐教学的全部内容都离不开音乐听觉的感知与体验、分析与理解。因而可以让学生听着音乐进课堂、起立、问好以及坐下等。教师可以通过演奏、录音播放等形式放来让学生沉浸在音乐的世界中。同时,结合小学生的心理特点,设计一些学生练习环节,让学生能够跟着音乐律动起来从而更好地感受音乐、激发学习兴趣。

2.教学中注重学生良好音乐素养、乐感的培养,提高学生理解美的能力

通过音乐本身的欣赏和分析,要逐步培养学生对音乐中的情绪、乐器、曲式结构等的感知、理解和掌握。不同国家、地区的音乐作品往往具有不同的风格、情绪，学生从欣赏和分析中能够逐步形成分辨善恶美丑的能力，进而树立起正确的审美观念。音乐欣赏教学中的作品往往都是中外有名的音乐著作，这对学生来说往往存在距离感，因而可以选择一些时代精神较强的作品进行教学欣赏，通过这些作品可以激发学生的兴趣同时也开阔了学生的眼界。乐感是一种感受、理解并表现音乐的综合能力，也是音乐教学的目的之一，因此在教学过程中要注重培养学生感知作品内容，并能够结合作品进行联想，能够真切而深刻的感知音乐中形象的能力。所以，教师要在音乐欣赏教学中注重学生音乐素养、乐感的培养，提高学生理解美的能力。

3.注重现代化信息技术手段辅助音乐教学，提高学生的审美感知能力

随着科技的不断发展，现代电教技术已经走进了课堂中并获得了欣喜的效果。为了达到较好的教学效果，充分的课前准备十分必要，对于同一作品可以运用图片、录像、幻灯片以及视频等多种资料来加深音乐课的艺术感染力。播放音乐歌曲、视频资料变得十分便捷，这样的工具给学音乐课提供了优美的背景画面，也得到了较好的意境效果。学生理解音乐也变得更加容易直观，在这样的氛围当中，教师的教学也变得更加清晰有趣，画面感十足，能够激发学生强烈的学习兴趣和共鸣，因此，现代信息化手段是提高学生审美能力的重要手段。

4.舞蹈活动激发想象力，培养学生审美感知能力

舞蹈教育属于艺术教育、情感教育也是美育的一个重要组成部分。同时，舞蹈活动也是音乐教学中的重要环节之一。舞蹈活动不但能激发学生的想象力、创造力，而且使学生在主动参与中培养其表现能力，审美感知能力，使他们变得更聪明、更自信、更活泼、更健康。

二、音乐素质拓展活动中提高学生审美感知能力的策略

通过以上研究，音乐课中可以通过多种策略来提高学生的审美能力，然而学

生审美能力的提高不仅要靠课上的 40 分钟，还体现在艺术教育的素质拓展活动中，比如合唱、舞蹈、器乐等素质拓展活动，都能很好地提高学生的审美能力。

(一)合唱素拓中提高学生审美感知能力

1.采用合唱技巧训练加强审美情趣

在对小学生进行合唱教学的时候，要在合唱技巧中加入审美力培养的部分。首先，要对各个声部的演唱技巧进行讲解，消除学生对高声部、低声部的差异对待，让学生充分感受到两个声部的音乐美感是不同的。其次，要加强对选择曲目和声的训练，让学生感受和声的美妙，并加强对音乐节奏的训练等。最后，加强学生对音乐的感知能力，让学生能够在教师的伴奏下完成合唱曲目，并将自身的情感带入合唱中，提高学生的合唱审美力。

2.加强对合唱作品的艺术欣赏

在对合唱曲目进行确定之后，教师要充分从学生的角度分析合唱作品的特点，并通过多媒体的形式对合唱作品进行介绍和欣赏，让学生自由发表对合唱作品的感受与看法，加强对合唱作品的理解，有助于学生在合唱中融入更深的感情。例如，采用故事、舞蹈、绘画等方式，调动学生对合唱作品的兴趣，进而提升学生的合唱审美力。

3.合唱作品演唱中培养学生的审美情趣

在合唱实践中促进学生审美能力的提升，关键在于指导学生自然、自信地歌唱，通过理解音乐作品，使学生在合唱过程中充分感受音乐美，发挥自身创造力促进合唱美的传播。首先，发挥学生主观能动性，艺术性地处理合唱作品。其次，加强学生对于音色、情绪等方面的把握能力，使学生在合唱作品的艺术处理中增加主体参与意识，理解作品内涵，教师可创设趣味性与审美性结合的情境，通过调整自身情绪，发自内心演唱，真正获得音乐美的情感熏陶。在合唱演唱体验中实现审美情趣的发展。

(二)舞蹈素拓活动中提高学生审美感知能力

1.通过舞蹈素质拓展教学来培养学生的审美能力

在舞蹈素质拓展活动中，我们可以通过加强学生的审美教育来进行教学，在这个过程中,学生们的审美能力,以及对于舞蹈的感情,都会被有效地激发出来,所以在舞蹈学习的过程中,可以将理论知识和舞蹈相互结合,这样一来,学生们的审美能力就会逐渐在这个过程中获得进步和提升。

2.通过加强学生舞蹈认知培养学生的审美感知能力

舞蹈本身就对学生的审美能力和审美意识是有影响的,因此,我们可以通过加强学生的审美认知来培养学生的审美能力,比如:可以用舞蹈示范来感染我们的学生,通过这种感染,将学生们对审美的热情激发出来,当学生可以亲身感受到的时候,就可以通过自己的体验来进行感受。所以在舞蹈素质拓展中,我们要加强学生心理的主动意识,激发学生舞蹈学习的主动性,不断提升自己的审美感知、表现能力。

3.加强学生的舞蹈情感表现,提升学生的审美感知能力

舞蹈本身就是一门艺术课程,在素质拓展中,我们可以通过加强学生对舞蹈的情感,培养学生的审美能力,因此,在教学中就需要更加多元化,可以通过变化舞蹈音乐的风格来激发学生的情感,通过这样的方式,将学生的情感激发出来,提升学生的审美能力。

(三)器乐素拓中提高学生审美感知能力

1.积极鼓励学生参与器乐教学,深度感悟"美"

器乐教学作为一项实践性极强的活动,教师讲、学生听的被动模式自然不如学生参与、体验效果。积极鼓励学生参与器乐教学活动,开展器乐素质拓展教学活动时,师生互相探讨所学知识和内容。在开展教学活动时,还可以利用多媒体技术,实现多媒体与器乐教学相结合的教学方法,通过学生的深度参与,从而让学生深度感悟器乐教学中的美,同时也在这一过程中达到了美育的教学目标。

2.以创新意识有效创造"美"

综合培养学生的德智体美劳全面内涵、全面素养的人才。同时也要将知识理论技能培养与学生思维培养紧密结合来,帮助学生在参与教学活动的同时,能够融入个人想法和思维,通过不断创新和创造而感受到器乐教学的独特魅力。当学生掌握相应的基本演奏时,可以鼓励学生创造一些简单的乐谱。让学生在编排乐谱的过程中,创造、演奏、表现器乐教学的独特"美"。

3.鼓励学生器乐表演,参与表现"美"

器乐教学活动中,结合演奏所表现的形象和乐感,将一系列感悟深度展现出来。通过器乐表演与审美教育的有机融合,帮助学生在整个学习过程中感受美、帮助学生形成完善健全的人格,同时深度激发对音乐学习的兴趣,参与表现过程中深度发现器乐教学的"美"。

总之,要想在音乐教学和素质拓展中培养学生审美能力,就要切实设计合理的教学目标,丰富教学内容,运用不同的教学策略。只有三者有机结合,才能有效地提高学生的审美能力,培养学生音乐核心素养,达到教学的审美目标。

参考文献

[1]周慧.儿童,成长中的"审美体"——浅议小学生音乐审美能力的培养[J].北方音乐,2017,37(24):220.

[2]刘荣娜.小学音乐教学中的审美教育实施策略分析[J].北方音乐,2017,37(24):183.

浅析运用同构联觉机制提升小学生音乐情感体验的有效途径

——以小学四年级学生为例

天津市和平区万全小学　刘姝岐　李晨菊

摘　要: 在当前小学音乐课堂中,学生音乐情感体验较弱是一个普遍常见的现象。同构联觉机制通过将音乐核心要素的体验与人的情感连接在一起,可以有效帮助小学生深入感受音乐,体会音乐所表现的情绪,提升学生对音乐情感的表达。本文从听觉、视觉、触觉的角度剖析了同构联觉机制在提升小学生音乐情感体验中的特殊作用,为丰富音乐课堂教学提供了新角度。

关键词: 同构联觉　音乐情感体验　小学音乐课堂

随着新课程理念的深入推进,基础教育阶段需要创新出更多的教学方式来增强实际的教学效果。音乐学科不同于其他学科,其最终目的在于通过音乐课的学习,让学生感受音乐,在此基础上准确地表达出自我音乐情感的体验,进一步提升学生的音乐审美能力。如何能运用同构联觉机制充分调动学生对音乐学习的积极性和主动性,还需要探索出更多有效的方式方法。

一、同构联觉机制的原理及作用

同构联觉是指存在相同结构的两种不同感觉器官,由一种感官刺激引起另一种感官感受的心理活动。两种或多种不同的感觉之间会出现一种互相沟通的现象,心理学上把这种现象叫作"联觉",也被称之为"通感"。文学家泰戈尔曾用响亮一词来形容颜色"响亮的颜色",就是用听觉来描绘视觉。在生活中人们会经常认为只存在"视听"联觉,其实现实中的联觉比想象中的要更为繁多。例如,人们认为看到红色就会感觉到温暖,看见蓝色就会感觉到寒冷。这是因为视觉的刺激引起了身体触觉感受心理运动的变化,这两者就产生了"同构联觉"。

同构联觉机制下的音乐形象在聆听者心理上存在一致性,人类内在情感世界与音乐的外部表现具有同构关系,体现在音乐起伏变化的节奏趋势与知觉变化规律存在一致性。

同构说的强大感染力在于它指明了一个明显的事实:音乐与其表现内容之间有某种同构关系;美国苏珊·朗格教授提出的《关于音乐形式和人类情感的动态形式之间具有同构关系》的学说为此提供了强有力的支持。例如:人民音乐出版社小学音乐四年级下册中的欣赏课《牧羊姑娘》,作曲家意图用双簧管优美凄凉的音色来表现牧羊姑娘悲惨无助的凄惨形象。这种清晰、直观的听觉感受对学生体会音乐作品的情感表达起到了关键的作用。这就为我们在今后的音乐教学提供了明确的方向。

二、小学生音乐情感体验较弱的现实原因

小学是开发音乐启蒙的关键阶段,小学生富有的感性思维和对新事物的敏感性使得他们对音乐、美术等艺术性领域有着先天的兴趣。四年级作为小学中年级的典型代表,正处在音乐学习从启蒙到形成自觉的关键时期。他们已具有较强的

自我学习意识和简单的归纳、演绎、类比的思维能力。但由于学生尚为完全成熟，对音乐的理解只能停留在最浅显的层面，例如，大多数学生在评价音乐时，只能用好听不好听的语言来形容音乐作品，究其原因是因为他们对音乐要素与情感关系之间的体验还不够成熟。学生由于受生活环境不同、音乐基础差异等多方面的影响，以至于他们对音乐的理解都各不相同。同样受年龄的影响，大多数学生对音乐理解还处在最浅显的层面，这时需要家长和教师的帮助与引导。他们对音乐的自我感知能力较弱，但四年级的大部分学生们已经普遍具备了迅速辨别何种音乐能给我们带来欢快、惊恐、凝重的情感体验。因此，调用多种感官合理运用同构联觉机制在这一年级的音乐实践活动中将会取得更理想的效果。

(一)音乐本身的局限性

音乐是抽象的艺术，不具有空间性，无法像其他学科内容可以提供具有指义性的文字或者符号；音乐也不能直接向学习者直接传达其作品的具象画面及作曲家创作的思想情感。

(二)教师意识的欠缺

由于目前音乐课上一部分教师对音乐新课程标准理解不够深入，受传统思想影响，在教学过程中会过分关注学生音乐知识的学习，会导致忽视培养学生的情感体验。情感、态度、价值观是音乐教学目标中第一大教学目标，因此丰富学生的情感体验就更尤为重要了。

(三)学生专业音乐素养不高

在音乐课上，一部分学生的纪律较差，自我约束能力较弱，基础比较薄弱；学生年龄小，在情感体验能力上有所欠缺；学生对认真聆听音乐本体的内容兴趣不高，音乐情感体验能力较弱。

三、运用同构联觉机制提升小学生音乐情感体验的有效途径

(一)突出"聆听"学习的重要性

1.聆听在音乐学习中的独特效用

同构联觉是人的自然本能,在聆听音乐的过程中,只需要听者仔细认真地聆听,发散其想象力,能够养成激发同构联觉本能的习惯,进而提升对音乐作品聆听的敏锐性,这样便可以实现较好的聆听效果。在实践中,音乐课堂上许多教师会偏重于学生的演唱练习而忽略培养学生自主聆听的重要性。然而在聆听阶段,才是学生对歌曲深入理解及触发其他感觉器官参与的重要时刻。教师要注意培养学生认真聆听的习惯,通过创设不同的情境、对比聆听来激发学生在聆听时联觉的敏感性、自觉性与主动性。例如:在学习器乐曲《牧羊姑娘》时,通过对比聆听的方式,让学生感受不同情绪的歌曲,如欢快情绪的歌曲《美丽的草原我的家》和忧愁情绪的歌曲《牧羊姑娘》,进而感受草原上不同情绪作品所表达出的情感差异。通过对比聆听的方式,既能够加深学生对作品情感的理解,又可以积极引导学生的情感、态度、价值观,让他们更加珍惜现在来之不易的幸福生活。这样既可以有效促进学生在演唱歌曲或聆听乐曲时对作品所传递出的社会现象、历史事件、文化底蕴情感的理解,又能高效地促进学生音乐情感体验能力的提升。

2.聆听在提升音乐情感体验上的运用

在日常的音乐教学活动中,一方面,音乐教师需要承担重要的引导角色,引导学生进入到歌曲意境中,让学生在多种音乐实践活动中感受不同歌曲在音乐要素与情感体验中的联觉关系,将自己已有的生活经验和音乐知识联系在一起,增强学生对音乐的理解能力,促进音乐情感体验能力的提升。

另一方面,要积极促进学生完成在聆听阶段所要达到的预期目标,使学生逐渐清晰地掌握音乐要素与所表现情感之间的联觉关系。在学生聆听思考、自我总

结的基础上,鼓励学生加上充分的联想去感受、体验音乐。在这个过程中,教师应不断地提出问题、发现问题、解决问题,引导学生去主动学习、思考,激发学生联觉的能力。例如,在聆听音乐的时候,我们可以通过引导学生跟着音乐的旋律打节拍、做身体律动,一边听音乐一边模仿指挥,一边听音乐一边挥动手中虚拟的乐器等方式,让学生感受音乐的节拍、速度、强弱规律、节奏等音乐要素,进而充分感受音乐所传达的情感价值。这样的聆听让音乐表现与情感建立了同构联觉关系,进而产生了共鸣,可以更好地引导学生专注于音乐本体,更好地体会歌曲或者乐曲所表达的情感。再如,在学习人民音乐出版社小学音乐四年级下册欣赏课《新疆舞曲第二号》一课中, 让学生尝试着用新疆特色打击乐器手鼓来敲击节奏x.x xx｜xxxx xx,聆听手鼓清脆响亮的音色、欢快的节奏型都能够让学生感受到新疆音乐热烈欢快的音乐风格。接着通过对比聆听乐曲结构的 ABA 三个乐段,感受到主题音乐 A 欢快的情绪,再对比聆听 B 乐段的情绪变化,加深对 A 乐段情绪的理解,又再一次回到了主题 A 乐段。这样的对比聆听方式能够让学生更加深刻地体会到新疆人民在节日里载歌载舞的欢乐场景和当地人民喜悦的心情,进而体会到作品所表达出的音乐情感。

(二)突出"视觉"学习的重要性

1.视觉在引发联想方面的作用

视觉形式的音乐内容为学生提供了更加广阔的想象空间, 在这个空间维度里,视觉艺术所提供的音乐事项——人物、画像、乐器、场所等形象直观的艺术对象,更利于学生触发联想,思考这些文化符号背后的故事,激发学生学习的兴趣和动力。视觉扮演着培养学生学会欣赏和提高审美能力的重要媒介,是主体自身无意识产生的心理联想与想象。运用同构联觉机制在艺术欣赏与培养学生感受音乐情感之间起着重要的桥梁作用。

2.视觉在音乐学习中的运用

同构联觉机制的发挥对人感官能力的调动尤为重要,小学四年级学生作为中年级学生的代表,在对"看"方面的敏感性尤为明显,教师在课堂中除了从语言上创设情境,从声音上差异化介绍歌曲外,还应该注重视觉吸引对学生学习的促进性。许多音乐作品除了美妙动听的旋律之外,更多的还传达出了歌曲背后时代变迁、历史故事及作者的生活经历等。基于小学四年级的学生在知识积累和生活体验方面存在不足，很难在聆听阶段充分捕捉到歌曲全部的思想感情，而此时则需要使用多媒体、影像图片等资料来辅助学生感受音乐，将音乐与画面形成联觉关系，更快地将学生带入歌曲的世界中，增长书本之外的见闻，实现多元手段丰富音乐学习，以促进音乐情感体验、音乐素养的提升。

例如，学习歌曲《我和我的祖国》时，教师教授时可以不只是单一的聆听，还可以在聆听之前加入一段唯美的视频 MV（如祖国大好河山、乡村袅袅炊烟、教室响亮读书声、田间欢乐劳作图等景象），让学生仿佛身临其境。伴随着动听的旋律，把学生带到预设的歌曲世界中，让学生充分体验、感受歌曲所表达的意境，在丰富的想象和感悟中学会用音乐表达情感，把音乐和情感形成联觉关系。通过视觉的欣赏与自我情感的联想，可以让学生更好地理解歌曲所表达出的爱国情感，在激发学生热爱祖国情感的基础上，调动他们对学习歌曲的兴趣。将相关的音乐理论知识与教学活动进行巧妙的融合，让学生快乐地遨游在音乐的海洋里，既能让学生掌握歌曲的能力，又能提升学生的音乐情感体验。

（三）突出触觉体验的重要性

1.触觉在音乐学习中的独特作用

触觉作为人体与外部自然环境交互的重要通道，实现了内部感官与外部的能量转换。相对于其他感官，触觉能获得更多独特的信息。低年龄段的学生最初的启蒙学习很多便是通过触觉实现的，如果抛开了触觉感知在音乐学习中的特殊作用，会大大降低学生对音乐的情感体验。通过"联觉"作用，可以将人的多种感官实现相互交换和转化。

2.触觉在音乐学习中的具体运用

触觉是一种作用于大脑直接产生心理变化的感觉。音乐形式除了歌曲演唱之外，还有器乐演奏、舞蹈表演、音乐游戏等多种形式。在小学音乐欣赏的教学中，除了单纯聆听音乐之外，教师还可以引导学生用身体感受不同乐器的质地，让学生了解它们的形态，模仿其演奏动作，感受其音色在音乐作品中散发的魅力，将听觉与触觉形成联觉关系，进而提升学生对音乐的情感体验。通过感受不同乐器、不同节奏演奏出来的音响效果，可以让学生充分感受不同作品所表达的音乐情感差异。例如,人民音乐出版社小学四年级上册《愉快的梦》,音乐活动中加入打击乐器三角铁作为伴奏乐器,三角铁发出长音共鸣的音响效果,适合表现优美抒情的音乐情绪,学生在触觉体验中更好地感受了音乐作品的情感;在《哦,十分钟》一课中,选择手铃为伴奏乐器,手铃清脆悦耳的音响效果,让学生在体验中感受到歌曲欢快、活泼的情绪,体验在紧张学习后放松的愉快情感。在亲身触觉体验中,鼓励学生在音乐课上尝试使用不同乐器来为音乐伴奏,既能培养学生感受不同乐器对不同音乐作品所表达出的情感差异,又能更好地提升学生学习音乐的兴趣。在此过程中,教师要不断提示学生思考如何用不同的乐器表现音响效果与音乐情感之间的关系,启发学生的联想,建立联觉关系,提升学生对音乐的感知能力,为更深入的音乐教育打下坚实的基础。

不同的乐器受质地、音色、使用方法等因素的影响,对音乐情感的表达也是不尽相同的。合理的选择并运用节奏乐器为乐曲、歌曲伴奏,可以让学生在充分感受音乐的基础上,提升他们的情感体验。通过使用乐器形成转化的动力,将触觉、听觉、动觉、视觉进行转化,实现与内在感官的能量转换。例如,在一次音乐活动课堂上,我鼓励学生选择不同的乐器进行演奏表演。有的学生在用大鼓演奏表现出音乐热情奔放、激情四射的情绪;有的选择用钢琴演奏,表现出音乐温文尔雅、谦谦君子的形象;有的则是选择用短笛演奏表现出音乐轻松、欢快的情绪。通过演奏者触觉的切身感受,将音乐和情感建立联觉关系,产生联觉后进而引发联想。联觉就有效扮演了从乐器材质到联想转换的中间媒介,在此过程中还发生了对比联想和相似联想的转换,传递出不同风格的音乐表达。

四、总结

总之,视觉、听觉与触觉引发联想为音乐教育者提供了新角度。同构联觉强调感官之间的联动,小学四年级的学生正处于中年级成长阶段,已经具备一定的知识积累和生活体验,亟待教师在音乐教学中,根据学生年龄特点和兴趣爱好进行指导,并不断创新教学方法,培养学生在同构联觉机制下,将音乐的核心要素体验与人的情感紧密连接在一起,帮助学生深入体会音乐要素在音乐形象表现中的作用,激发学生学习的兴趣,提升音乐欣赏的水平,进而能准确地表达出自我音乐情感的体验,最终达到提升学生音乐审美能力的目的。

参考文献

[1]韩旭.浅析同构联觉在音乐欣赏中的作用[J].艺术评鉴,2019(17):13-17.

[2]李建荣.小学音乐核心素质培养的有效途径探究[J].北方音乐,2019,39(12):184.

[3]林斐.奥尔夫音乐课堂中的触觉启发联想教学分析——以《纱巾与木棍》及《彩带舞》为例[J].音乐天地,2018(03):19-21.

[4]洛秦.视觉艺术中的可视性声音文化维度及其意义——音乐图像学的独特性与不可替代性[J].音乐艺术(上海音乐学院学报),2012(04):89-95+5.

[5]周海宏.同构联觉——音乐音响与其表现对象之间转换的基本环节[J].中央音乐学院学报,1990(02):59-64.

第二篇

培养小学生音乐核心素养的方法

乘着歌声的翅膀飞翔

——浅析班级合唱对学校艺术教育的作用

天津市滨海新区塘沽湾第一小学　王薇薇

摘　要:班级合唱是基于普通学校班级授课制的前提下而进行的以班级为单位、结合相应教材内容对学生在课堂上进行的合唱教学和训练。根据《义务教育音乐课程标准(2011 年版)》的思想理念,我们希望通过班级合唱,培养学生的和声听觉,发展学生的和声思维,激发学生的合作欲望,提高学生的合作能力。

合唱强调共性发展的理念在今天的学校教育中仍然发挥着巨大的作用。班级合唱是发展审美情趣的需要,是提升唱歌教学质量的需要,是培养合作意识的需要,是打造学校特色的需要。班级合唱对学校艺术教育的作用可体现在分享快乐、体验合作、产生默契、展示才艺、发展情趣等方面。班级合唱是一项长期又复杂的工作,在这门艺术中,有着广博精深的学问需要我们去探索与实践,真正地做到让学生和谐、快乐地发展。这样才能更好的落实教育部《学校艺术教育工作规程》,进一步推动学校艺术教育的健康发展,全面推进素质教育,促进学生的全面发展。

关键词:班级合唱　合唱教学　学校　艺术教育

孔子曰:"兴于诗,立于礼,成于乐。"意思是说:人的修养由诗来开始,以礼为依据,由音乐来完成。由此可见,基础教育中音乐教育不容忽视,它对于提高国民素质,培养全面、健康的人才具有重要的作用。《中共中央国务院关于深化改革全面推进素质教育的决定》中也指出,要将美育融入学校教育全过程,加强音乐、美术课堂教学。

在基础教育中,音乐在许多情况下是群体性的活动,是以音乐为纽带的人际交流,如:齐唱、齐奏、合唱、合奏、重唱、重奏以及歌舞表演等等。其中,合唱是最具互相配合、互相协作的集体艺术,它是一种由多个声部合作,追求多层次的立体音响美的群众性集体歌唱方式。和谐动听的合唱不仅可以引导青少年学生步入丰富多彩的音响世界,而且还能使他们得到情感的满足,受到美的熏陶,进而培养良好的音乐感和高尚的艺术情操。

合唱这门综合性的艺术对学生来讲要求较高,在教学中实施起来比较困难,所以合唱是音乐教学的一个难点,甚至是"盲区"。课改后新修订的音乐教材中扩充了不少童声合唱歌曲,题材广泛,风格各异。在从事基础音乐教学的教研工作中,也让我看到这些宝贵的教学资源在课堂教学中并没能得到充分有效的利用,这是一种遗憾和缺失。我们提倡音乐教师在课堂有限的时间内,充分利用一部分时间进行合唱教学,尽可能地锻炼和发展学生的合唱能力,提高合唱水平。近年来,我市校园艺术节增设了班级合唱比赛,在一年一度"学生合唱节"中增加了"班级合唱"的检查与调研。这向所有的音乐老师传达了一个信息,敦促音乐老师关注班级合唱,重视班级合唱,不断提高班级合唱水平。

什么是班级合唱呢?所谓班级合唱是基于普通学校班级授课制的前提下而进行的以班级为单位,结合相应教材内容对学生在课堂上进行的合唱教学和训练。根据《义务教育音乐课程标准(2011年版)》的思想理念,我们希望通过班级合唱能够普及合唱艺术,从而培养学生的和声听觉;发展学生的和声思维;激发学生的合作欲望;提高学生的合作能力。在探究班级合唱有效方法的同时引发了我的一些思考,以下进行浅谈与阐述,希望能和一起为这项工作而努力的老师们互助、共勉。

一、班级合唱的理论根基

(1)教育部颁布的《义务教育音乐课程标准(2011年版)》中,对"演唱"的提示是："要更加重视并着力加强合唱教学，使学生感受多声部音乐的丰富表现力，尽早积累与他人合作演唱的经验，培养集体意识及协调、合作能力。合唱教学可从轮唱开始，逐步过渡到其他多声部合唱形式。"

（2）教育部2011年颁布的音乐课程标准中，在"演唱"中不同学段进行了要求：（1~2年级）能够对指挥动作做出反应；（3~6年级）参与齐唱、轮唱、合唱，并能对指挥动作做出恰当的反应；（7~9年级）在合唱中积累演唱经验，进一步感受合唱的艺术魅力，学习基本指挥图示，能对指挥的起、止、表情等做出正确的反应。

二、本区域学生对班级合唱了解的现状

为了解本区域学生对于班级合唱的认知和学生已具备的音乐基础水平，我区音乐教师对部分学生进行了调查问卷，调查后对表格进行汇总，具体分析如下。

（一）学生对班级合唱不是特别喜欢

如12题："你喜欢教材中的合唱曲目吗？A喜欢，B不喜欢，C不知道。"51%的学生选择喜欢；37%的学生选不喜欢；12%的学生选不知道。

（二）学生对班级合唱不太会欣赏

如17题："在齐唱或合唱时，你更注重：A听伴奏，B听同学的声音，C听自己的声音，D同时听"。学生的答案很平均，35%的学生认为听伴奏；24%的学生认为听同学的声音；21%的学生认为听自己的声音；20%的学生认为同时听。

对学生进行班级合唱是以学生主体性活动为构成要素，应该为学生所喜欢、感兴趣，但以上这些数据显示，学生对合唱兴趣不高，不太了解。

三、班级合唱的价值与意义

合唱是音乐、文学与演唱有机相结合的艺术，有利于推进素质教育与德育工作的开展;有利于培养学生积极向上与正确的人生观;有利于促进学生智力与非智力的发展。它的"陶冶"功能已得到世界各国教育家的肯定。

在班级合唱中可以养成注意听从指挥、对指挥做出正确、迅速反应的习惯,力求合唱声音的和谐与均衡。学生演唱合唱曲,对他们的道德培养、性格情操的熏陶、形象思维的丰富、视野的扩大、智力的发展以及集体主义精神的形成有着重要和巨大的作用。合唱强调共性发展的理念在今天的学校教育中仍然发挥着巨大的作用。

(一)班级合唱是发展审美情趣的需要

班级合唱是一种互相配合,互相协作的集体艺术,它以其特定的形式把两个以上声部的歌唱巧妙结合,形成了悦耳动听的和声效果,能引起学生浓厚的学习兴趣,开展班级合唱能让学生充分感受到音乐的美。

(二)班级合唱是提升唱歌教学质量的需要

合唱教学是中小学音乐教学的一个重要教学内容,对于培养学生的文化素质、健康素质、心理素质、审美素质、思想素质有着积极的作用,组织班级合唱可以落实音乐课程标准,提升音乐课唱歌教学质量,帮助学生掌握正确的发声方法,通过有感情的歌唱,使学生产生一种纯真、一种令人感动的爱心、一种凝聚力。中小学合唱教学一直是音乐教育的一块重要阵地,随着学校艺术教育的发展,班级合唱也被越来越多的学校、领导、老师所重视。

(三)班级合唱是培养合作意识的需要

社会的安定、进步,需要人与人之间的相互理解与分工合作,这在合唱活动中表现得最为充分。合唱是一种用人的声、音、色编织起来的立体声音艺术,它的最大特点是人与人之间的默契协作,即个人服从集体、个性服从共性、群体服从指挥、指挥服从音乐的复杂调节过程。教学班的合唱教育并不旨在合唱本身,而是归结到培养有机的、整体的反应方式的教育。学生在合唱活动中能真切地感受到多声部音乐的丰富表现力,建立与他人合作演唱的经验,对培养学生合作、协调的集体主义观念、组织纪律性、注意力等方面都具有很强的教育力量。

(四)班级合唱是打造学校特色的需要

在教学班合唱教学中,能发现许多唱歌、表演有特长的学生,有利于音乐教师发现人才,组织校级合唱队、小合唱队、舞蹈队等等。近年来,越来越多的学校积极参加市、区级各种艺术活动,多次荣获中小学校园艺术节的各种奖项,使班级合唱特色成了学校发展水到渠成的选择。

四、班级合唱的教学方法之我见

(一)欣赏优秀的合唱歌曲,调动合唱的兴趣

兴趣是推动学生积极学习的强大动力,学生只有对合唱艺术有了兴趣,才能认真地唱好每一个音符,从而注意各声部的协和,努力体现合唱作品的艺术魅力。在班级合唱中,音乐教师应推荐学生欣赏一些短小、富有童趣的多声部合唱歌曲,如:《渴望春天》《闲聊波尔卡》,让他们细心聆听各声部的旋律,强化声部的概念,提高合唱的听觉能力,让他们从音乐本身的旋律中体会合唱艺术的美,以此来培养学生合唱的兴趣。

(二)强调基本的歌唱技巧,打好合唱的基础

古人云:"工欲善其事,必先利其器。"不先把"人声"这件乐器调整好、练习好,是无法让学生唱出美妙的声音的,所以唱歌必须要掌握一些歌唱的技巧。有人曾举例说,一个学生投篮球时拼命地向篮筐上投球却被弹了回来,后来教练来了,让他投出高度(即抛物线),结果投中了。这个故事给了我们很大的启示,唱歌必须讲究方法,我们可借用著名童声合唱指挥家钟维国提出的童声练习法——"叩、松、扬、竖、扰、上、下、变、开"为合唱打下坚实的基础。

(三)进行和谐的声部训练,体现合唱的魅力

合唱是合作的艺术,是集体共同完成一首歌曲的演绎,各声部不是进行对抗、

比赛,它讲究的是声部间的相互烘托,合唱效果的好坏不单单取决于某个人的演唱水平,体现的是音乐整体的和谐。教学中,可以先请学生唱熟音阶,再分声部以二部、三部甚至四部的轮唱方式逐步深入的进行合唱,由此揭开合唱的神秘的面纱,使学生亲自体验到合唱那种交错而和谐,复杂而统一的效果,最重要的是通过接触合唱学生学会了控制自己的声音,懂得追求"完美"。

总之,通过班级合唱潜移默化地让学生理解合唱的演唱者要想完美地通过声音来表现歌曲,传递给听众一种美的艺术享受,就必须了解和掌握产生和谐且美好的声音的规律和要求,从而懂得如何有效地运用自己的嗓音在集体中能够协调和控制并达到统一的共性,在音量、音色、音准上能够把握自如,将声音的美在瞬间传达给听众并愉悦自己。

五、班级合唱对学校艺术教育的作用

(一)分享快乐

"哪里有歌声,哪里就有快乐",当我们纵情高歌的时候,歌声似吹响的集结号的号声,将班级的每一成员都凝聚在了一起;歌声似张开的春姑娘的双臂,使校园的每一角落都焕发着生机。在活动过程中,音乐教师会把快乐通过喜欢、关心、鼓励、期待、爱抚,微妙地传递给学生,让他们在不知不觉接受知识与技能的同时,也吸收积极的情感信息,享受着和谐的歌声带来的用语言无法表达的快乐。同样教师在为此项活动努力的同时,学生们的种种表现也会让教师尝到不是只有满意答卷才品尝到为人师的快乐,那稚嫩的和谐的童声听起来真可谓唱在其中,乐也在其中。

(二)体验合作

合唱艺术形式最便于让学生体验到合作的乐趣和配合的意义,声部间的均衡、和谐音色的统一,都能让学生学会"顾全大局",能够更直观地感知合作的魅力。实践中采取的由简入繁的手段和循序渐进的原则,会让学生深刻地感受到通过合作能表现音乐中和声的美感,使音乐声响更为丰富、饱满,更具张力,这些都是个人无法完成的,要依靠合作,是群体性艺术,只有相信自己、相信同伴,声部间和谐的配合,才会出色地完成合唱。

(三)产生默契

经过长时间班级合唱我们会发现,师生间、生生间逐渐产生了让人激动、兴奋的默契。遵循着融洽师生关系是搞好合唱教学的前提,在组织合唱教学过程中,我们知道师生之间要相互尊重,生生之间要相互协作。教师的教学方式对学生有很大的影响,在融洽的气氛中学习,学生自然会主动地配合老师,使教与学和谐进行,在师生相互影响,产生默契的那一瞬间,也进一步的拉近了师生的距离,更好地塑造了各自的形象。

(四)展示才艺

班级合唱的开展要求是面向全体师生,以班级为基础,重在人人参与。在活动中应力求为每一位学生搭建一个平台、提供一次机会、展示一技之长、提高多种能力。每个班级既是排练场又是汇报的舞台,录音机、录像机、照相机都被我们任命为最好"记录员",记录下每一个班、每一个学生的最佳表现。在活动中通过多种方法激励学生敢于表现自己,这样使我们发现了许多藏在学生之中的"明日之星"。如:领唱小演员、伴奏小演员、伴舞小演员等等。这些小明星的诞生,感染着每一个合唱队员用心体会歌曲,更好地表现作品的同时,推进了学校艺术教育的发展。

(五)发展情趣

合唱不仅以其丰富的和声使人得到立体美的享受,更重要的是以表现丰富、细腻的情感为长,给人以精神上的愉悦和灵魂上的震撼。通过长此久往、日积月累的班级合唱的教学对学生进行合唱的熏陶,以利于对学生进行审美教育,提高学生的审美情趣和文化修养。当学生对音乐产生强烈的情绪时,就可以潜移默化地提高他的道德情操和思想境界,心灵就可以得到美化。

班级合唱作为一种集体的艺术表现形式,它不仅能作为学生健康成长的精神食粮,更是对学生的全面发展起到任何其他形式不可替代的作用——不仅能培养少年儿童的音乐欣赏能力,更能通过合唱拓宽视野,学会遵守纪律,养成良好习惯,促进学生全面和谐的发展。

　　"用好的方法在学校教音乐和唱歌,对孩子而言,是一种享受,而不是折磨,将渴望得到更好的音乐的热诚注入他们的心灵,这个热诚将延续至他们的一生。"让音乐教育家柯达依的这句话永远激励着我们努力工作吧,让我们的学生乘着歌声的翅膀快乐飞翔! 为贯彻落实教育部《学校艺术教育工作规程》,全面推进素质教育,进一步推动学校艺术教育的健康发展,促进学生的全面发展,教育培养造就一代新人出力。

参考文献

[1]吴春瑛.新课程背景下小学合唱教学的探索[J].中国音乐教育, 2005(12):10–12..

[2]陈岱媛.小学班级合唱教学研究[J].北方音乐,2019,39(18):160–161.

[3]王倩.小学音乐班级合唱策略分析[J].课程教育研究,2019(26):230–231.

浅谈小学音乐课堂教学中有效性合作学习方式的研究

天津市蓟州区下仓镇中心小学　张淑芳

摘　要：小学的音乐课教学要注重对学生创新能力和自主性的激发，在新的课程标准中，着重对这一点进行了表述。从这里可以看出传统的小学音乐课程已经难以满足当前教育和社会的需求，以教师向学生传授音乐教学的形式，已经不能够完全适应当下小学音乐课程发展的需求，教师在进行课程设计时，也需要根据新的趋势做出一定的改变。新的课程标准认为应该把学生放在教学的中心，把学生从知识灌输的接受者变为自觉进行探索的主体。笔者通过小学音乐课程的实际授课活动得出，只有充分发挥学生的自主性，加强课堂合作和深入探究，才能最大限度确立学生在教学中所占据的重要地位，把学生作为课堂的中心对待，在这种模式下才能发挥每个学生最大的潜力，促进学生能力和水平的提高。

关键词：自主　合作　探究　方法研究

一、有效性合作学习的背景

合作学习这一概念在 20 世纪中后期提出,最先在美国得以传播,并且在创造出的十几年间就取得了极大的发展成果,展现出创新和成效相结合的课堂规划方式,目前很多国家对于这一学习方式有极大的认可和应用度。并且合作学习的方式也在实践中展现出了其十分显著的成效,不仅是一种能够提高学生学习效果的方法,同时也可以培养学生的品性和发展其他方面的优势,因此在实践的过程中进一步受到了世界各国的关注和认同,被誉为近代教学方式实践的最大成果。合作学习是以现代化的教育制度相结合的成果,并且针对原有的教学模式中所展现出的缺陷进行了补正。近年来,我国教育方面的专家在进行教学体制改革时,往往重视从组织制度的方面入手,主要体现在增强合作在教学中的作用,该观点不仅提出师生之间要更多地以平等的态度进行合作,而且也包括同学之间的交流和合作。将学生分成小组的形式,对共同的问题进行合作讨论,可以对彼此之间的观点和认知进行交流,进行信息和学习成果上的沟通,并且能帮助塑造学生的精神世界,保持心理健康,培养良好的品德素质。小组合作实际上是对教学方式中交流的深度和广度的扩充。

发达国家的一些教育学专家指出,小组合作这一形式,在提出之后,尽管已经在教学领域取得了重要的地位和广泛的认可,但是发展中也不可避免地暴露出了一些问题,主流的问题包括:首先,受到了所处时期和国家国情的限制;其次,理论的构建成果和实际教学中展现出来的具体情况之间存在很大的差异性,往往不能得到如预期的效果;另外,合作学习并没有设置明确的使用范围和条件规范,相应的评价制度也有待完善。

合作学习引入我国后,也进行了教学实践活动的检验,也产生了很多需要解决的问题。具体表现为教师并没有接受过这方面的技能培训,因此对合作学习的实施缺乏理论和经验的支撑,并且合作学习无法顺利的在学校与家庭以及社会之间开展。在本校开展的合作学习中也产生了很多问题,这些问题是从具体的课堂授课中展现出来的,主要有:第一,教师虽然在努力组织合作学习,但并没有真正地调动起学生的热情和参与度,这种情况下展开的小组合作还是在教师的引导之下开始的。第二,合作学习在分组上也有组内的一些问题产生。在实践中这一形式并不适用于所有学生,对知识掌握程度不同的学生还是出现了参与程度上的不均衡,并且性格较为内向的学生也会被小组合作的形式边缘化,这就造成了一部分学生并没有受到小组合作形式的益处,甚至有负面作用。第三,教师很难以平等的交流姿态参与,进学生的小组合作之中,也并没有树立起正确的观念和态度对小组合作进行指导,教师只是从原来的知识灌输者变成了一个旁观者。第四,小组合作往往只重视与追求一个问题的成果,对于讨论的过程中出现的新问题重视不足,错失了很多有效的学习机会。以上提出的这些问题对于合作学习在实践中产生的作用都产生了极大的负面影响,因此这一学习形式在实际活动中与预期的成果有较大的偏差。想要使合作学习获得完善,发挥更好的作用,就离不开一定程度的改善,尤其是对教师角色在其中发挥的作用进行更明确的规划。

合作学习一般以小组的形式进行展现,因此这也是主要的研究对象,其中心点放在了小组合作的成效上,成效是指事件开展是否能够达到预期中的效果,学生通过小组的形式进行一些学习交流和探讨,经过一定时期后,对比学生出现的变化。这一概念是对教学方式进行评价的重要维度,并且结合了具体的开展和开展手段进行探讨。

合作学习在应用到具体的课堂中时,主要体现为教师将学生按一定的规律分配成不同的小组,并且由此展开的一系列学习,在学习中增添了更多交流和互动的成分。小组设立了一个共同的目标,而它的实现需要组内成员的努力和协调。在进行合作学习之前,首先要确立一个明确的目标,学生为了实现这一学习目标,可以通过与小组内的其他成员进行各种方式的互动,从而获取对问题的探讨和论证,通过这种方式寻找达到目的的最佳手段。合作学习在国际上受到了很大的重视,在近代所提出的教育方法中知名度极高,并且有丰厚的理论作为其开展的支撑。

本文通过具体的教学活动开展,指出必须将重点放在,是否激发了学生的自主性和探究性方面上,探讨合作学习能否充分激发学生本身的作用和力量。合作学习并不否认个性的发展,而是要将两者进行融合,从而才能最大限度激发每个学生参与合作学习的热情和积极度,通过小组合作的形式充分展现个人的主体力量和探索精神,并且能够增强学生与他人进行沟通和表达自我的能力,对品德和修养的塑造也有作用,促进全方位的发展。合作学习,同样能够反作用于教师的教学活动,教师参与到合作学习中,能够对教学有着更加深刻和清晰的认识,从而更好地利用这一形式使教学方式优化。

二、有效性合作学习的内容

(一)改变传统授课模式

对传统的集体授课模式进行改变,首先需要评估学生对课程参与的热情程度,以此为依据对教学计划进行调整,使得课程的展开能够更好地促使学生合作能力和交流能力的增强,使其主动参与进学习当中。

(二)教学模式的更新

以最新的课程标准为依据,对教学模型进行更新。合作学习极大地增加了学生之间进行沟通和交互的可能,使他们对彼此的认知及观点进行互动。这一形式能够促使学生在交流中得出更好的结论,同时还能增强学生的交流能力,并且提供精神和情感上的鼓励。合作学习能够使学生更加自觉地参与进学习当中,并且有更强的好奇心和进行探索的积极度,促使学生获得学业上的进步。

(三)实践展现学习能力

学生在实践的过程中自觉展现出了学习的能力,并且这种能力进一步发展成为合作学习的形式。针对不同性格或水平的学生,合作学习的作用是不一样的,学生可以通过这种相互学习的形式获取他人的经验和成果,并且进一步完善自身的学习方式。通过合作的方式,学生可以更大程度上发挥自身的水平,从而使目标得以达成。合作学生是增强学生能力的方法,也能使学生更加自觉的投入学习当中,以合作的形式促进学生个体独立的发展。

三、有效性合作学习的操作过程

(一)合理分组

合作学习,如果分配得当,就能够发挥其对学生学习能力和交流水平促进的功能,也还可以使班级管理更加条理清晰。但是如果在分配上出现不合理的现象,那么反而会起到负面的作用。因此在合作学习开展中,首先要注意组织分配的合理性,主要有几个方面的问题。

(1)小组间的成绩必须均衡。开展合作学习是为了尽可能的激发每个学生在学习上的潜能,是以学生为主体的教学方式。为了达到这一目标就必须促使每个学生都向好的方面进行转变,这时就要尤其注意分组时的平衡性。一个合理的小组分配中,应该包括不同成绩段的同学的较为均匀的分布,这种分配方式不仅能够增强学生独立学习的能力,学生还可以通过彼此之间的交流,对自身的能力进行完善,弥补原本存在的不足,最终指向对组内共同任务的完成。我们的分组通常根据学生的整体成绩分为几组,班级全部同学均按成绩划分,然后按"S"排列,根据成绩差异划分为合作小组。这将确保小组之间公平竞争,减少总体成绩差异并以分组学习的方式进行学习。

(2)在一个小组内部,男同学和女同学的分配也要关注。男女在思维方式上有着很大的不同,男性同学更多地从理性层面进行思考,因此在抽象层面上有着更强的发挥,女性同学的思维更加细致谨慎,并且更多地从感性的层面对问题进行思考。两种思维方式相互补充,能够促使合作学习这一教学方式最大程度上发挥作用,促使学生在思维方式和行为习惯方面的优化。

(3)注重小组内部性格原因导致的分配组合。每个学生都存在性格构成上的差异性,有些相对活泼,而有些更为内敛。如果在一个小组中,二者的比例没有达到较好的平衡,往往会导致部分内向的同学在小组合作中边缘化,尤其是在公开课等场合上。因此要注意将性格活泼的学生和性格内敛的学生组合到一起,这样那些比较内敛的学生,也会在他人的帮助之下更加主动地参与到学习之中,并使两种性格的孩子互相之间取长补短。

(4)对小组内每个信息成员的信息状况进行统计,分析每个小组成员的信息,并且将信息以表格的形式进行统计。

(5)在小组成立之后注意协调小组成员之间的关系。小组在建立之后,各成员想要达到彼此之间亲密友好的关系,还需要共同任务的磨砺。如果没有一段时期进行稳定,那么小组成员之间关系可能会较为陌生,那就不利于小组工作的展开。在交流的过程中由于想法或者个性上的,出现一些摩擦也是正常的。这时教师就不能作为一个旁观者,而应该参与进来进行矛盾的协调和引导,如果协调并没有效果,那么可能会考虑小组成员的重新分配。

(二)在合作学习的小组内部建立起常规制度

只有每个同学都能够参与进来最终任务的实现中,才是合作学习认可的形式。每个同学必须认识到与其他成员之间的密切关系,并且对同一个小组有坚定的认同感。常规制度的建立可以规范小组内部的秩序和风气,并且增强每个同学对共同小组的归属感。本文在阅读资料和实践的过程中体会到小组合作在具体开展的过程中,需要制定共同的目标;为这一目标付出努力;合作和信息交互的展开;内部成员的分工。

(三)把握小组合作的时机

在开展合作学习时,并不需要规划固定的标准,在具体开展过程中必须考虑到教师的经验和水准以及学生所处的阶段和层次。合作学习虽然有很大的优势,但是有些教学并不适用。比如,内容较为简单清晰的部分,学生能够通过自身的思维独立进行认知的部分,适合通过合作学习的形式进行教学。但是本身较为复杂的内容,还是需要结合老师的讲解和引导来进行学习的这一部分,如果将这部分内容放给学生合作完成,往往会耗费过多的时间,因此教师需要更加仔细地进行考虑。对于本身内容较为简单直观的课程,以合作学习的形式开展,就可以增添更多的环节以增强学生的参与度和积极度。合作学习在进行问题选择时设置的情境都是较为直观的,虽然学生并不能直接从问题获取答案,但是可以联系之前所学的知识进行解决;另外,可以选取一些本身没有固定答案或者交流争议性的问题进行合作学习,并且可以加入分组竞赛的形式。

在对一节新的课程进行导入时,往往由教师以几句概括性的话进行引导,提示该教学内容中的新知识。但是如果将这个授课环节加入合作学习的形式,就可以促使学生把旧知识和新学习的知识穿插起来,不仅能增强对知识的理解,同样也能增强学生对教学内容的热情。

在新教授课程的讨论环节,是合作学习主要出现的部分。学生以小组的形式对于所学内容以及相互之间的观点进行交流和论证,是合作的主要内容。合作的主要动力来源于学生的自觉参与,但是教师在其中不能扮演旁观者的角色,而是要积极地进行引导和协调,并且对小组合作的开展进行评估。

在新课内容教授完毕之后,教师对这节课学生表现的评价也是教学内容的重要一环,但是由于班级内人数较多,对班级内各个同学都进行评价,显然是不可能的。所以可以把合作及评价两个步骤结合起来,使得同学之间进行互相评价,这一方式不仅能增强学生的合作意识,也能够带给学生更多学习的动力。学生为他人和自己做出评价时,也是一个联系自身知识的过程,能表达能力和思维能力,这是学生未来进入社会所必须要培养的能力。

合作学习,在进行安排时不仅需要考虑展开的形式,同样也要考虑持续的时间合作学习,在时间维度上也有多种方式有短期的合作学习也有长期的合作学习。学生从合作学习到最后观念的成型,需要经过探索和论证,使之形成独立的见解并且转变为语言的形式进行充分的表达。教师在进行合作学习设计时尤其考验期经验和理论水平的支撑,要对在合作学习中产生困难的小组进行积极的引导,对于合作学习这一形式进行更加深入的探究。

(四)精心设计合作学习内容

教学过程想要顺利展开,需要由学生的自觉性进行推动。而合作学习尤其考验学生的热情和参与,要注重抓住学生的兴趣进行。教师在进行课程设计时,应该要注重内容的深度和可探究度。

比如,在进行《小动物回家》这一课程的教授是教师会教授学生唱这首儿歌,在此基础上对歌词进行理解。教师要求学生以小组的形式讨论除了歌曲中提到的小动物之外,还有哪些小动物的回家方式是与歌曲中所提到的一样的。这一问题具有很强的开放性,可以鼓励学生更加积极地参与其中。每个学生都有着充足的想象力和对新奇事物的热情,因此在布置这种合作任务时,往往能够更加积极迅速的完成。

(五)培养学生的合作能力

学生在进行小组合作时,往往会出现各种问题,这些问题的出现是源于学生并没有足够的社会经验,因此在与他人交流和沟通的过程中会暴露出各种缺陷。但是每个人也不是生来就具有会合作和交流的能力的,这需要在后天的实践过程中不断进行培养。因此,学生可以通过合作学习,对自身的交流能力和合作能力进行进一步的提高。

(1)学会查阅和整理资料。合作学习提出的问题往往不能直接的得到答案,有些需要学生借助原有的经验和知识进行解决,有些涉及原有知识之外的就需要学生自己去进行探索和收集。教师向学生传授一些寻找资料的途径和方法,促使其进行资料的查阅和整理。

(2)学会表达自身的态度和观念。人类的思维和情感最直观的表达方式就是语言能否有效地使用,语言是评判人的交流和沟通能力的重要标准。进行合作学习,不仅要求参与者对自身的思维和观点进行明确,同时还要求其能通过有效的语言形式表达出来。教师应注重引导学生对自身的观点和态度进行表达。

(3)学会以合作的形式对问题进行探讨和研究,最直观的手段就是成员之间的探讨。学生在小组中解决问题时,每个人都会有其独立的看法,这些看法之间极有可能存在着差异性,通过交流去克服这些矛盾和分歧,从而获取较为一致的观点。教师需要充当这之间的平衡角色,促使学生掌握对问题进行探讨的方式和流程。

(4)由于每个人学习程度和性格上的差异,对小组合作,这一形式的认知往往各有不同。有些学生因为其本身水平较高,所以对合作比较轻视,因为他们认为自己能够独立解决问题。而一些成绩较差的学生排斥小组合作的形式是逃避自身与他人之间的差距。教师要发挥自身的作用对小组合作进行协调,引导学生正确的对小组合作进行认知,在学生之间建立起合作的渠道,并且产生更加深刻的集体意识。

(5)在小组内部建立起共同的认同感,形成团结友爱的组织。学生需要在小组中经过共同任务的磨炼,展现出真挚的情感和积极的合作意识,才能逐渐形成共同的小组认同感,愿意为小组共同的取向而克制个人的愿望,把小组的目标作为自身的奋斗目标,使学生形成更强烈的集体意识,对学生的世界观塑造印象深刻。

(6)培养学生积极承担小组责任感的认知。小组是由一个一个的学生形成的,因此每个人都对这一集体抱有一定的责任。要培养学生的责任意识,充分认识到自己是小组的一部分,积极承担起自己的责任,从而真正形成有组织有纪律的集体。

(7)在小组内往往不可避免地会出现争议,要正确地对待这些纷争。一个小组内成员可能因为意见的不同而产生争议,在处理争议时,首先要了解争议发生的原因,并且对双方的态度和理由进行对照,了解这些以后在对矛盾进行评判,寻找化解问题的途径。鼓励同学放下成见,更加诚恳地对待小组,把小组的利益放在更高的位置。

(六)在生活中运用合作的技能

一个人对于其掌握技能的熟练程度,往往与其使用频率有着直接的关系,那些使用频率高的技能往往会最终转变成一种习惯的形式。因此,在培养学生进行合作学习时,应该将合作这种技能贯穿到学生平常的生活之中。比如,学生在获取他人帮助时,要诚恳地表达自己的谢意,并且积极地帮助回馈他人;或者学生在与其他人产生意见分歧时,应该注重对双方的意见和态度进行协调,从而得出更为一致的观点。

笔者作为初级教育阶段的音乐教师,要在日常的教学活动中引入更多现代教育的成分,将更多科学的教育方式与实际的授课结合起来,鼓励学生更加自觉地学习,合理运用合作学习这一形式促使传统的教学方式焕发新的活力。合作学习不仅能够使学生在学习中取得更好的效果,而且能够使学生在学习过程中对自我人格和主体精神进行塑造。对于教师而言,合作学习也有着重要的价值,不仅能够促使自身教学经验的积累和教学水平的提高,并且对教师的职业态度也有着重要的扭转作用,以更加平等的态度开展对学生的教学工作,能够为学生带来更好的学习体验。

参考文献

[1]王坦.合作学习——原理与策略[M].北京:学苑出版社,2001.

[2]曾琦.合作学习的基本要素[J].学科教育,2000(06):7-12.

[3]莫雷.教育心理学[M].广州:广东高等教育出版社,2005.

核心素养下童声合唱教学方法的探究与思考

北京师范大学天津生态城附属学校　　王晶

摘　要:小学合唱属于童声合唱,它在保留童声的甜美音色的基础上,加以和声和音色的训练,使之丰满,充实。合唱是小学音乐教育的主要教学形式之一,并在音乐教育中占有重要的位置,它对激发学生的学习兴趣,培养音乐感受力、表现力和审美能力起着至关重要的作用。那如何在核心素养下,通过多种童声合唱教学的方法来培养学生的独立识谱能力,来发展学生的音乐听觉和音乐记忆力,来提高学生的音乐素养和欣赏水平,并能充分理解和掌握各种音乐要素在歌曲中起到的作用,我做了以下的探究与思考。

关键词:核心素养　童声合唱　教学方法

　　演唱歌曲是中小学音乐教学的基本内容,也是学生最易于接受和乐于参与的表现形式。我觉得世界上最美的声音是童声,其中最动人的是童声合唱。合唱不仅是提高少年儿童音乐素质的重要途径,同时也是培养一个全面、高素质的人才的重要手段。合唱艺术在平衡、和谐的氛围中,使孩子们体会到美和快乐,培养了他们对艺术的热爱,同时也使孩子们学会了安静、学会了倾听、学会了合作、学会了分享、学会了尊重、学会了沟通。正因为合唱的诸多功能,所以《义务教育音乐课程标准(2011年版)》在教学建议中明确指出:"要更加重视并着力加强合唱教学,使学生感受多声部音乐的丰富表现力,尽早积累与他人合作演唱的经验,培养集体意识及协调、合作能力。"

一、对低年级合唱教学的探究与思考

(一)音色的统一

对低年级学生的合唱训练,如果想唱出较好效果的歌声,我觉得必须要求每个学生做到音色统一,在齐唱时,感觉就像一个人在歌唱。当然了,不同的合唱作品也会用不同的音色来演唱,但是,还是要做到音色统一。其实一个班级就像是一个合唱团体,只要我们对学生注重了平时的音色训练,就会为今后的童声合唱教学以及学生自身音乐素养的提高打下良好基础;并且也会为中高年级的合唱教学做了一个很好的铺垫。所以,我在上低年级音乐课前的 5 分钟左右经常会做的发声是:

例如:小花猫怎样叫:1 1 1 – ‖
 喵 喵 喵

小鸡怎样叫:3 3 3 – ‖
 喔 喔 喔

小狗怎样叫:5 5 5 – ‖
 汪 汪 汪

这样用生动、形象的动物叫声来替换死板的音符,根据以往的经验,低年级学生更容易接受和感兴趣。当然,动物的叫声还有很多种,老师们可以尝试用各种各样的声音,不停地变化着。经过一段时间的练习,我觉得对学生音高、音准、节奏都有了逐步的提高。为了使音色更好的统一起来,我在平时的练习中还强调,演唱时要轻声,注意聆听其他同学的声音。这样做既是为了音色的统一,又是为了保护好学生幼嫩的嗓子,而对于那些天生"五音不全"的孩子,千万要以鼓励为主,注意引导他们以听为主,唱为辅。

(二)有好的姿势才会有好的声音

在音乐教学中,我们要随时纠正学生不正确的歌唱姿势,例如:翘下巴、挺肚子、牙关紧闭、嘴张不开、眼睛乱看等毛病,要让学生在平时的练习中,就养成正确的歌唱姿势,为好声音做好一个准备。要知道良好的歌唱状态是:身体自然直立,全身保持松弛,双脚稍微分开(可一前一后),重心站稳,头部端正,双眼平视,上胸敞开,小腹微微收拢,面部表情自然等。要知道好声音的要求是:呼吸深而不坠,喉器放而不压,共鸣腔打开而不撑,有一个解放了的清晰、自然的声音:①呼吸:歌唱的呼吸不同于生活中的呼吸,是两组肌肉群对抗产生的力量。"呼"不是单纯的放气,而是要放一点吸的感觉。可请学生先瘪掉肚子的同时吐出所有的气,然后,吸气并打开横膈膜。一般可以请学生想象大笑和狗喘气的感觉。呼吸当中有一个很重要的问题,就是横膈膜的作用。吸气时横膈膜是向下的,正确的横膈膜练习,有时腹部和腰部会有酸痛感。②喉位:歌唱要求一个完全打开的喉咙,歌唱的喉位比平常的低,深呼吸的位置。不是越低越好,要适度,一般来说,打哈欠的初始状态就是唱歌的最佳状态,而且,喉位在唱歌时不能忽上忽下的移动,要保持喉位的稳定。③咬字:按节奏念字,念清楚、念准确,还要注意语调、语气、色彩和韵味。还可以采用同一音高,不同母音的练习,对训练长音的效果比较好。④口咽腔状态:口盖有微弧感,咽腔也要稍微空一点,声音是竖的,圆的,而不是扁的,平的。

(三)节奏的统一

"节奏"从宏观的角度看,是音乐的"进行",它包括了音乐中各种各样的运动形态,既有轻重缓急,也有松散与紧张;具体说,节奏包括节拍和速度这两个概念,前者是指音乐规律性的强弱交替的运动,即拍点的组合,后者是指这种律动的速度。训练节奏的统一,也是做好合唱练习的准备阶段之一。当然在训练节奏的统一的时候,我认为最重要的一点就是要涉及一个概念那就是"节奏型"。

例如:四二拍:(1) ╳ ╳ | ╳ ╳ ‖ (2) ╳ ╳╳ | ╳ ╳╳ ‖

(3) ╳╳ 0╳ | 0╳ ╳ ‖ (4) 0╳ ╳╳ | 0╳ ╳ ‖ 等等

四三拍:(1) ╳ ╳╳ ╳╳ | ╳ ╳╳ ╳╳ ‖

(2) ╳ 0╳ 0╳ | ╳ 0╳ 0╳ ‖

(3) 0╳ ╳╳ 0╳ | 0╳ ╳╳ 0╳ ‖

(4) ╳ ╳╳ ╳ | ╳ ╳╳ ╳ ‖ 等等

除了以上列举的还有四四拍、八三拍、八六拍、混合拍等等非常多,千变万化,我只是列举了其中的一小部分。节奏的训练的方法也有很多,我想老师们可以结合要学习的歌曲,在认真分析歌曲结构的情况下,挑选出这首歌曲当中最具典型的节奏型单独提炼出来和学生一起分享。

例如:一年级下册第一单元第一课时《小雨沙沙》这首歌,是一个四二拍的歌曲。

5 3｜5 3｜1 1 1｜1 1 1｜5 3｜5 3｜2 2 2｜2 2 2｜

小雨 小雨 沙沙沙,沙沙沙,种子 种子 在说话,在说话,

5 3 3｜5 3 5 6｜5 -｜5 3 3｜2 1 2 3｜1 -‖

哎呀呀 雨水真 甜, 哎呦呦 我要发 芽。

其中较典型的节奏有三个:① ×× ×× ｜× - ‖

② × × ｜×× × ‖

我通过让学生听赏之后,自己找出相同的节奏,用拍手的方式进行练习。还可以用身体的其他部位,如脚、弹舌、捏指、脚手并用等等。使学生正确地、有兴趣地掌握好"节奏型",从而为能更好唱会歌曲做好坚实的基础。

(四)音高的统一

在"乐音"体系当中,基本音级有七个级别"Ⅰ Ⅱ Ⅲ Ⅳ Ⅴ Ⅵ Ⅶ"。低年级学生演唱的音域基本上在小字组到小字二组之间。歌曲当中用到最多的是小字一组的音高分别是"1、2、3、4、5、6、7、"为训练音高的方法有多种,例如:a.基本音阶练习(柯尔文手势)例如:四二拍 12 34｜56 7i｜i7 65｜43 21‖这首音阶练习,对学生感悟整体的音高走向有了一个很直观的认识,我在平时练习中会请学生边唱边加上手势,双手从低到高,依次几个来回。b.正三和弦的分解和弦,例如:四四拍Ⅰ级分解和弦 1-3-｜5-1-｜5-3-｜1- - -‖Ⅳ级 4-6-｜1- 4-｜1 - 6-｜4- - -‖Ⅴ级 5-7-｜2- 5-｜2 - 7-｜5- - -‖刚开始是用各种小动物的叫声进行训练,后来就改用"a、e、i、o、u"等元音字母分别练习。c.旋律"音高"的练习,例如:二年级下册第二单元《找春天》第一课时《请你唱个歌吧》四三拍歌曲:3 4 5 1｜3 4 5 1｜3 4 5 1 7 6｜5- -‖歌词是:小杜鹃,小杜鹃,我们请你唱个歌。我就带领着学生们一起,用自己的小食指,随着旋律的起伏,画一条旋律线,这样一来,既激发了学生爱玩、好动的兴趣,又对歌曲的旋律走向有了一个更直观、更准确的视觉、听觉双重感受。

二、对中、高年级合唱教学的探究与思考

在一般情况下,和声声部的音高要比旋律声部的音高低一些。我们的学生长期学唱歌曲的过程中,思维形成了一个定势。主旋律的声部一听就能听出来并且很快就会唱了。突然加入了另外一个旋律,就会听不出来了或者很模糊,经常"跑调",所以我认为唱准歌曲的第一步,就是用耳朵来"听"。音乐本身就是一种听觉艺术,它是区别于其他艺术形态最为重要的途径之一,所以培养学生的"听觉"是体现了"音乐课程标准"的基本理念。

刚开始学生不会听,我就用形象、生动的例子来引导,例如:"请你用心来听一听,歌曲的旋律部分,在什么地方,加入了一个不同的音响。"目的是教会学生如何学会听二声部的旋律。或者我会让各个声部自己练习,在完全掌握音准、节奏的情况下,把其他一两个声部录在琴里或是用琴弹奏,让学生自然地感觉到和声效果,这样几个声部再合在一起,就基本不跑调了。还有一个办法就是,老师用钢琴弹一个声部(弱一些),自己演唱另一个声部(强一些),当然这对老师的要求会高一些,目的是既让学生辨别出一、二声部各个旋律,又知道自己应该演唱哪个声部。这样一来,同学们一直是在感受和声的状态下,进行合唱学习的。

另一个方法就是,不立刻把两个声部合起来唱,而是分声部唱,分小组逐个训练。例如:先学唱二声部,按常理都是先把主旋律唱会,然后再唱二声部。因为我觉得,人的习惯都是由一个先入为主的概念,最先留下的印象会更深。往往二声部比一声部难唱些,所以来一个先入为主,先学二声部,再学唱主旋律,学唱主旋律学生们可能只要花上几分钟就能唱熟,但为了合唱的音准,这时候还要再来温习一遍刚刚唱的二声部。如果再有人唱着唱着就跑到主旋律上,你要马上用钢琴把他带回来。

最后我想的一个方法就是:聆听、模唱练习。例如:一声部由老师唱、二声部甲组唱,乙组同学听和声效果并且重点听一听老师唱的声部。然后乙组唱一声部,老师唱二声部,甲组同学用同样的方法来听。最后由甲组乙组和起来练习一下,这样的过程循环下来,既能让师生之间互动起来,又能增进生生之间的交往,让他们感

到,他们的音色很相近,合唱起来,效果会更清晰、明确、音准更好。

三、注意合唱教学当中的几点问题

合唱是一种集体人声的演唱形式。各个声部之间不仅要唱好各自声部的音准、音色、音量;同时还应注意声部与声部之间的关系。这种关系是指在集体演唱时,声部之间是否和谐、统一、均衡。

(一)音色的和谐

合唱作品是要通过人声来表达出作品的内涵,揭示其意义。不同风格的合唱作品对情绪的把握也是不同的。这就要求学生必须具备产生出各种情绪的音色能力来为作品服务。例如,活泼、欢快的民族歌曲《鸟归林》在熟唱之后,我就要求学生用恬美、明亮、有弹性的声音来演唱,这样更能表现出西南少数民族对家乡的热爱,当然,也就把这首歌曲的地方特点表达得淋漓尽致。还有像《冬夜静悄悄》这首歌对学生来说应该用一种飘飘的、安静的、空旷的声音来演唱,我觉得更容易贴近主题。

(二)音量的统一

为了追求整体艺术的均衡,各声部的音量比例稍有差异,一般说高声部强些、中、低声部弱些;旋律声部强些,和声声部弱些。这些各声部间音量的差异,都是根据艺术表现的需要而进行调整的。

(三)声部上的均衡

声部统一是合唱整体均衡的基础。它要求声部内的每一个成员,都必须要减少个性,多求共性,都必须要在发声的方法、感觉上相近,才能确保声部整体的色彩统一。

(四)有表情的演唱

让学生做到" 有表情地演唱",是我们以前、现在乃至以后要重点关注和解决的问题,所以,我们现在练习合唱,一开始就要求"以情带声"最后达到"声情并茂",我们进行了各种方法的尝试。例如:把演唱时表情好的各声部学生请到前面来示范或是带着大家一起演唱,有时也会用对比进行体验。又如:请一个演唱时表情好的同学,和一个没表情的同学一起演唱,让同学们自己比较,哪种演唱更能打动他们。还有,就是创设意境来带动学生有表情的演唱。例如:给歌曲加入小提琴的引子或是尾声,加入肢体动作丰富表现,还有用很多不同演唱形式来丰富作品等等。经过一段时间的练习,感觉在"有表情的演唱"方面还是有了一定的提高。

总之,搞好童声合唱教学,是我们喜爱并且执着探究的目标,也是合唱教学活动对小学生核心素养提升研究课题的重要意义,想要真正唱好一首合唱歌曲,正确反映出合唱作品的内涵,仅仅靠以上讲到的几点还远远不够,还要思考很多方面。例如:如何把同一作品的相同乐段,用不同的速度、节奏创编成不同的风格的旋律再进行演绎并串联在一起进行表现,如何用自己的声音模仿出各种乐器或是动物叫声的能力等等。这些想法,我们还都在不断的探究中,希望在不久的将来,在我们不断努力、不断发展自己的听觉和内在感悟中,能够唱出创作者想要通过歌曲表达的情感,和想要塑造的音乐形象的令人满意、均衡的音响。

参考文献

[1]杨鸿年.童声合唱训练学[M].北京:人民音乐出版社,2017.

[2]王耀华,等.义务教育音乐课程标准解读[M].北京:北京师范大学出版社,2011.

[3]吴丽花.合唱教学对提升学生音乐核心素养的作用研究[J].黄河之声,2019(17):108.

[4]陈琳.音乐核心素养下小学音乐多声部合唱的方法初探[J].亚太教育,2019(08):96.

八孔竖笛教学对小学生艺术表达能力提升的研究

天津市南开区水上小学　轧涛

摘　要:课堂开展八孔竖笛教学,越来越深受全体师生的喜爱。学生通过八孔竖笛演奏,不仅能够培养眼、手、耳的协调,而且能够发展思维,开发智力,提高学习音乐的兴趣,加深对音乐的理解、表达与创造。在八孔竖笛教学实践活动中,教师按照不同年级进行合理、恰当的教学安排,由浅入深、循序渐进地实施教学计划和任务,培养学生"自主学习、合作探究"的高效课堂教学方式和方法,能够引导学生在轻松、愉悦、和谐的教学环境中掌握竖笛演奏的基础知识和基本技能,提高音乐审美能力,陶冶高尚情操。

关键词:八孔竖笛　音乐创编　艺术表达能力　探究学习

研究的主要内容

(一)竖笛教学辅助唱歌教学,提高学生音乐编创能力

例如:可用竖笛演奏为歌曲演唱伴奏,提高学生表现音准和节奏的准确性,提高演奏和演唱能力。也可采用竖笛合奏形式,调动学生广泛参与小组互助学习音

乐活动,既培养学生竖笛演奏兴趣,又让学生在小组互助式学习中提高合作学习能力,以及对音乐表现的理解、表达和编创能力。

(二)教学实践活动中,引导学生主动参与音乐实践活动

例如:在竖笛演奏中,引导学生可以通过自己独奏、与同学组成二重奏、师生、生生接龙演奏、多声部竖笛合奏等多种演奏形式,调动学生普遍参与吹奏体验。启发学生谈一谈自己在不同吹奏形式中,对音乐的理解和感受,从而使学生在循序渐进学习和吹奏中提高总结和评价能力。同时,积累学生对音乐的感受与鉴赏能力与经验。

(三)竖笛教学与欣赏教学相结合,提高学生听辨能力

例如:学生在聆听同一首音乐作品时,可能会产生对音乐不同的理解。因此,在教学实践活动中,我引导学生用竖笛吹奏欣赏的歌曲或乐曲的主题旋律,一边吹奏旋律一边分析音乐表现。例如,利用不同的速度、力度吹奏同一段主题旋律,让学生感受不同的音乐表现情绪。再如,吹奏同一段旋律,用吐音的方法与长音的方法,表现效果有什么不同。经过长期如此训练,学生的听辨能力、吹奏能力、欣赏音乐的能力就会逐渐提高。

二、理论依据

培养小学生的核心素养,是我国新时期教育发展的主要战略目标。新时期培养小学生的核心素养,不仅可以提升小学生自身发展的意义和价值,更有利于新课程改革持续有效的发展。基于对小学生核心素养的培养,在音乐课堂教学实践活动中,我使用八孔竖笛作为演奏乐器,培养学生音乐基础知识与基本技能,启发学生了解多元文化,开阔学生的音乐眼界,增强学生对音乐的认知能力与审美能力,以及学生的综合素质和对外部事物较深层的感悟能力。

三、研究目的和意义

　　课堂开展八孔竖笛教学,越来越深受全体师生的喜爱。学生通过八孔竖笛演奏,不仅能够做到眼、手、耳的协调,而且发展了思维、开发了智力,提高了学习音乐的兴趣,加深了对音乐的理解、表达和创造。在八孔竖笛教学实践活动中,按照不同年级进行合理、恰当的教学安排,由浅入深、循序渐进地实施教学计划和任务,培养学生"自主学习、合作探究"的高效课堂教学方式和方法,引导学生在轻松、愉悦、和谐的教学环境中掌握竖笛演奏的基础知识和基本技能,提高音乐审美能力,陶冶高尚情操。

四、研究方法

　　(1)采用定期向学生问卷调查。例如,每个月的第一周通学生问卷调查,师生及时汇总调查反馈内容,了解学生八孔竖笛演奏能力方面的信息,从理论上提高对学生对八孔竖笛演奏技能和对音乐素养的认识,全面提升小学生艺术表达能力。

　　(2)采用文献法,了解国内外有关八孔竖笛教学研究与实施的详细内容。

　　(3)以行动研究法作为探讨、验证、研究教育教学与综合能力培养的基本方法。

　　(4)将八孔竖笛调查研究方法与课堂教学实践相结合,按照课题实施计划,开展阶段性的有理有据的研究,在实践过程中发现八孔竖笛教学问题,探索教学规律,找出八孔竖笛教学解决问题的对策,形成典型,以点带面,使之达到提升小学生艺术表达能力的目标,总结出在理论指导下的八孔竖笛教学研究成果。

五、研究的思路与步骤

学生通过八孔竖笛学习和参与丰富多样的艺术实践活动,探究、发现、领略音乐的艺术魅力,培养学生对演奏八孔竖笛的持久兴趣,修养美感,和谐身心,陶冶情操,健全人格。学习并掌握必要的八孔竖笛基础知识和基本技能,拓展文化视野,发展音乐听觉与欣赏能力、表现能力和创造能力,形成基本的音乐素养。丰富情感体验,培养良好的审美情趣和积极乐观的生活态度,促进身心的健康发展。

本次攻坚共分为三个阶段来实施完成。

(一)第一阶段(2019.12—2020.1)

(1)确定课题实施对象,通过八孔竖笛调查问卷、学生访谈、课堂提问记录等形式。

(2)让实施对象全面了解、明确开展本课题活动的意义和目的。

(3)树立八孔竖笛教学对小学生艺术表达能力提升的研究新理念。

(二)第二阶段(2020.2—2020.8)

(1)根据八孔竖笛教学实施计划进行调查分析研究。

(2)积极参与学校开展的八孔竖笛教学开放日活动。

(3)参加教学优质课、展示课、示范引领课、论文、教学案例等系列评比活动。

(4)课题研究实施情况和存在的问题调研,制定改进措施。

(5)开展八孔竖笛教学观摩研讨,收集研究资料,并进行整理分析,撰写课题阶段性研究报告。

(三)第三阶段(2020.9—2021.4)

(1)落实第二阶段实施方案及研究计划。

(2)进一步针对八孔竖笛教学对小学生艺术表达能力提升的研究开展专题研究。

(3)搜集研究整理资料,课题组总结分析会,保证八孔竖笛教学对小学生艺术表达能力提升研究的开展。

(4)组织课题组教师开展教研论文交流会。

(5)组织课题组成员撰写结题报告,将论文、案例汇编成集,为做好推广工作和开展进一步研究奠定基础。

(6)课题研究成果展示。

六、主要解决的问题

(一)学生通过吹奏八孔竖笛,丰富情感体验

例如:在《真善美的小世界》这首歌曲中教学实践活动中,我引导学生充分利八孔竖笛合奏来辅助合唱教学,加深学生对歌曲的感受与理解,培养学生的审美体验,陶冶高尚情操。

在教学实践活动中,首先引导学生从聆听、模仿入手,用竖笛视奏 A 乐段。这一教学方法既锻炼学生识谱、竖笛视奏的能力,又使得学生对歌曲的旋律有了初步了解,为演唱音准和节奏奠定基础。在指导学生演奏旋律过程中,启发和引导学生用正确的指法和平稳的气息吹奏歌曲旋律,感受旋律音高和节奏变化,准确掌握弱起拍和附点四分音符的演奏方法。在学唱歌词活动中,引导学生深入歌词内涵,理解歌词含义,用稍快的速度,欢快、幸福的歌声歌唱美丽的小世界。

为了让竖笛教学在合唱教学环节更好的发挥辅助音准的作用,我引导学生在参与 B 乐段两声部合唱教学中,先让部分学生运用中音竖笛演奏低声部时,其他学生随着中音竖笛演奏的旋律,学唱二声部旋律,加深对二声部音准和节奏的准确度。这一教学方法既让学生准确掌握了低声部演唱的音准和节奏,又培养了学生自主学习、合作探究的能力,让学生充分感受竖笛合奏辅助合唱两声部旋律的和声之美。

(二)以趣激学,调动学生主动参与课堂音乐实践,提高演奏能力

1.八孔竖笛演奏基础

(1)正确的演奏姿势

学生在演奏竖笛时,教师要随时关注学生的演奏姿势。例如,提示学生竖笛与身体形成 45°角,身体坐正,挺胸收腹,两肩自然放松,手成握状、自然弯曲放松,演奏竖笛时要抬头挺胸,面部微笑状态,发音强调轻轻吹气,控制平稳的气息。

(2)呼吸方法

学生在初学竖笛时,首要解决的就是指导学生如何控制好平稳的气息来吹奏。教师可以指导学生运用示范吹奏法,启发学生一边聆听一边模仿吹奏,也可以采用师生接龙吹奏的方法,调动学生的吹奏积极性。

(3)常用技巧

①长音练习

首先,教师示范吹奏长音时的口形,指导学生能模仿。然后,教师把先前准备好的一张白纸放到准确的吹奏口形前面,用轻松、缓吹的方法指导学生练习平稳的吹奏方法。当学生掌握平稳、缓吹的呼吸方法后,再指导学生用竖笛轻声吹奏,尽自己最大气量匀速吹奏。学生基本掌握后,师生接龙吹奏,如此练习,既可以让学生得到有效的呼吸,还可以培养聆听音乐的好习惯,同时,也激发了学生学习竖笛的兴趣。

②吐音练习

在平时吹竖笛的基础上,按键时一边吹一边以舌尖轻顶上颚(上门牙后的位置)发"突"音就可以了。当学生初步掌握吐音的吹奏方法后,教师还可以引导学生运用长短音结合的方法练习吐音。如,听辨长短音吹奏法,运用节奏谱排列吹奏法等等。学生长期在音乐游戏中练习吐音的方法,也会逐渐在小组合作学习中逐渐得到吹奏技能的提高。

2.先易后难、由浅入深,轻松上好每一课

第一阶段首先学习左手部分最易吹的"si、la、sol"音,随后用这几个音来练习一些长音与吐音的方法,以此练习提高学生控制平稳气息的能力。学生掌握以上演奏方法后,逐渐练习一些短小的竖笛练习曲,例如,《竖笛是我的好朋友》,激发学生吹奏兴趣,提高吹奏能力。

第二阶段学习右手部分几个音"fa、mi、re、do"和左手高音"do",并选编一些相对应的歌曲来巩固所学音符指法。例如,《闪烁的小星星》《国旗国旗真美丽》等,这些短小的歌曲吹奏,能够让学生更有效地控制吹奏时平稳的气息。

第三阶段学习左手高音区的"re、mi、fa、sol"。练习高音区吹奏的音准和平稳的气息,特别是针对吐音练习有较好的辅助。例如,《欢乐颂》《小红帽》等。

3.培养学生综合表现能力

通过竖笛合奏,学生亲身参与体验多声部的合奏效果,深刻感受旋律美、节奏美、和声美等综合美感,激起师生、生生心灵上的情感共鸣。

(1)感受

采用多种形式引导学生积极参与竖笛吹奏体验,引发学生的联想和想象。尊重学生的独立感受与见解,鼓励学生勇于表述自己的审美体验,以利于激发学生吹奏竖笛的兴趣。

(2)演奏

竖笛教学应与唱歌、欣赏等教学内容密切结合。例如:可用竖笛为演唱伴奏,演奏欣赏曲的主题音调等。可采用合奏形式,鼓励学生从实际条件和各自的兴趣爱好出发,在普遍参与中发展自己的特长。

(3)识读乐谱

识谱要和竖笛演奏密切结合,以音乐为载体,在学生感性积累和认知的基础上进行。学生具有一定的识谱能力,有利于参与音乐欣赏、竖笛演奏等实践活动。

(4)编创

竖笛教学实践活动,提供了开发学生创造性潜能的空间。不同的学生演奏同一首乐曲,可能会产生不同的理解和多种处理方式。因此,在竖笛演奏的创造过程中,充分发挥学生的想象力和创造力,不要用唯一答案或统一模式束缚学生。

(三)提高音乐审美能力,陶冶高尚情操

通过八孔竖笛演奏,培养学生合作学习能力,增强团队协作意识。

例如:学习歌曲《动物说话》时,我运用动画视频引导学生观察、聆听、模仿动物的叫声和走路的姿态,并配合竖笛演奏歌曲旋律,启发学生边吹边唱边表演,感受不同动物的形象所表现不同的力度、速度,以及演唱情绪等等,而且,在音乐创编与表演实践活动中,学生根据音乐视频中动物的提示,分小组编创歌词,并用八孔竖笛和打击乐器为歌曲简单编创伴奏,培养学生自主学习、合作探究的能力,使

之在音乐实践活动中不断提高自己的审美与表现能力。

再如:《只怕不抵抗》这一课,我先引导学生观看抗日影片《小兵张嘎》片段,然后结合谈话导入,激发学生爱国之情,为学唱歌曲创设情境。在指导学生识读乐谱教学环节,我把难点节奏和旋律× ×|× . ×|× 0×|× -|× . ×|× -|× 0 ||,通过小组合作交流的形式,运用竖笛吹奏辅助视唱教学,加深学生对歌曲旋律音准的把握和歌唱情感的体验,不让学唱歌曲流于形式,而且利用歌曲中两句容易混淆节奏,旋律的歌词特点,与竖笛演奏相结合进行突破难点,12 13|1 03|5 - |3 6 |1 - |0 |和 12 13|1 - |3 . 5 |3 6 |1 . 6 |12 3.2|1 - |,音乐实践活动中,引导学生通过视听结合的方法,自然地感受两句歌词、力度、速度、情绪的不同,让学生根据自己的理解和想象,将英雄塑像中的造型融合在表演中,加深学生对歌曲情感的体验,使学生在感受歌曲的过程中逐渐熟悉旋律,自然地感受两句歌词的不同,为学唱歌曲打好基础。

七、个人研究在团队攻坚中的地位作用

(1)基于对小学生核心素养的培养,在音乐课堂教学实践活动中开展八孔竖笛教学,不仅能够激发小学生学习音乐的兴趣,而且,还能够提高学生对音乐的感受、理解、表现,以及创造能力的培养具有举足轻重的作用。

(2)通过团队攻坚合作项目,使攻坚教师对课堂开展八孔竖笛教学有了新的认识,教师之间互通有无,取长补短,营造出百家争鸣、百花齐放的研究生态。

(3)基于互相学习、共同发展的理念,探索新时代教学模式改革实践,使攻坚教师研究氛围发生了很大变化,教师的整体水平得到大幅度的提高。

八、主要攻坚成果

2019 年 12 月,我撰写的论文《浅谈八孔竖笛在小学音乐教学实践中的运用》

获天津市中小学第十七届教研教改成果三等奖。

2019 年 12 月,我设计的《哦,十分钟》在"南开区教学案例评比"活动中获一等奖。

2020 年 10 月,我负责开发的《八孔竖笛》校本课程,经评审已在天津市南开区"云动"课程资源平台上面向全区师生学习。

2019 年 12 月,课题组成员赵琦撰写的教学案例《新疆是个好地方》获"南开区教学案例评比"二等奖。

2020 年 11 月,课题组成员赵琦撰写的论文《帮助小学生塑造心理健康的策略——小学音乐教学实践》参加天津市基础教育"教育创新"论文评选。

2020 年 11 月,课题组成员赵琦参加南开区第九届优质课大赛,执教课题《祖国祖国我们爱你》。

2021 年 3 月,课题组成员赵琦参加南开区第二届品质课堂大赛,执教课题,八孔竖笛合奏《大树妈妈》。

2019 年 12 月,课题组成员高红撰写的教学案例《单簧管波尔卡》在南开区教学案例评比中获二等奖。

2019 年 12 月,课题组成员王莹执教南开区青年教师展示课,四年级八孔竖笛合奏《妈妈格桑拉》,撰写的教学案例《妈妈格桑拉》同时在南开区教学案例评比中获一等奖。

参考文献

[1]陈静.核心素养背景下小学音乐课堂合唱教学的问题及策略分析[J].课程教育研究,2019(17):215.

[2]陈小静.聚焦音乐核心素养 发展学生合唱能力[J].当代教研论丛,2017(08):121+126.

[3]黄飞飞.浅谈小学音乐教学中如何培养学生审美能力[J]. 读与写, 2019(31): 199.

[4]王倩倩.小学音乐教育关于核心素养的培养[J].黄河之声,2019(07):108.

浅谈八孔竖笛在小学音乐教学实践中的运用

天津市南开区水上小学　轧涛

摘　要: 小学音乐课堂开展八孔竖笛教学,使学生能够以愉悦的心情学习音乐,并且积极投入有趣的音乐活动中去,逐步培养、激发学生学习音乐的兴趣,体验音乐的美。将八孔竖笛教学同演唱、视唱、欣赏等教学内容相结合,创设与歌曲表现内容相适应的教学情境,激发学生富有情感地演唱。同时,引导学生积极参与音乐体验,启发学生联想和想象,尊重学生的独立感受与见解,使学生既能学到音乐知识,又对音乐学习产生浓厚的兴趣,并逐渐形成以审美的态度表现不同的音乐作品,初步形成自己的演唱、演奏风格和特点,丰富音乐知识,发展音乐潜能。

关键词: 八孔竖笛　音乐教学实践　演唱　视唱　欣赏

小学音乐课堂开展八孔竖笛教学,使学生能够以愉悦的心情学习音乐。学生通过学习八孔竖笛,能够做到眼、手、耳的协调,既发展了他们的思维,又开发了他们的智力。因此,我将八孔竖笛教学同演唱、视唱、欣赏等教学内容相结合,组织学生积极参与音乐实践活动,逐步培养、激发学生学习音乐的兴趣,感受音乐情感,体验音乐的美。

一、运用八孔竖笛吹奏辅助唱歌教学来学习音乐,提高学生表演唱能力

运用八孔竖笛吹奏辅助唱歌教学来学习音乐,是重要体验形式之一。它不仅能调动每一位学生学习音乐的积极性,而且使他们的多种感官在愉悦中获得音乐记忆,加深他们对音乐情绪的感受和理解,创设与歌曲表现内容相适应的教学情境,激发学生富有情感地演唱。

(一)指导学生在正确的吹奏姿势和呼吸方法中感受和体验歌唱的方法

采用竖笛吹奏与唱歌教学相结合的教学方法,指导学生练习呼吸方法。例如:进行呼吸、吹气的训练,就是让学生做快吸慢呼进行吹纸练习,训练吹奏时平稳的气息,而且最大限度保持均衡。然后,引导学生保持这一呼吸状态进行歌唱和吹奏练习。例如:《顽皮的杜鹃》,我在示范吹奏中先引导学生聆听,充分感受弱起拍和分句的呼吸方法,而后指导学生在吹奏中感受小杜鹃在草地和树林中自由飞翔情景以及旋律的高低、强弱以及呼吸的方法等,特别是在吹奏中运用吐音的方法准确的表现跳音,使学生身临其境地体验到小杜鹃的顽皮。

(二)运用八孔竖笛为歌曲演唱伴奏,引导学生自主探索速度、力度的变化所表现不同的演唱情绪,加深对歌曲的感受与理解

例如:在二年级下册《大鹿》教学活动中,我引导学生通过聆听原位"si"与降"si"的音高区别,并指导学生用竖笛吹奏掌握降"si"的指法,再通过模唱法和吹奏法学习歌曲旋律的演奏方法。例如:根据音乐速度、力度、旋律的变化特点,启发学生边听、边吹,感受不同音乐描写哪个是兔子,哪个是大鹿。学生从体验节拍的速度,音的长短、高低等教学方式中,以愉快饱满的情绪获得参与音乐、表现音乐的满足感,同时在参与中完成了从具体到抽象的过程,集视觉与听觉相结合完成教

学目标,这一过程也符合小学生的认知规律。同学们既掌握了歌曲的演唱和吹奏方法,又增强了辨听能力,深化了对音乐艺术的理解。

(三)通过八孔竖笛演奏辅助合唱教学,引导学生感受多声部音乐的表现效果

合唱教学中,学生对第一声部的旋律感比较强,往往比较容易掌握,但是要进行二声部合唱就比较困难,第二声部的同学经常会不知不觉地跟着第一声部的同学"跑"。因此,竖笛吹奏对合唱教学是很有帮助的。例如:歌曲《铃儿响叮当》,我先将学生分成两个声部用竖笛轮流吹奏歌曲两个声部的旋律,接着用一组唱谱一组吹奏的方法来进行练习,让学生对两个声部的音高都有了一定印象之后才唱歌词,这样即使是两个声部同时进行,学生也能唱准自己的声部,同时也使学生的竖笛吹奏水平进一步地提高。

二、运用八孔竖笛与视唱教学相结合,使学生既能够学到音乐知识,又能对音乐学习产生浓厚的兴趣

在小学中、低年级阶段,学生在音乐听觉和运动反应能力方面比较敏锐,他们喜欢有变化的音乐节奏、节拍、旋律等,对不同乐器产生不同音色的变化感兴趣,并逐渐形成以审美的态度表现不同的音乐作品,初步形成自己的演唱、演奏风格和特点。

(一)通过节奏与节拍速度、力度的感知体验,提高学生识谱与吹奏技能

在唱歌教学中,运用节奏与节拍速度、力度的变化,让学生在课堂上动起来,随着音乐节拍的流动,调动学生听觉的动、视觉的动,让学生在动中结合吹奏感受音乐,体验音乐的情趣,在动中、吹奏中发展想象、愉悦身心。比如《时间像小马车》

常见的节奏型××××××× ×××,这些节奏都可以用来进行竖笛的吐音练习,吐音的学习在这一课的学习中是非常的重要。练习吐音方法如下:在平时吹竖笛的基础上,按键时一边吹一边以舌尖轻顶上颚(上门牙后的位置)发"突"音就可以了,每按一次键都要做一次这样的动作,等熟悉这个动作之后学生就会不自觉地使用这种方法来吹奏吐音,而且通过吐音吹奏感受小马车由近到远和由远到近的力度变化,提高学生的审美体验。

节拍是指强拍和弱拍的组合规律。例如:四二拍、四三拍、四四拍、八六拍等,都有不同的强弱规律。如《闪烁的小星》,演奏时,教师要求学生变化节拍号吹奏,将节拍的强弱变化方法运用到旋律吹奏中,从中感受到四拍子的小星星眨眼睛很慢,表现的轻柔;三拍子的小星星眨眼睛稍快,表现的优美;二拍子的小星星眨眼睛快,表现的活泼;学生有着极大的新鲜感,知识点也不断地得到巩固。

(二)通过聆听、模仿,引导学生吹奏歌曲旋律,培养学生音乐听觉能力

四年级学生具备了初步的吹奏技能,他们能够自信、自然、有表情地吹奏竖笛。因此,在教学活动中,我首先引导学生将听到的音用竖笛吹奏,并唱出来、写出来(以听奏单音为主),经过长期训练,从易到难,由浅入深,再将简单的节奏旋律从分散到组合,过渡到听奏小节上,整个学习过程是在音乐听觉感知基础上识读并吹奏乐谱,而这种训练方式也使师生之间、生生之间形成了良好的互动,同时在交流与密切合作中,不断增强集体意识和协调能力。

三、八孔竖笛与音乐欣赏教学相结合,培养学生综合表现能力

培养学生的欣赏能力应注意以音乐为本,从音响出发,以听赏为主。实际教学过程中,我运用多种教学形式,引导学生积极参与音乐体验,启发他们的联想和想象,尊重他们的独立感受与见解,激发他们的吹奏兴趣,特别是指导他们用竖笛吹奏欣赏作品的旋律,鼓励他们表述自己的审美体验,逐步养成在欣赏中吹奏音乐

的好习惯，从而更多地积累吹奏与欣赏音乐的经验。

例如：五年级下册第一课欣赏《致春天》教学。通过聆听，引导学生自主探索A1乐段主题旋律的力度、速度的处理，启发学生感受休止符的运用起到了弱起的作用，让人感觉春天的脚步是悄悄地走近的。在听A2乐段主题旋律时，引导学生听出钢琴和弦伴奏在音区上的变化，在中音区的伴奏音色向大家展示春天的腼腆，在高音区伴奏的音色表示报告春天。结合多媒体课件播放北欧挪威春天的画面，引导学生边看、边听，感受旋律速度、力度和伴奏肢体的变化，启发学生对音乐情绪的感受力，使不同的音乐表现情绪与人们期待春回时喜悦激动的心情大地形象有机地结合起来。通过指导学生用平稳的气息和准确的指法和节奏吹奏A1与A2乐段1~8小节主题旋律，引导学生对比聆听、吹奏，感知两段主题旋律音区、力度、速度的变化，加深对音乐作品的感受和理解，体验"春意盎然"的景象。

总之，小学音乐课堂开展八孔竖笛教学，要从培养学生兴趣与爱好出发，通过演奏与演唱、视唱、欣赏等相结合的教学活动方式，提高学生对音乐的理解、表达和创造能力，从而达到陶冶学生情操、提高学生音乐核心素养的效果。

参考文献

[1]陈静.核心素养背景下小学音乐课堂合唱教学的问题及策略分析[J].课程教育研究,2019(17):215.

[2]蔡凌凌.核心素养下的小学音乐课堂合唱教学探究[J].课程教育研究,2018(41):202-203.

[3]张莎,魏莹莹.论课堂合唱教学对提升学生音乐核心素养的重要作用[J].科学咨询(科技·管理),2018(03):101-102.

[4]董雁.合唱课是体现音乐学科核心素养的途径[J].北方音乐,2018,38(01):191.

[5]陈小静.聚焦音乐核心素养,发展学生合唱能力[J].当代教研论丛,2017(08):121+126.

让微课点亮小学音乐课堂

天津市宁河区芦台街第三小学　冯薇薇

摘　要：随着信息技术的不断成熟发展，微课与小学音乐课堂教学产生的合作关系越来越密切。微课以一种全新的教学资源形态，顺应信息时代和教育教学规律。运用微课与音乐教学相结合，致力于推动教育信息化发展进程，调动师生的热情与积极性，变革教育教学的固有形态，促进广大教师的专业成长，提高小学音乐课堂教学效率，具有非常重要的意义。

关键词：微课　音乐教学　小学　应用

在当前教育教学的新形势下，许多新的信息技术走进课堂，成为教育教学中不可或缺的重要手段。其中，微课作为一种全新的授课模式，具有精致、短小、实用、高效等优势，在日常教学与生活中，都可以通过微课取得最为专业的指导，既方便又快捷。

微课这种崭新的授课模式与传统课程有着完全不同的学习感受与学习效果，参与者能从中体会到较高的自主性与自由性，对于学生来说，更有"自主学习、主动学习"的体会。因为，微课正逐步走进学校，走进师生中间，并且初步应用于翻转课堂、电子课堂等教育教学改革项目之中。

一、什么是微课

早在 1993 年，美国北爱荷华大学的 LeRoy A. McGrew 就在化学教育中提出了六十秒课程的全新设计思想，把课程所需的要点要素浓缩在短短 60 秒的时间中，此后又经过不断的发展，在 2008 年，美国墨西哥州的圣胡安学院的 David Penrose 明确提出了微课这一概念。

对于我国的传统课堂来说，微课是一种全新的模式。许多学生与教师对微课不甚了解。那么，什么是微课呢？

微课，顾名思义，是一种"微小的课程"。目前对于微课尚没有统一的概念的界定，业界普遍认为，微课指运用信息技术按照认知规律，呈现碎片化学习内容、过程及扩展素材的结构化数字资源。简单来说，微课是一种教学资源包，同时它也兼具了课程的特点，是一种教学时长较短，往往只介绍一二个知识点的一种课程。

微课的核心组成内容是课堂教学视频，同时它也和一般课程一样包含了与课题相关的教学设计、教学素材、教学反思和学生反馈，教师点评等辅助性资源。这些元素共同构成了一种独立的"小环境"。从本质上来说，微课仍然是一种课程。它是一种在传统教学模式上发展出来的一种新型的教学资源。

二、微课的特点

微课，作为一种教育信息化的崭新资源形势，既可以作为一种独立的自主教学资源，又可以当作传统学习模式的一种辅助资源，具有极高的灵活性与发展潜力。在全国各地都有相关微课推广活动进行，如全国微课大赛等比赛，极大程度的拓展了微课的影响范围，推动了微课的快速发展。

微课本身具有许多优势与特点：

(一)教学时间比较短

传统教学中,课程时间往往是 40~45 分钟,而微课与之相反,将知识压缩在 5~10 分钟的短暂课程中。这样安排有利于学生最大程度的理解知识点。教育心理学研究认为,学生集中精力有一定的时间限制,超过这个限制,学生很难再集中精神,微课以它短小精悍的教学时间,让学生在有效精神集中时间内达到知识学习最大化。

(二)教学内容与资源容量较少

传统的 40 分钟课堂中,教师在课堂中往往传授大量知识,十分庞杂。尤其是音乐学科,大量知识集中教授,学生往往无法完全吸收,造成学习时间的浪费。而微课则往往一课只讲一二个知识点,或是反映课堂中某个教学环节,主题鲜明,重点突出,去粗取精,将课堂中最重要、最精华的部分传授给学生,提高了学习的效率与学生的知识吸收率。

同时,作为一种学习资源包,比之传统的庞大繁复的教学资源,微课具有资源容量较小的特点。一节微课, 往往只有几十兆,采用常规标准的播放格式(3gp/mp4/wmv),可以随时随地在任何播放设备上播放,具有体积小,内容丰富,便携、及时的特点。而网络的发展,使得师生可以在网络上收看各种微课,观摩案例,获取知识,有助于"移动学习""泛在学习"的实现。

(三)及时反馈,强化针对

传统课堂中,一名教师往往面对几十名学生,每个学生的问题各不相同,即便教师有三头六臂也常常是无法兼顾,造成班级呈现两极分化,缺乏针对性。而微课则具有十分强大的针对性, 学生可以根据自己的需要选择适合自己的微课课程,通过授课教师的专业讲授,解开自己的疑惑。久而久之,学习效果自然有所提高。

而作为微课的制作者和参与者, 则能及时听到其他人对于自己的教学方式、教学内容、教学形式的反馈与建议,且微课往往为"无生授课",是一种课堂的"预演",制作教师可以出镜,也可以选择画外音,非常灵活。这使得授课教师不必担负太大的压力,可以更加收放自如,而将微课应用到教研评课中,评课教师也不必顾虑因言语不当而得罪人,可以更加客观公正地评价课程,从而达到真正意义上的人人参与、共同进步。

(四)教育性与趣味性

微课归根结底仍然是课程,具有一般课程所具备的教育性。它有别于传统教育课程的呆板授课模式,教师教学生学的传统形式,利用高科技电子产品与多种授课形式,提升受教育者对学习的兴趣,有利于学生主动将精力投入到学习之中。

微课教育目的明确,教学内容、教学活动紧密连接,在最短的时间里最大化达到既定的教育目标,让学生在轻松愉快的学习过程中掌握知识重点与难点,让教育不再是一件枯燥无味的事情,有效解决了实际的教学问题。

(五)强大的共享能力

在传统的课堂中,学生往往处于一种相对封闭的状态下,只能接受既定教师的知识传授。而有时教师的授课方式与某些学生并不能很好地"兼容",使得学生缺乏学习的积极性,学习效果一落千丈。

微课的出现能很好地解决这一问题。微课具有十分强大的共享能力,通过线上视频,直接授课,学生可以选择适合自己的教师进行有选择性的学习。而教师也可以通过观摩其他教师的微课,进行查漏补缺,不断提升自己,充实自己,从而达到终身学习的效果。

三、微课在音乐教学中的实践与应用

在小学学科中,音乐学科相对特殊,它具有模糊性、多解性、非语义性的特点。音乐课不同于美术课,直观地反映客观世界。音乐课更不同于语文课,可以直接用语言信息来传达鲜明的故事情节,就像骆宾王所写的《咏鹅》这首古诗,学生虽不能准确说出重点字的含义,但是也能通过阅读来了解古诗的大概意思。音乐课还需要学生不仅掌握课内知识,同时也要有一定的课外常识的储备量,更要将所学的知识进行有效的记忆与吸收。音乐教学的独特性成为困扰传统课堂的一大难题,微课的出现能够一定程度的解决这一问题。它将教学重点、难点、疑点浓缩在5~10分钟的视频中,适用于学习者进行碎片化学习,既能查漏补缺,又能强化记忆,同时也为学生自主学习提供了方便。课前学生可以结合微课配合进行预习,课后也可以通过微课进行巩固,有效提升了学习的效率,体现了学生的主体地位。

那么,在音乐教学中,我们应该怎样合理的应用微课这一手段呢?

首先,我们必须转变思想。微课不是传统课堂的延续,我们也不能把微课当成简单的念课件。一节微课只讲授一个知识点。

譬如"八分音符"以教为例,我们可以运用微课,创设"动物分瓜8份"这一动画情景,并且在不同的瓜块中标记特定的节奏符号,让学生能够在脑海中形成生动形象的画面感,深刻理解全音符、四分音符等时值与内涵。这种教学模式,能够充分调动学生的眼睛、大脑、嘴巴等多种学习器官,教师只要在其中进行科学合理的引导,自然而然就能够让学生有效地掌握"八分音符"的具体内容。而且学生通过这种学习模式,能够进一步加深其印象,从而使得记忆更为牢固。又如,在学习附点八分音符节奏的时候,由于学生习惯了四分音符的时值,怎么也练不好附点八分音符,课上用了很长时间来练习,耽误了学习新歌的时间。基于现状,笔者制作了微课《附点八分音符的认识与应用》。在设计微课过程中,注意到微课"微"的特点,紧扣了"附点八分音符"这一知识点进行教学设计,突出了教学重点,让学生吸收知识变得方便快捷,不必被大量庞杂的知识碎片所影响。

其次,要注重结构的完整与紧凑。微课虽然短小,但是"麻雀虽小,五脏俱全"。在应用过程中,每一个环节都不能轻视,力求呈现出完整的教学过程,体现微课"任务驱动、问题导向、反馈互动"的原则。减少不必要的语言使用,如笔者在课堂上引导学生进行学习《中华人民共和国国歌》时,进行了充分的课前准备,为学生精心设计了当时创造国歌的一节微课。当学生看到聂耳在艰苦环境下创作的情景,加上随之而来的一幕幕抗日战士万众一心不顾敌人炮火而勇往直前的那些画面,让学生直观地掌握到这一歌曲的深刻背景,触发他们对歌曲本身的热爱。此时,聂耳脑海中浮现出抗日战士的英勇杀敌画面,军号声、炮火声、杀敌声交织在一起,激发了他的创作灵感,于是书写《义勇军进行曲》。随后,《义勇军进行曲》在课堂上播放出来了,声音由弱变强,并随着抗日战士一次次奋勇杀敌、拿下敌人的占据地等胜利画面,最终画面切换到天安门广场上的升旗情景中。整个微课情景交融，学生在微课的引导下，全身心地感受这一歌曲，使得学生不仅明白了其中的内涵与意义，还感受到了来自音乐的审美熏陶。因此，学生的脑海中会留下深刻的战士杀敌、勇往直前、艰苦奋斗等等画面，从而自觉地跟着音乐有感情地进行学习，同时这种对先烈的崇敬及对祖国的热爱之情，能够让他们更坚定地学习与生活，为将来的祖国发展强大做贡献。这和单纯的聆听音乐在效果上截然不同。又如，在《附点八分音符的认识与应用》这一微课中，我采用开门见山的方式，明确各项内容，直奔主题，不浪费一点时间，不做一点分散学生注意力的事情，让学生在最短的时间内获取最到位的知识。围绕一条线索展开，紧扣主题，注意保证过程的完整。

再次，应用过程中注意保持视听一致。在讲授《摇船调》歌曲时，大部分学生对台湾不是很了解，笔者录制了微课视频《美丽的台湾》进行辅助教学。通过《美丽的台湾》中的阿里山、日月潭、101 大厦、左营龙虎塔、台湾澄清湖等经典景物的影响呈现在受教育者眼前，同时配合适时的讲解与相应的音乐，这样直观的方式，即使没有去过台湾，学生也能体会到台湾的美，感受到台湾民谣的特点。又如《我是草原小牧民》一课，其教学目标是指导学生学会使用豪放欢快的声音来进行歌曲的演唱，引导孩子们从音乐节奏这方面，学会感受骑马游玩草原的喜悦心情，并主动自编简单的动作进行表演。笔者在教学时，针对教学目标设计了《草原情》这一微课，首先将草原中骑马的短视频作为微课的导入，为学生创设一个良好的学习环境，感受悠闲骑马的趣味意境。之后，动画开始呈现出"蒙古包及蒙古人民载歌载舞、蒙古人民骑马射箭等场面"，学生的情绪迅速被其中画面调动起来，有意识地随着音乐的节奏表现出草原骑马、射箭等动作。笔者正是根据当前学生的基本需求和实际情况，创设出合理科学的微课引入，充分调动学生的手、眼、口等多种学习器官，让学生能够学会充分欣赏与想象，并通过情景去感受和体验其中的趣味与喜悦。因此，这节微课有效地实现了提升学生创造美的能力，还极大程度地活跃了学生的思维，激发了学生对音乐课堂的喜爱与好奇。

利用微课，把单纯的歌词转化成优美的直观画面，更有利于学生对于音乐的理解，在器乐教学中也有着十分重要的作用。老师在讲解器乐的手法时，有的学生看不清指法，教师分个指导又太慢，到了学生弹奏时效果非常不好，而运用微课进行演奏教学则利用它的直观性和真实感，很好地将学生的手型、指法与乐器结合到一起,弥补了学生的"器乐演奏空白",从而让学生豁然开朗,激发起学生内心的真实感受和演奏的欲望。微课冲破传统音乐教学的桎梏,打开了音乐教学的新的局面。

综上所述,笔者通过大量的音乐教学实践经验认识到,微课作为一种新兴的教学资源模式,具有传统课堂无法比拟的优势,短小精悍,针对性强,为教师和学生提供了一种全新的教学和学习模式。随着微课的不断成熟发展,音乐教学与之产生的合作关系将会越来越密切。不过,虽然我们能够看到微课在音乐课堂教学中存在较多的好处,但不能够因此而选择完全放弃传统形式的音乐教学。我们唯有根据教学课堂与学生的实际需求,进行充分发挥微课教学技术辅助手段的功能,并结合多种教学手段协调互补,才能有效地体现其强大的生命力,达到教学过程的最优化。

因此,在以后的音乐教学中,我们要善于使用微课这一利器,为实现音乐教学创新添砖加瓦。

参考文献

[1]方冰.小学音乐教学开展中微课教学创新实践探究.[J].戏剧之家,2021(03):98-99.

[2]肖杨.让微课走进小学音乐课堂.[J].读写算.2020(27):9.

[3]单晶晶.积极引入"微课",助力小学音乐高效课堂.[J].智力,2020(26):165-166.

[4]黄莉.小学音乐微课的制作与教学.[J].中小学音乐教育,2020(08):32-33.

浅谈小学音乐教学对审美
感知能力的培养

天津市静海区第八小学   付秋娣

摘　要：音乐核心素养一直都是小学教育关注的重要点，审美感知、艺术表现和文化理解，这三个因素是音乐学科核心素养关键要点。本研究对小学音乐教学中审美感知具体影响因素进行剖析，从实际课堂中来，从社团活动中来，从教育本体中来，通过音乐课堂以及音乐社团的学习、实践，从聆听、演唱、表演等不同类别的音乐学习途径入手，具体分析小学音乐教学中具体表现形式及对审美感知素养的作用方式、欣赏教学对于教学实践作用研究。通过本研究得实施，为小学音乐欣赏的教学提供有价值参考。

关键词：小学　音乐欣赏　审美感知

2014 年 3 月，教育部印发了《关于全面深化课程改革落实立德树人根本任务的意见》，在这个先导性文件中，首次精准提出"核心素养"这个概念。2016 年 9 月，在北京师范大学进行我国学生发展核心素养研究成果发布会，这标志着我国学生的核心素养框架已经初步建立。根据《义务教育音乐课程标准（2011 年版）》的具体内容，教学目的已经明确，就是培养学生对于音乐的亲近度、敏感性和初步知识积累，从而培养小学生的音乐核心素养能力。

一、感受音乐,培养审美感知能力

我校学生 70% 多为随迁子女,针对其乐理基础较弱的现状,在教学过程中对于音乐的基础知识及技能的教学比重上有所侧重,为学生更好的感知音乐中的节拍、情绪、旋律等音乐语言要素中的美感奠定了基础,同时能用音乐的耳朵去感受生活中的艺术之美,有"武器"去欣赏、感受音乐,从而培养音乐审美感知能力。

如在上低年级《大鹿》一课中,通过图片、聆听、歌唱、表演等多种学习方式,使得低年级学生多感官联动感受了音乐的美,体会到音乐中表达的同伴间要相互帮助的情感,在音乐教育的同时又潜移默化的进行了德育渗透。再比如记得在课堂上,我给学生们播放一首歌曲《妈妈》,歌曲很简单,旋律也很简单,但歌词在简单中透着温情,能够打动学生。在好几个班欣赏时,总会有一部分学生泣不成声。因为动听的旋律、贴近生活的歌词使得学生产生了自身的情感共鸣,然后,这种情感熏陶使学生易于接受,方便产生共鸣,其审美感知能力得到提升。

二、实践活动,丰富审美感知层次

通过社团活动中艺术作品的排练,使学生将音乐蕴含的情感带入自己表演中。在社团活动中对学生的演唱能力、表演能力进行重点关注,同时排练时给学生留出思索的空间,让他们自己考量成功、失败,充分激发学生的能动性,通过一"动"(心动、肢体动)一"静"(静静思量),加深学生对作品的认识,从而有发于心、表于行的表现,从而去挖掘学生的天分,让学生由作品引导出各种情感,有感而发,让学生从情感到它们的载体,利用音乐的表达进行情感的互动,并学习音乐、感受音乐和享受音乐,从而加强学生对于音乐的审美感知能力。

又如,我们在学习《光荣的红领巾》这首歌曲时,让学生们随着曲谱练习,在了解词面意思之后,对红领巾背后所代表的意思进行解读,这寓意着成千上万我们革命先烈为新中国的建立,铮铮铁骨,滴滴热血,伴随着学生们坚定的脸庞,坚毅的目光,唱的歌声也更加激昂,脸上的表情也表现出了自豪、坚定的神色。一方面为我们现在中国的发展而自豪,另一方面也为红领巾背后故事而鼓舞。

三、作品理解,提升审美感知内涵

通过表演作品的多层次选择,丰富了学生对于各种音乐作品创作背景的文化理解。比如,选用一系列爱国歌曲、最新的抗疫歌曲等,贴近学生们的生活,新鲜的感受增强学生们对中国的热爱,增加对中国人的自豪感,增强民族认同、文化认同,为今后成为社会主义的接班人进行启蒙的作用。

(1)音乐教学中选用一系列爱国歌曲,可以提升学生民族自豪感、认同感。2020年以来,疫情突发,中国人民在面对这个世界级难题时,千千万万的中国人站了起来,有担当,懂奉献,舍小家保大家,使中国从疫情中很快恢复过来,对比国外对于疫情的处理,让学生们知道生在中国是多么幸福,从而感受到作为中国人的一种自豪感。

1935年,田汉和聂耳撰写了《义勇军进行曲》,从那以后,这首歌曲激励着无数人奋进,在战争年代,英勇顽强,不屈不挠;中华人民共和国成立以后,峥嵘岁月,这首歌曲注入新的内涵,我们筑成新的长城,为建设中国贡献自己的力量。当奥运会和亚运会等场合,国歌响起时,心中的激昂澎湃,激励人们的斗志,是音乐内在的触动。1939年,光未然和冼星海创作不朽的《黄河大合唱》,黄河,在奔腾,在流淌,在咆哮,歌曲将我们带入激昂的情绪中,通过这种情绪感染着不屈不挠的中华儿女,在抗日战争中起到极大的鼓舞作用。

(2)高雅音乐可以促进学生素质的全面发展。音乐可以增强思维活动能力,增加思维活动,开拓学生思维的主动性。在中国五千年文明中,音乐积累也是我们中华文化最宝贵的财富。中国文化一个较为主要的观点是礼乐共存,礼是人的外在规范,乐是内在心理沉醉,礼乐结合使人完成个体人格的融合发展,从而促进社会发展。儒家学派的创始人孔子,在他的认知中礼乐占据比较重要的位置,他认为音乐可以修饰人的感情,而且是感化人的手段,进而培养人完整的人格。《梁祝》重点叙述了梁山伯和祝英台缠绵的爱情故事,在音乐中感受那种凄美的爱情,使聆听者都能感受那种飘逸的、空灵的美。

(3)体会传统文化在音乐中的传递。春秋战国的"百家争鸣",体现出中国文化中"海纳百川",融的思想;乐于天和、人和、乐与政和,体现中国文化中"和"的精髓;春秋战国时期,我国音乐哲学和美学已经初步成型。两汉三国时期,琴曲发展起来,一曲广陵散,杀伐中透着平静,琴声如春风,中庸之道得到了发展。宋元时期,音乐由宫廷传向民间,出现较多百姓喜闻乐见的歌曲形式,如关汉卿的《窦娥冤》,是世界戏剧史上一部著名的悲剧,映射出旧社会对人性的压制,如王实甫的《西厢记》,撰写了青年人对爱情的渴望,体现冲破旧社会的封建礼教,最后花好月圆的故事,这些都反映出老百姓的喜怒哀乐,为中国文化思想添加新的要素;目前流行的古风音乐,对古代的名篇进行现代风格延伸改编,如李清照名篇《如梦令》、白居易的《琵琶行》和《清明上河图》等,古风感极强,冥思一下,古风音乐配着小小溪流,旁有焚香,微风轻拂,香茶在手,一动一静,大概时间在这个空间也是慢慢流淌的吧!

四、多种辅助方式介入,提升审美感知广度

生活是个舞台,音乐更需要舞台,它是有声的艺术形式,通过各自的表达来让别人感受。在上课时,简单的说教对于现在的学生来说效果不是太好,学生需要新鲜感来激发学习热情。

我们可以在课堂上,结合传统教学方法,加入各种新的技术,加入现代化的教学手段,将学生接受知识的平台由黑板过渡到白板、由粉笔过渡到多媒体,将立体形象直接传达给学生。比如,人教版四年级下册"学戏曲"单元中,整单元的知识都是京剧内容,学生对于京剧了解甚少,而且在平时生活中也很少接触,如何使学生对于京剧从直观认识的学习升华到对于戏剧内容的了解,这时多媒体就体现出其优势一面,利用微课使学生生动直观的了解京剧的历史,京剧的知识,欣赏京剧有代表性的选段,进而能哼唱几句京剧唱段。历史的就是现代的,民族的就是世界的，我发现学生对于京剧学习主动性增强了，自主探究京剧的意愿非常强烈，从而实现教学效果，就是加深对传统文化的认知，进而激发学生区探寻和了解。

以学生为本，从上课到课外、从教法到教学，综合培育学生对于审美感知的触感。在有计划的引导下，通过提前预习、深入探究、课后延伸教学体验，体现学生的自主性；通过表现个体创造、群体实践，体现学生的创造性；通过分解歌曲、联合创作，体现学生的合作性。三者结合创设一个学生审美感知完整的空间，从而获得小学生音乐审美感知素养提升。

总之，音乐审美感知的能力培养不是简单就可以获得，而是要通过时间较长的训练和长期引导，在这个过程中，教师起到重要的作用，多种知识灌输，多种声音聆听，多种类型实践，用来激发学生去自主聆听和鉴赏音乐，感受音乐蕴含的美，通过小学音乐教学的长期学习、训练、表演来提升学生的音乐审美感知能力。

参考文献

[1]郭声健. 音乐教育论[M].湖南：湖南文艺出版社,2004.

[2]郭声健. 艺术教育论[M].北京：教育出版社,2001.

[3]黄飞飞. 浅谈小学音乐教学中如何培养学生审美能力[J]. 读与写,2019(31)：199.

借助"微课"，构建精彩音乐课堂

天津市武清区杨村第十六小学　王春华　华文婷

摘　要:微课,作为一种新型教学手段和教学方式已经获得广大教育工作者的青睐。将微课教学应用到课堂教学中,利用微课短小、精炼、直观、生动并富有感染力的特点,改变过去单一的教学模式。微课辅助课堂教学,活化课堂内容和形式,创设有趣的情景,对发展学生的想象力,培养学生的审美意识、创造意识,提高音乐课堂教学效率大有成效,微课进课堂已成为大势所趋。

关键词:微课教学　音乐课堂　教学效率　兴趣

微课,作为一种新型的教学模式和学习方式,以其富有感染力的音效、生动直观的图像、启发性的视频片段等特点脱颖而出。微课不仅拓展了学生的音乐视野,丰富了学习的内容,利用微课短小、精炼、直观、生动并富有感染力的特点,改变过去单一的教学模式,还突破了传统教学在时间和空间上的约束。通过课堂上短小精炼的微课视频学习,不仅能有效提升课堂效率,满足不同层次学生的需求,同时,能在短时间内帮助学生理解歌曲内容、解决知识难点、激发学习兴趣,丰富情感体验、提高音乐审美能力、增进音乐素养、理解音乐历史与相关文化知识等,提高教师的教学水平和学生的学习效率,是传统课堂教学重要的辅助形式。

一、微课的概念及特点

"微课"是指以视频为主要载体,对某一明确的教学环节或教学目标针对性极强,支持碎片化的线上教学活动。微课的主要特点是学习时间短,知识容量少,教学主题突出,具有较强的针对性。微课所讲授的内容呈点状、碎片化,这些知识点包含与该教学主题相关的教学设计、素材课件、教学反思、练习测试及学生反馈、教师点评等辅助性教学资源,它们以一定的组织关系和呈现方式共同"营造"了一个半结构化、主题式的资源单元应用"小环境"。

微课是课堂教学有效补充形式,微课不仅适合于移动学习时代知识的传播,也适合学习者个性化、深度学习的需求。因此,"微课"既有别于传统单一资源类型的教学课例、教学课件、教学设计、教学反思等教学资源,又是在其基础上继承和发展起来的一种新型教学资源。

二、微课在小学音乐课堂教学中的运用

(一)微课在乐理知识教学中的运用

在音乐教学过程中,必然会加入乐理知识的内容,简单的音乐基础知识已经是小学阶段学生音乐学习的必备知识。但往往单一的识谱教学都是枯燥乏味的,老师在课堂上唾液横飞的讲,学生坐在下面听,也不见得可以完全听懂。久而久之,学生就会产生厌烦的心理。这时就必须借助新的媒体手段增强识谱教学的趣味,提高识谱教学的效率。微课,通常都是针对课堂的重点和难点来制作,内容精炼,以它特有的科学性,弥补了教材设计的缺陷,增强了识谱教学的趣味性,也培养了学生对音乐的持久兴趣,应用于识谱教学中甚至达到事半功倍的效果。例如,在学习切分音的时候,老师讲解完,学生跟着拍,方式单一不说,学生学会节奏后运用到歌曲当中还是会出现错误,这里我就借助了微课视频学习,不仅激发了学生的学习兴趣,微课当中举例将切分音应用在很多不同的旋律中,学生轻而易举就掌握了。

(二)微课在歌唱教学中的运用

在音乐课堂教学中,最多也最受关注的便是歌曲的演唱,在一般教学中老师也会将歌曲演唱作为课堂教学的主要内容,围绕这一内容教师组织开展一系列的教学活动,都是为了辅助歌曲演唱,让孩子们把歌曲唱准、唱好。但是过多的环节与形式有时反而喧宾夺主,往往忽视了演唱歌曲本身,一节课下来达不到预期效果和目标。另外,很多音乐教育工作者并不是纯声乐专业出身,往往对于歌曲的演唱达不到尽善尽美的效果,这样对学生的演唱会产生误导。这时我们就需要依靠"微课"解决这些问题,微课视频制作可以选用权威版本音乐素材,让学生听到最规范、最标准的演唱,弥补音乐教育工作者自身的不足。另外,运用微课学唱歌曲,还可以丰富教学手段和教学资源,改变了以往以教师反复范唱或教师弹琴,学生被动跟琴演唱的教学模式,使学生迅速进入动态的教学环境,变被动为主动,激发学生兴趣。同时,也在不知不觉中巧妙地化解了歌唱教学中的难点。

(三)微课在欣赏教学中的运用

欣赏教学是音乐课堂教学中除歌唱外的又一重要领域。小学教材中欣赏的作品都是经过教育专家们精挑细选出具有代表性的作品,每个作品的背后都承载了时代意义和作曲家们的无数心血。如果单纯靠老师讲给学生们,一节课的时间势必完成不了教学目标,并且一节音乐课,可能还会变成语文课。这时,就要通过微课视频,浓缩精炼音乐作品的创作背景、作者资料、创作方法、旋律特点等,让学生们在短时间内掌握作品信息,从而更好地理解作品、欣赏作品,不断提高审美鉴赏能力。例如,在欣赏现代京剧《都有一颗红亮的心》时,要让学生了解京剧生、旦、净、丑四大行当,唱、念、做、打的表演形式,同时还要了解现代京剧和传统京剧的差别,难度很大。我将精心设计好的微课视频在课堂上播放,而后再完成教学任务,这节课就顺利多了。

(四)微课在乐器演奏教学中的运用

乐器演奏对于培养学生的音乐感知能力、审美能力、创造能力、音乐表现能力都起到了重要的作用。器乐教学还能提高学生识谱能力,促进手眼协调发展,乐器演奏的教学对于培养和提高学生的综合素质,促进学生的全面发展有着不可低估的作用。新课程标准提出"乐器进课堂",这对提高全民素质教育有着重要意义。然而,让学生在一节课内掌握一件乐器的演奏方法并不容易。但是课堂上学生多,老师范奏时看不清老师的演奏方法、手形,每个班级都30~40名学生,老师也没办法逐一讲解。这时,采用微课教学,利用它的直观性,多角度拍摄视频,展示老师的演奏方法与技巧,让学生在学会演奏方法的同时激发起学生兴趣和演奏欲望。这样一来不仅活跃了课堂气氛,同时也提高了教学效率。

三、微课在小学音乐课堂教学中的意义

　　微课,在课堂教学中发挥着不可替代的作用。微课凭借短小精悍等特点,已经获得了广泛师生的好评。教师采用多角度利用微课教学,能够快速引领学生领悟音乐作品核心,提升音乐感知能力。微课的运用使音乐课堂气氛更加生动活泼,提高了教学效率的同时,充实和丰富了音乐课堂的教学内容,扩展了学生的视野,给学生们提供了更多发现美、感受美、创造美的机会,对于教师来说,也可以进行更加连续、完整的针对性引导,为他们今后更长远的音乐学习之路奠定基础。

　　总之,微课是传统教学活动开展的重要辅助形式。微课视频通过图像、声音、文字、光彩、颜色、视听并举,提供的现象直观、清晰、生动,烘托由色彩、形象、声音等混合构成的学习氛围。音乐课堂教学中微课的运用,不仅活化了课堂内容和形式,创设有趣的教学情景,对发展学生的想象力,培养学生的审美意识、创造意识,提高音乐课堂教学效率大有成效,让学生真正受到音乐情感的熏陶,从而促进小学音乐课堂教学的优化,使音乐课堂充满趣味。

参考文献

[1]中华人民共和国教育部.义务教育音乐课程标准(2011年版)[S].北京:北京师范大学出版社,2011.

[2]郭丽娟.在课堂教学中合理运用多媒体课件[J].中国教育技术装备,2008(20):98-99.

[3] 占静.浅谈在音乐教学中学生兴趣的培养[J]. 科技信息(学术版),2006(9):184.

[4]邹爱民,马东,等.音乐教育学[M].北京:人民音乐出版社,1996.

多感官参与合唱训练点滴谈

天津市武清区杨村第十六小学　　王春华　　张希杰

摘　要：针对小学生的年龄特点，笔者通过看、听、唱、言、触、动、想象创造的尝试将多感官教学参与到合唱训练中。"听"的训练，帮助学生养成良好的合唱习惯，能有控制的歌唱，能恰当处理合唱的层次关系，培养学生合唱意识的形成。唱，引导学生把握住歌唱的命脉，正确呼吸、发声。不能一味追求"会唱歌词"，要追求"唱好歌曲"。触，是知识的触碰、是心灵的触碰。动，安排适合他们的训练内容和形式，长久保持对合唱的兴趣。尝试与舞蹈动作结合，尝试与指挥动作结合。想象创造，在训练和演出等活动中鼓励学生想象创造，培养综合艺术素质。

关键词：合唱训练　激发兴趣　培养技能　艺术融合

合唱艺术具有独特的艺术魅力，它是通过一个集体共同创造的音响来进行作品内容的表达和艺术形象的塑造，是一种集体性很强的声乐艺术形式，是学生们最容易接受的艺术形式，是音乐教育教学的重要组成部分。合唱作为一门综合艺术，在教育教学中包含声乐技能、技巧的训练以及对音乐作品的欣赏能力与表现能力、对作品的想象和创造能力的培养。

随着教育改革的不断深化，素质教育开出了绚丽的花朵，越来越得到学校和家长的重视，音乐教育是学校美育的重要组成部分，除了正常的课堂教学外，器乐教学、合唱教学、舞蹈教学也成了不可或缺的重要内容，尤其是合唱教学，成为各学校必不可少的活动之一。但是很多老师也还有关于合唱训练方面的困惑。怎样才能让合唱训练受到学生喜爱？怎样进行训练才能收到更好的效果？下面我将自己的点滴体会跟大家进行交流。

通过调查分析，学生对合唱训练的兴趣低于器乐训练、舞蹈训练。在学校社团活动的选择时，合唱社团更是备受冷落，每学期报名参加活动的寥寥几人。经过与部分学生沟通交流，我了解到大家不喜欢合唱的原因主要有两点：第一，反复枯燥练习，形式单一，学生没有兴趣；第二，训练周期长，效果不显著，学生没有成就感。的确是这样，很多时候我们教师为了追求课堂纪律，追求快速的学习"结果"，省略了许多环节，只是让学生对着谱子反复练唱，一遍一遍纠错，再唱，而忽视了从学生的年龄特点出发，忽视了真正的学习"效果"。针对小学生的年龄特点，我尝试将多感官教学参与到合唱训练中，收到了较好的效果。

一、看，激发学习兴趣

"兴趣永远是最好的老师"。这句话被太多人引用过无数次，没错，兴趣永远是最好的老师。在这里我要说的是，我们可以通过"看"，让原本就对合唱有兴趣的学生，兴趣更加浓厚，让没有兴趣的学生对合唱活动产生兴趣。我们不用急于拿着谱子，让学生跟着琴一遍一遍练习，而是应该先让他们喜欢参加合唱活动，给他们一个目标，一个憧憬，一个可以前进的开满鲜花的方向。可以多找一些优秀的合唱作品给大家欣赏、观摩一些优秀的合唱团的训练和演出的场景、介绍成绩突出的合唱团领队、指挥等等，开阔学生的视野，激发他们的求知欲，提高审美观念，从而提高他们的学习兴趣。

二、听，陶冶艺术情操

音乐是通过声音来塑造形象、表情达意的艺术形式，无论是表演者还是听众都需要通过听觉来欣赏音乐,鉴别艺术效果。"听",尤为重要。第一,通过聆听优秀的音乐作品可以激发学生进行合唱训练的积极性,可以提高学生的鉴赏力、感受力,从而提高表现力。第二,通过进行"听"的训练,可以提高音准程度,加强节奏感,帮助学生养成良好的合唱习惯,能有控制的歌唱,能恰当处理合唱的层次关系,培养学生合唱意识的形成。例如,我组织学生聆听合唱作品《野蜂飞舞》,给他们讲音乐的创作背景,了解歌曲描写的是王子化作野蜂,怀着急切的心情,飞越大海,赶回皇宫的情景。孩子们被美妙的声音吸引,对合唱训练产生浓厚的兴趣。

三、唱,培养技能技巧

合唱是一门群体的艺术,它讲究人声音响的融合性,对各声部的音准、音色和音量上的要求都十分严格。优秀的合唱歌曲可以培养学生们的专业素质,陶冶高尚情操,有益于学生健康成长。进入歌唱状态,打开声音通道是第一步,要求面部肌肉是有准备的、积极的、内松外紧的歌唱状态,我们的头腔、口腔、鼻腔、胸腔都呈一种向外膨胀的兴奋状态。在训练过程中,可以通过示范、观看图解等方式,鼓励学生去体会,多尝试,找感觉。引导学生把握住歌唱的命脉,正确呼吸。不能一味追求"会唱歌词",要追求"唱好歌曲"。

四、言,传递内心情感

可以说,合唱歌曲是人们对一首歌曲进行的二次创作,其中包含了对这首歌曲的进一步理解和感受,所以要想表现好一首合唱歌曲,不仅要有和谐的声音、准确的节奏,更要引导学生用心动情去演唱,知道什么是美,如何追求美,表现美。先感动自己,再去打动别人。例如,在演唱《雨花石》这首歌曲时,我让学生们畅所欲言,用多种方式进行分析交流,引导学生说出歌曲要表达的内涵,让学生了解无数革命先烈甘当铺路石,默默奉献,才有了我们今天的幸福生活。

五、触，感受艺术魅力

(一)知识的触碰

通过合唱训练,学生可以自然、自信地歌唱,在学习活动中了解优秀的曲作家、词作家、指挥家的生平以及他们的代表作品。教师可以通过多种媒介引导学生了解中外音乐发展简史,认识不同时代,不同民族的音乐,加深对我国民族音乐的认识和了解,弘扬民族文化。

(二)心灵的触碰

在合唱训练和演出的过程中,我们可以给学生打开适当的空间,让他们有机会接触与合唱相关的一些事物。比如,课间休息的时候有个学生靠近我,问我能不能让他摸摸钢琴。我毫不犹豫地答应了,并示范弹奏音阶,让他试试,他的眼神里充满了兴奋、好奇、渴望,后来他成为合唱队里一名优秀的队员,而且也开始学习弹钢琴。合唱演出的时候,我鼓励高年级的同学帮助我一起摆放合唱台,他们谨慎认真地做好一切准备工作,然后自信地站在台上用情演唱。这看似不以为然的简单的接触,实际是深深的心灵的触碰,而这曾经有过的心灵的触碰,会让这不起眼的小事能经久不忘,多时不去,长大了再想起,仍然是美好的回忆,心绪能一下子回到那美好的时光里。

六、动,加强艺术融合

学生在小学阶段的特点就是喜动。所以我们要根据学生的年龄特点和心理特点安排适合他们的训练内容和形式,这样才能让他们长久保持对合唱的兴趣。

(一)与舞蹈动作结合

比如,在演唱《国旗国旗真美丽》这首歌时,有的孩子会情不自禁地摇头晃脑、晃动身体。通过这些小动作,孩子们能活跃、快速而又放松地投入音乐中,理解音乐的内涵。我不但没有制止动作,而是让学生大胆表现,并挑选最适合的动作加进合唱演唱。孩子们表演自己创编的动作,兴致可高了。

(二)与指挥动作结合

每次训练中教师指挥的时候,都会有学生情不自禁地跟着老师挥舞着手臂模仿。既然感兴趣,那就一起练习吧。指挥练习的加入,不仅可以满足孩子们好动的天性,还可以提高学生对节奏的认识和把握。各种拍子的图解,那么漂亮,孩子们很新奇,特别喜欢练习。合唱的训练也在多感官的参与中变得丰富有趣。

七、想象创造,培养综合艺术素质

古今中外霞光异彩的合唱作品,是音乐文化的结晶。合唱的内容美和形式美必将通过演唱才能反映出来。在训练和演出的过程中我们要积极引导学生发挥想象,启发创造性思维,鼓励他们用理性、感性知识去解决一系列技术和艺术的问题,在进一步了解音乐作品的基础上进行创造。高年级的学生合唱,我们可以适时鼓励他们参与训练的各种活动的组织,比如队形设计,声部安排,二声部或者多声部的旋律创编等等,培养他们的综合艺术素质。

参考文献

[1]马革顺.合唱学新编[M].上海:上海音乐出版社,2008.

[2]杨鸿年.合唱训练学(上册)[M].北京:中央音乐学院出版社,2008.

核心素养下的小学音乐课的教学法初探

天津市津南区咸水沽第六小学　马学云

摘　要: 核心素养应更加注重培养学生获取知识的能力,而非简单强调学生获得的知识和技能。音乐核心素养是在学生学习音乐的过程中逐步形成的、能够适应终身发展和社会发展需要的必备品格和关键能力。学生被动地在课堂中接受"应答式"的训练,导致学生独立发现问题和提出问题的主动精神被压抑,也就无形中削弱了创新能力的培养。音乐以其声音铸造语言,音乐的想象是人类艺术创造和科学发展的思维宝库。多年来,在音乐教学中,我努力探索,寻求多种方法来激发学生的创新意识及创新能力,以此发掘学生的潜能。

关键词: 核心素养　创新　综合能力

进入 21 世纪以来,国家大力提倡素质教育,音乐审美教育作为审美教育的一个重要领域,不仅是学校实施美育的重要途径,还是实现素质教育总体目标(德、智、体、美、劳全面发展)的最佳手段。国家教育部 2001 年颁发的《全日制义务教育音乐课程标准(实验稿)》指出,音乐教育以审美为核心。由此可见,培养中小学生音乐审美能力是音乐课程的核心目标。但是,由于学校或老师对音乐审美教育的理解不够深刻,从而导致音乐审美教育的实施还不够理想。因此,如何将音乐教学中的音乐审美教育落到实处是当前尤为突出且亟待解决的问题。

音乐是人类最古老、最具普遍性和感染力的艺术形式之一,是人类通过特定的音响结构实现思想和感情表现与交流的必不可少的重要形式,是人类精神生活的有机组成部分,对音乐的感悟、表现和创造,是人类基本素质和能力的一种反映。随着知识经济时代的到来,如何引导学生创新求异,培养学生创造意识和创新能力是当今教育的主题。

创造是人类生存发展的一个重要特征,在知识经济和信息时代特点愈发突出的现代社会中,创新正成为民族发展进步的灵魂和国家兴旺繁荣的动力。"创新是一个民族的灵魂,是一个国家兴旺发达的不竭动力。"实现中华民族的伟大复兴的希望在于全民族创新素质的提高,在于大批高素质创新人才的涌现。《国家音乐课程标准》指出:"创造是艺术乃至整个社会历史发展的根本动力,是艺术教育功能和价值的重要体现。音乐创造因起强烈而清晰的个性特征而充满魅力。"创新人才的培养依靠创新教育,但是长久以来传统的教育模式已严重地阻碍了学生思维的发展。学生被动地在课堂中接受"应答式"的训练,导致学生独立发现问题和提出问题的主动精神被压抑,也就无形中削弱了创新能力的培养。音乐以其声音铸造语言,音乐的想象是人类艺术创造和科学发展的思维宝库。多年来,在音乐教学中,我努力探索,寻求多种方法来激发学生的创新意识及创新能力,依此发掘学生的潜能。创新是一种观念,一种精神,一种能力,一种机制,一个系统,涉及一系列理论和实践问题。概括地说,创新教育也就是根据创新原理,以培养学生具有一定的创新意识、创新思维、创新能力以及创新个性为目的的教育理论和方法。创新教育强调的重点是:为了培养造就适应未来需要的创新型人才,必须要有适应人才成长的"土壤"和良好的环境。推进和实施创新教育须遵循层次性、基础性、师范性、开放性、民主性、启发性等实践原则。素质教育的实施正不断向深层推进,人们的教育观念也在不断更新。但是人的观念的更新绝不是朝夕之事,不可能一蹴而就,也不是参加几次业务学习,听几个讲座,能说出几句新理论,就表示观念更新了。教育思想观念上更新不到位,往往都表现在教学实践中。比如,教学目标的陈述是套上了认知、能力和情意领域的新要求,但在实施中却得不到落实;教学活动的总体设计仍是传统守旧,学生的自主探索活动不敢放手,而只在方法、手段上做一些革新式的小打小闹;公开课前学生一律整齐划一地趴在桌上休息等待上课,与课堂上的活跃表现不相协调;教学中安排学生分组讨论只有象征性的很短时间,讨论流于形式;一些教师自恃自己的专业特长,看学生的角度不是平视而是俯视,即使有些教师意识到应师生平等,教学中还常常无意地对学生说"你们给我……"所以,广大教师特别是音乐教师,更须自觉深入地加强学习,克服自身理论素质欠扎实的不足,真正实现由农业文明时代的"承转型"、工业文明时代的"标准件"型教育观念向信息文明时代的创新型教育观念的转变;实现"升学谋职"教育价值观向素质教育价值观的转变;实现"师道尊严"向师生民主平等转变;实现传授知识的教学观向培养学生学会学习的教学观的转变;实现封闭办教育到开放办教育的转变,树立大教育和终身教育观念。乐虽不是升学科目,但长久以来应试教育的目标、模式、方法、手段、评价方式等都对音乐教育产生了较深的影响。音乐教研活动的开展不如主学科有保证,音乐教师间缺乏交流研讨机会,他们在应试教育的"熏陶"下不自觉地深受其影响。如应试教育唯智育为上,为数不少的学校音乐学科尚是虚设;乐理、识谱教学方法守旧,枯燥单一,学生机械识记,索然无味;器乐教学偏重技能训练,过多追求专业考级,轻视乐感培养;音乐欣赏教学中简单灌输作品主题、结构,忽视培养学生能力,学生对美妙的音乐作品听而生畏,不知如何入门、不知通过什么途径欣赏;课堂提问拘泥于标准答案,忽视学生个体差异性,不注重个性发展;音乐活动丢弃了自身的优势,缺乏应有的乐趣,学生从中体验不到快乐,渐渐丧失了学习音乐的兴趣、积极性、主动性等可贵的创造性品质。

一、核心素养注重培养学生获取知识能力

教育部印发的"关于全面深化课程改革落实立德树人根本任务的意见"首次提出要加快"核心素养体系"建设,从而为新课程改革提供深化的方向和重点。核心素养应更加注重培养学生获取知识的能力,而非简单强调学生获得的知识和技能。音乐核心素养是在学生学习音乐的过程中逐步形成的、能够适应终身发展和社会发展需要的必备品格和关键能力。小学时期是培养学生核心素养的宝贵时期,在这一阶段加强培养小学生的音乐能力,对学生"音乐核心素养"的形成和提高具有很大的促进作用。在当今新课改背景下,针对我们这些音乐教育工作者而言,怎样去有效地调动出小学生们的音乐情趣,大幅度增强他们对音乐艺术的赏

析能力这一点是我们必须给予圆满的答复并且切实加以完整落实的问题。音乐课程教学作为当今全面推行素质教育变革中的重要内容之一，其在基础教育课程中的重要程度在日益加大，并赢得了社会上广大学生家长及老师的认可和赞同，充当了可构建学生核心素养及综合学习能力、审美能力的重点性课程类型。因此，小学音乐教师应树立培养学生核心素养的教育观念，不断创新课堂教学方法，提高学生的艺术素养和能力，从而培养小学生的音乐核心素养。下文，笔者将结合自身教学实践，深入探讨核心素养视域下的小学音乐教法，以期提升小学生音乐核心素养水平。

当前依据新课标的要求，推进素质教育已成为时代的呼唤，成为基础教育改革和发展的必然趋势，在这项复杂的社会系统过程中，作为学校教育基础组织形成的课堂教学。如果培养学生提高学生的音乐素养是我们音乐教师当前的首要任务，我们要帮助引导学生从理论方面学习，创造和发展音乐，挖掘音乐的真理与魅力。培养学生对音乐有较高的认识能力和审美能力。加强学生的综合素质和对外部事物较深层的感悟能力，使其养成终身学习的能力。

音乐教学是培养学生音乐核心素养，提升学生综合素质的有效途径。教师在音乐课堂教学过程中，要把核心素养培养作为音乐教学研究的一个重要因素。培养学生的音乐素养，提高学生的审美能力以及对音乐情感的表达能力是极其重要的。音乐教学能够使学生在学习优秀的音乐作品的过程中获得美的体验，树立正确的情感价值观，提升学生的综合素质。在校内校外教育中都占有极大比重。音乐教育通过音乐、音符、乐器为媒介引起学习者情感与思维上的共鸣，培养学习者的知识技能和审美体验。让学习者在学习音乐的过程中收获音乐知识、培养核心素养、提高综合能力、激发创造思维，同时也能让学习者在紧张的学习生活中释放自己的压力，通过音乐去放松自己紧张的状态。音乐教育与核心素养。音乐教育与核心素养二者是不可分割的，学校和校外机构所进行音乐教育的首要原则就是培养孩子的核心素养，无论是校内还是校外的音乐教育，与核心素养的培养都是密不可分的。学校音乐教育的主体内容包含音乐的聆听与鉴赏以及唱歌与合唱两项：音乐的聆听与鉴赏课从音乐的旋律、音乐的架构、音乐的风格以及歌词的鉴赏等角度增强学生感受音乐的能力，提高学生的审美情操，进而培养学生正确的人生观、价值观，帮助学生形成高尚的人文素养；唱歌与合唱课主要从实际操作中学习音乐的演绎,增强音乐的表演技能,唱歌与合唱是最直接的表达音乐作品情感的方式,合唱的参与性强,学校的所有学生基本都会参与,培养了学生团结、自信的素质,多声部的配合也从社会参与的方面提升了学生的核心素养。校外的音乐教育主要是器乐、舞蹈、作曲等更多音乐技能的学习。乐器、舞蹈等艺术技能的学习,极大程度上磨炼了学习者的意志,在学习乐器的过程中,孩子不仅学会了演奏,更学会了如何去学习,培养孩子优质的兴趣爱好,在学习音乐的过程中形成了积极健康的心理状态,为他们未来的健康生活也打下了很好的基础。

审美价值。音乐教育的审美价值是将音乐列入中小学课程的一个重要的理由。长期以来我们以科学实践的方式和方法来教授音乐、学习音乐,使音乐偏离了人类的生活实践和情感世界,由于受某种思潮的影响我们过分强调了音乐的德育价值,将音乐教育视为促进德育的一种工具。应该说,音乐有德育的功能和作用,但音乐教育的长处在于给人的道德观念以情感上的支持。所以,音乐教育的重要价值应该是审美教育,我们的课程改革将确立以审美为核心的教育理念,丰富学生的审美情感体验,使其具有一定的审美能力,让生活变得丰富多彩,人类变得文雅和充满爱心,这才是我们音乐教育的理想目标。因此无论是课程标准还是教材,乃至教学的全部过程都必须体现这种理念。我们应该尽一切可能给学生提供各种类型、风格多样的音乐体验,尽力开阔学生的音乐视野,培养具有音乐审美鉴别能力的音乐听众。为了达到这样的目的,我们必须调整音乐教育的内容和方法,坚持下列音乐审美教育的基本原则:教学中,应充分揭示音乐要素(节奏、旋律、音色、和声、力度、速度等)在音乐中的表现作用,让学生亲身感受到音乐中最激动人心和极具表现力的部分,而不是进行枯燥的、单纯的技巧训练和灌输死记硬背的知识;应以整体的方式来体验音乐,理解"整体大于元素的总和"这一心理学原理,使学生感受到音乐的魅力,产生情绪的反映和情感的体验,而不是将音乐的各种构成元素支离破碎地讲授。注重艺术实践的本质,摈弃科学实践的做法,这正是音乐教育区别其他学科的一项重要的原则,也是我们当前音乐教育中存在的较为严重的问题;强调音乐概念应和音响尽量统一,只有这样我们学到的才能称其为音乐,因为音乐是声音的艺术、时间的艺术、听觉的艺术、情感的艺术,单纯的记忆概念对于普通学校的音乐教育来讲是毫无意义的。还需要指出的是,学生的技能技巧的学习过程应始终贯穿着学生的情感参与,只有这样,中小学的音乐教育才能真正实现审美价值,成为审美教育。

创造性发展价值。创造能力的培养是时代发展的要求,是国际竞争的要求。许多国家都把创新人才的培养作为教育发展和改革的主攻方向,例如,美国在 20 世纪 60 年代为了研究音乐对人在创造能力发展方向的作用,在哈佛大学设立了"零点项目"研究部门,并取得了可喜的成果,为美国政府将音乐列为核心课程提供了重要的理论依据。我国也曾经对音乐在开发人的智力给予了较多的关注,许多家长十分重视孩子的音乐启蒙教育,但我们在教育的目的、内容和方法等方面都存在着诸多问题,因此收效并不显著,尤其是受某种功利性的影响,使得音乐教育对人的智力开发和创造能力的培养没有得到很好的发挥。因此我们有必要重申音乐教育的创造价值。创造能力的培养虽然被所有学科青睐,但音乐教育在发展学生创造能力方面的特殊功能尤为突出。首先,音乐的产生过程就是全部的创作过程,我们称其为三度创作:作曲、表演和欣赏。无论学生的表演或欣赏都必然伴随着创造性的表现和产生丰富的联想和想象。其次,音乐具有"不确定性"特点,即同一首作品,有多少听众就会有多少种不同的感受,这一特征对于培养学生的创造能力具有比其他学科较大的优势,使他们的想象力和创造性思维得到充分的发挥,因此,我们提出音乐不谋求统一答案,音乐课尽量不结束真理。其三,音乐的情感特征可以极大地激发学生的表现欲望和创造热情,在主动参与中展现它们的个性和创造才能,我们相信,每个人的表演都是个性化的体现,每个人的听赏都是独特的理解。因此,音乐教育在培养学生创造能力方面的作用是不应该被忽视的。

表现与社会交往价值。人们需要尽可能以各种各样的方式表现自己。许多观点可以通过语言表达,然而语言有其一定的局限,人类的许多经历和情感还可以通过其他的媒介得到更充分的表达,如舞蹈和音乐等,古人曾说,言之不足咏之歌之,咏歌不足舞之蹈之。对于学生来说,自我表现的机会越多,自我发展的潜力也就越大。例如,由中国教育国际交流协会和澳大利亚国际教育咨询培训中心合作的"中澳音乐教育试验项目",就充分体现了这样的价值,学生在学习电子琴的过程中,关注的并不是电子琴的演奏技法,而是利用这种高科技的乐器所提供的各种表现的可能性,发展学生的创造性表现和即兴的表现,在这自由的表现中,学生获得了成功的喜悦,增强了对音乐的兴趣,同时培养了自信和勇气。因此,音乐教育为学生提供了创造性表达个人情感的可能性,是为数不多的需要个人当众表现的学科,这种表现的价值对人格的发展作用是不可低估的。

二、音乐核心素养综合能力形成

音乐作为基础教育阶段的重要课程之一,在培养小学生音乐基础知识与基本技能,帮助他们形成可以适应其终身发展和社会发展需要的核心素养方面,有着其他学科难以替代的积极作用。音乐核心素养立足于个体音乐能力的发展,强调在不同的音乐领域和情境中塑造个体不可或缺的音乐素养,其更加注重音乐学科与学生综合素质发展之间的有机结合,所以,个体的音乐审美和体验是关键。音乐核心素养不是指具体的音乐知识和技能,也非普通意义上的音乐能力,而是学生在学习音乐的过程中形成的具有特定意义的音乐综合能力,其体现了音乐的本质和审美价值。

音乐核心素养主要具有以下几个特征。第一,综合性。音乐核心素养主要由音乐知识、音乐能力及音乐思维组成,三个方面关系密切、不可分割,这就使其具有鲜明的综合性特征。此外,综合性还体现在其构成体系上,小学音乐课程体系主要涉及文化修养、社会实践及自我发展三个领域,这三个领域相互交叉和包含,文化修养是个体进行社会实践和实现自我发展的必要基础,而社会实践和自我发展反过来又成为个体文化修养的目标。第二,发展性。音乐核心素养并不是个人天生就具备的,而是需要通过后天的学习和努力取得的。每个人在不同的教育阶段、不同的人生阶段,会呈现出不同的阶段性特征,也就会表现出不同的音乐核心素养水平,这也就要求小学音乐教师必须立足于社会,不断结合时代的发展特征,循序渐进地完善与发展学生的音乐核心素养,进而使他们的情感、态度和思想符合当下社会的要求。第三,实践性。小学生音乐核心素养的获取主要通过聆听、演唱、演奏、创编及表演等方式来实现,这使得实践性成为音乐核心素养的特征之一。"义务教育音乐课程标准"明确提出"实践性"是小学音乐课程的重要性质,要求通过音乐艺术的实践,有效提高学生的音乐素养。

音乐核心素养。音乐核心素养,是指与音乐相关或通过音乐教育的方式所培养的实践、审美、文化等适用于终身发展的能力或者品格。当前,国家重视艺术教育,艺术教育对培养孩子的核心素养提供了重要支持。音乐能使我们快乐、舒适、满足,音乐具有独特的魅力,能调整孩子们的心情,陶冶情操。乐器的学习面临的重重困难也从各个方面锤炼人们的意志,培养孩子优秀的个性,在此基础上,形成正确的人生观、价值观和良好的审美体验。同时也帮孩子收获到音乐知识,文化历史,强化了学生的综合素质和感悟能力,这对整个核心素养发展模型———文化素养、自主发展、社会参与这三个部分起到了至关重要的作用。音乐素养包括音乐素质与音乐修养,不单纯是要有最基础的音乐知识与实际能力,还要有对于音乐较高的认知能力和审美能力,提高音乐素养可以加强学生的综合素质和对外部事物较深层的感悟能力。我们研究的课题,紧紧围绕音乐教学展开。综合我校的实际情况,如何开展和实施培养学生音乐素养的策略研究是我们的重点,不能只注重学生音乐技能的培养,而应该在音乐中渗透对学生音乐素养的培养,更重要的是在音乐中提升自己的音乐素养,提升自己的人格魅力,使音乐素养变成一种文明的艺术行为习惯,最终达到育人的目的。

教育观念定位:更新教育观念,主动改变教师的角色和自身定位,从音乐资源和信息的提供者转变为生活艺术素养提升的指导者,帮助学生从源头鉴别音乐资源,将自身的音乐鉴赏能力和专业素养传授给学生。通过学生的学习和实践内化为自身的能力和素养,方能适应教育信息现代化背景下的艺术教育创新改革。

三、音乐核心素养的培养发展过程

学生音乐核心素养的培养是一个综合性、发展性和跨越性的发展过程。小学音乐教师在音乐教学的过程中应立足于音乐学科的本质特征,记录学生成长足迹、体验实践、拓宽鉴赏艺术领域、尊重差异的有效策略来优化音乐教学,最终提升学生的音乐核心素养。

培养学生形成正确的人生观、价值观和审美观,加强音乐理论教学,在教学中要求教师采取多种教学方法达成教学目标,提高学生学习音乐的兴趣。通过各种形式提倡健康音乐的学习与欣赏,提高音乐教师的素质,发挥音乐教师的主要作用。通过教学培养学生核心素养的路径研究,提升课堂教学效率,提供人才培养的效率,促进学生核心素养的形成,达到立德树人的目的。

在音乐教学中注重多元文化的教育。创设情境教学氛围,激发学生学习的兴趣,提升学生的音乐素养。课堂教学中有目的地进行节奏、语言、音色、力度、强弱的训练,提升学生的音乐素养。

整理挖掘有利于学生发展得优秀音乐资源,在音乐欣赏教学中加强学生审美素质教育,提升音乐素养研究策略的有效性。开展丰富多彩的第二课堂活动,丰富学生的课外活动,提升学生音乐素养的现实意义。

四、核心素养视域下的小学音乐教法优化策略

(一)渐进发展,记录学生成长足迹

音乐核心素养并非是个人与生俱来的,而是需要通过后天的教育和学习获得的。在个体不同的教育阶段,由于学习主体呈现出鲜明的阶段性特征,使得个体表现出不同的音乐核心素养水平,这就要求小学音乐教学既要遵循音乐规律,又要遵循教学规律,在不断深化的过程中发展音乐核心素养。教师可以以建立档案的方式了解和记录学生音乐核心素养的成长情况。这种方式一方面,可以使小学音乐教师及时地记录学生的学习情况以便开展更具针对性的音乐教学;另一方面,可以使小学生在记录中感受到自身学习的进步以体验成功的喜悦。例如,在进行第一第四课"可爱的动物"单元教学时,教师可以组织小学生开展以"我爱小动物,我爱音乐课"为主题的档案填写工作,要求学生围绕这一单元的主题音乐,记录自己的听赏收获、作品评价和鉴赏感受,进而在此基础上开展针对性的音乐教学,引导学生由浅入深地鉴赏音乐,以渐进的方式提升学生的审美能力。

(二)体验实践,理解音乐作品内涵

在传统的小学音乐教学过程中,教师过于注重乐理知识的讲授,而在一定程度上忽视了音乐核心素养的实践性特征,这不利于提高小学生的创造欲和学习自

主性。因此,小学音乐教师应将小学生活泼好动、表现欲强的心理特点与音乐教学特点和具体教学内容相结合,尽可能丰富自己的音乐教学形式,提高学生在音乐教学中的主体地位、参与程度,使学生在欣赏、感受、体验的过程中提升音乐核心素养。例如,在进行《三个和尚》这一音乐作品教学时,教师可以以丰富多彩的实践教学活动激发学生对音乐的热爱。教师可以先在课堂上播放事先准备好的动画视频,使学生对故事有一个初步的了解。再播放《三个和尚》的音乐作品,使学生通过聆听感受音乐作品。让学生以小组合作的方式进行音乐剧表演的排练,并针对角色扮演过程中出现的问题进行适当的改动以实现更好的效果。最后,由学生进行表演,可以让学生以边唱边演的形式进行此环节。教师通过构建音乐实践课堂,使学生真正地理解歌曲的内涵,加深学生的情感与思维认知,在潜移默化中提升其审美情趣。

(三)注重融合,拓宽鉴赏艺术领域

实践证明,世界上没有任何一种东西能够脱离其他的事物而单独存在,音乐核心素养也不例外。小学音乐教学本身就以"听之广、赏之深"的特点成为一门综合性课程,所以,其与其他学科有着千丝万缕的联系,这也有利于实现音乐与其他学科的融合。如果教师在小学音乐课堂教学中介绍音乐作品的相关知识时,能够将音乐和其他学科进行结合,不仅可以使学生产生情感上的共鸣,还可以提高学生的综合素质。例如,在进行歌曲《巴塘连北京》的教学时,为了更好地使学生认识和理解作品,首先,教师可以给学生播放《巴塘连北京》的舞蹈视频,使学生在浓厚的藏族氛围中感受藏族音乐的魅力;其次,通过微视频展示藏族民歌的一些风格特点;最后,通过小视频展示藏族民歌中的人文魅力,引导学生去理解作品创作的背景,使他们能够更好地展现音乐作品所蕴藏的情感,进而加深学生的情感体验。

(四)尊重差异,充分发挥个性特长

由于小学生在音乐兴趣和学习能力方面都存在着明显的差异,所以小学音乐教师在教学中必须将每一个学生都作为特殊的个体,以个性化教学模式代替传统的"齐步走"教学模式,进而使每一个学生的音乐特长得以充分发挥。例如,在进行小小音乐剧活动《蜗牛与黄鹂鸟》时,教师应该在准确把握每一个学生的音乐特长的基础之上,合理地安排每一个小学生的角色,使每一个学生的个性特长和合作

交流能力都得以发挥,最终提升学生的音乐核心素养。

　　学生音乐核心素养的培养是一个综合性、发展性和跨越性的发展过程。小学音乐教师在音乐教学的过程中应立足于音乐学科的本质特征,通过记录学生成长足迹、体验实践、拓宽鉴赏艺术领域、尊重差异的有效策略来优化音乐教学,最终提升学生的音乐核心素养。

参考文献

[1]褚辰霞."音"材施教——小学阶段音乐欣赏能力培养的思考[J].北方音乐,2017(23):183.

[2]张彦丽.小学音乐教育中的欣赏教学与歌唱教学的关系[J].中国校外教育,2017(01):149.

舞蹈教学中培养学生审美感知能力的有效策略

天津市东丽区教师发展中心　孙志燕

摘　要：学生音乐核心素养培养成为音乐教师的重点，培养学生审美能力是提高学生音乐核心素养的关键因素，因从小学音乐教学实践总结中看出，学生感受音乐、鉴赏音乐、表现音乐和创造音乐的能力已经成为学生音乐学科核心素养的重要体现。本文主要在引导学生通过音乐课堂中舞蹈学习，进行审美能力的培养，从而提高学生的音乐核心素养。

关键词：舞蹈教学　审美感知　核心素养

舞蹈教育属于艺术教育、情感教育也是美育的一个重要组成部分。同时，舞蹈教学也是音乐教学中的重要教学环节之一。舞蹈教学不但能激发学生的想象力、创造力，而且使学生在主动参与中培养其表现能力，审美感知能力。使他们变得更聪明，更自信、更活泼、更健康。

一、舞蹈创编感知美

爱因斯坦说过："想象力比知识更重要。因为知识是有限的，而想象力是概括这世界的一切,推动着进步,并且是知识进化的源泉。"由此可见,培养学生的想象力是如此的重要。舞蹈创编便能有效地培养学生对音乐的感受力,感情的表达力,各种诸如记忆力、思维力、想象力、创造力等也可以在其中得到锻炼,让孩子尽情欢乐,尽情宣泄他们的思想感情,回归少儿本性,使其个性得到发展。

教师应该引导学生展开想象的翅膀,发挥学生丰富的想象力,鼓励学生的创造激情,即培养了学生的创造精神。例如:我在教授《金孔雀轻轻跳》这首具有傣族风格的歌曲时,根据低年级学生注意力不够稳定、不持久,容易被新奇事物的刺激所吸引这一特点,先利用多媒体向学生展现一些具有傣族风土人情的画面。此时学生已被美丽的画面吸引,注意力一下子被集中到画面上。当画面出现了一只正在开屏的金孔雀,音乐美的表现存在于音乐艺术形象之中。教师引导学生观察画面,用舞蹈动作模仿孔雀的外形、神态。学生的兴趣一下子就高涨起来,他们依靠丰富的想象和心灵的感悟创编着舞蹈动作,有的孩子用手模仿着孔雀的头,有的孩子用手指模仿着孔雀头上的翎子,有的孩子抖动着胳膊模仿着孔雀开屏的形态,这些舞蹈动作不但激发、启迪他们产生联想,还开拓了创造性思路。通过生动形象的动作体验,结合画面、影像等,较好地培养学生的形象思维,使他们想象得到淋漓尽致的发挥。在音乐艺术实践中感知与理解音乐的美,更好地实施审美教育。

二、模仿动作抒发美

低年级的学生有一个重要的心理特点,即喜欢表现自己。因此,在音乐教学中,教师应鼓励学生用舞蹈动作来表现歌曲,表达自己的感情。教师在课堂中不要害怕学生动起来,更不要担心学生编排出不好看的舞蹈动作,要大胆地放手,让学生将自己音乐形象的感受尽情地用他们自己的舞蹈动作来表现去创编,培养学生表现美的能力。又如,我在教《彝家娃娃真幸福》这首具有民族特点的歌曲时,我没有把事先编好的动作教给学生,而是让学生通过观察画面模仿动作,特点的歌曲表演时,教师没有将事先编好的动作教给学生,而是让学生通过观察大屏幕画面模仿动作,感受彝族舞蹈的特点。学生将自己的模仿、体验、实践,以及对歌词内容的理解融合在一起,从而创编出自己心仪的舞蹈动作,进而表现出整首歌曲的情绪。然后学生们采用小组合作的形式,根据自己内心的感受理解,最终表现出了姿态优美活泼可爱、翩翩起舞的小伙形象,抒发着喜悦心情。他们表演着自己创编的舞蹈,抒发着喜悦的心情,感受音乐带来的美。

三、多种音乐活动激发美

多种音乐活动是引入自觉自主学习状态的手段和过程,在音乐教学中没有主动参与,学生就产生不了艺术审美体验,也就不能提高其艺术审美能力,只有学生参与到活动中来,主动探索,领悟、体验时,才能真正理解和掌握音乐,又如在教授《噢!苏姗娜》这首美国歌曲时,我尝试另外一种数学方式引导学生参与:教师随音乐跳起这首美国乡村民歌,舞蹈动作优美、灵动、跳得尽兴,学生会随教师手舞足蹈,有效地调动注意力。接着学生会情不自禁地参与到这首歌曲的舞蹈表演中来,学生跳得高兴,课堂气氛一下子活跃起来。然后,教师请学生们选出舞蹈动作做得好的同学来当小老师,学生的热情一下子又高涨起来,都争先恐后地要当小老师。选出的小老师带领全班同学进行歌曲的舞蹈表演,所有学生都会跟随着模仿小老师的动作,尽情表现,课堂气氛活跃。此时,教师走到学生中间,指导帮助稍差的学生,让他们也乐于参与其中。这种在游戏中学习的教学方法有效地调动了学生的参与积极性,让他们在活动中受到美的熏陶。为了保持和提高学生主动参与舞蹈活动的积极性,教师还应及时捕捉有用信息;对学生舞蹈动作的规范程度进行适当的鼓励性评价,表扬态度认真的同学和小组,为其他同学树立榜样;对于个别后进生,教师应有意识在舞蹈活动中给予适当的帮助;教师还要引导学生对自己的舞蹈动作进行适当的自评,对学生之间的舞蹈动作进行互评,在评价的基础上提出新的目标,让每位学生在参与中感受到成功的快乐。

四、舞蹈激趣表现美

在音乐教学中,多采用舞蹈活动来激发学生对舞蹈表演的兴趣,丰富多彩的教学内容和生动的教学形式,能很好地激发学生的学习兴趣。兴趣是学生学习音乐的动力,低年级学生形体灵巧,比较适合律动、形体舞蹈教学。通过直观的教学,以舞激趣,使学生融入欢乐的氛围中,提高舞蹈表演素养。在中低年级的课堂教学中,根据所学的歌曲风格、内容情绪等,鼓励学生动起来,为歌曲(乐曲)创编好看、适合的舞蹈动作。这时,学生会不由自主随音乐舞动起来,做着各种自己喜欢的舞蹈动作。舞蹈编排结束,全体学生进行汇报演出,可以是小组合作形式,可以是单独表演形式。为学生尽可能创造表演机会,让学生展现自我,满足学生的成就感,激发学生对舞蹈创编及表演的兴趣,增强继续发展的动力。同时,在音乐教学过程中,应培养学生的审美情趣,充分调动学生的多种感官,激发他们的兴趣和求知欲。让学生发现自身的不足,最终在兴趣的引导下,使学习不断深化,不断发展。

五、创设情境体验美

一堂音乐课可以是一首优美的童话诗、一段悠扬的音乐,还可以是一个动人的故事,这取决于音乐教师创设的美丽情境。在音乐课堂上,教师应创设符合音乐情绪的、优美的教学情境,引导学生体验,营造宽松的教学环境,鼓励学生用舞蹈动作来表现歌曲,让学生在轻松、愉快的氛围中学习。如《金孔雀轻轻跳》一课,笔者以一段孔雀舞情境的设置,让学生对美产生直观的、初步的印象,从而获得审美的愉悦。在情境的创设上以谈话的方式与学生交流,创设不同角色完成表演;教师扮演孔雀妈妈,学生扮演小孔省宝宝。教师播放音乐、示范动作,学生仔细观察动作,表现小孔雀宝宝的可爱形象。这个教学过程发挥学生了的主体作用,让他们发现问题、解决问题,是一种新的教学形式。接下来,为了让学生更好掌握动作,可以让学生与教师合作进行练习。学生做着小孔雀动作来寻找大孔雀,让学生完全融入美的意境中,产生出美的画面。最后学生掌握好动作后再进行合作(师生合作,生生合作)、整齐有序的表演。这样培养了学生爱好舞蹈的情趣,发展学生的鉴赏能力、想象能力和表现能力,提高学生审美能力。

舞蹈属于综合艺术,孩子们通过悦耳美妙的音乐和优美的舞蹈动作,不但能感受音乐美,而且学会了体验美。舞蹈通过做动作、情感体验等,为他们提供了丰富的、适合儿童心理的审美空间。孩子们也会在音乐课中接触到不同国家、不同民族、不同风格的舞蹈,通过学习可以认识这些民族的风土人情、增长知识、开阔眼界、陶冶情操。孩子们的天性是喜欢舞蹈的,教师要做引导者,要有一颗和他们一样的童心,倾听他们的心声,和他们交朋友,用纯净而富有情趣的语言和动人的舞蹈动作,唤起他们内心对音乐的喜爱、喜悦,把他们引领到精彩的舞蹈世界里来。

总之,舞蹈活动的融入,给音乐课堂带来了新的活力、新的生气、蓬勃的生机。教学中要不断探索,使舞蹈活动更进一步地发挥其独特作用,将舞蹈渗透到音乐课堂教学中,为学生的综合素质发展添砖加瓦。

参考文献

[1]张趁丽.基于核心素养下的小学音乐课堂合唱教学初探[J].北方音乐,2019,39(13):191–192.

[2]周竞雄.核心素养下小学音乐合唱教学探究[J].科学咨询(教育科研),2019(07):136.

[3]林忠光.高校声乐教学中的合唱训练实践[J].教育现代化,2019,6(52):172–173+176.

[4]薛雯丹.基于核心素养下的音乐校本课程开发研究[D].沈阳:沈阳师范大学,2019.

[5]王倩倩.小学音乐教育关于核心素养的培养[J].黄河之声,2019(07):108.

音乐协商教学模式促进小学生
自主发展能力的研究

天津市河西区纯皓小学　徐声媛

摘　要: 协商教学是近年来在小学教育中逐渐被借鉴和引用的,发展学生自主学习能力也成为设计课程的一个重要目标。此论文立足于小学音乐教学中协商教学模式创新理念,在合唱教学、欣赏教学、歌表演等方面展开探讨。

关键字: 音乐素养　协商教学　学习目标　学习方式　评价延伸　自主发展

21 世纪以来,我国逐渐步入了信息时代,随着网络媒体的普及,学生的知识来源变得多元、对音乐的了解也愈加丰富,这导致学生对音乐学习的需求也比往日有所提高。在 2011 年版义务教育音乐课程标准中,特别强调了在音乐教育教学中要贯彻的"以音乐为本,以育人为本"。所以,在音乐的教育教学之中,教师应当通过合理的教学模式的运用来促进学生对音乐理解鉴赏的提升,丰富学生的审美体验并深化文化认知。

众所周知,一千个人心中有一千个哈姆雷特,小学生们对音乐的认识也是不尽相同的,存在着个别差异,而且,这些个别差异性往往与他们的学段、兴趣爱好、音乐素养等息息相关。所以,教师应当尊重学生的个别差异性,引导学生提出他们对教学的看法和建议,以激发学生的主动性,引导学生主动参与到课堂的教学中来,让师生共同构建一个充满趣味的小学音乐课堂。这就是本研究的初衷,也是本论文的主题——音乐协商教学模式促进小学生自主发展能力的研究。

协商教学是具有人性化教学特点的。新课标提出的"自主,合作,探究"的学习方式,在协商教学模式的基本特征中都能体现出来。在以往的课堂上,往往是老师"滔滔不绝",而学生"闷声不响"。学生在学习中缺失了主体性,协商性教学模式及其教学理念可激发不同层次学生的学习意向,找到适合自身的学习层面,完成学习任务。因而,在课堂中运用协商教学模式:协商约定—实践探究—自主展示—评价延伸,对学生自主发展起到了促进作用,更有利于不同学生的需求,实际上也更能使教学真正地适应全体学生。

一、以协商教学为依托,创设新的音乐课堂教学模式

"歌唱"是学生进行艺术实践、表现音乐的重要手段。歌唱教学是为了满足学生学习歌曲,愉悦心情、陶冶情操、提高审美能力的需要。学生可通过自主聆听及自主探究学习,体会到歌曲的情感,感受到歌曲艺术的美。换言之,歌唱其实是每一个人都与生俱来的能力,学生也可以对于歌曲有着自身的理解。因此,歌唱教学中协商模式的应用,可以使学生拥有自主学习的权力,而教师应通过协商模式成为学生学习中的引导者以及合作者。

(一)协商学习目标

教学目标是落实《义务教育音乐课程标准(2011 年版)》基本要求的重要环节,是进行课堂设计和把握每堂课教学方向的灵魂,同时也是判断教学是否有效的直接依据。在课堂中,教学目标需要定位准确,这样才能指导课程进行有效的实践。

在音乐课堂中,教师通常会依据教材内容制定授课顺序,以人民音乐出版社的教材为例,教材中编有独具特色的八个单元,每个单元有着不同的主题、音乐知识、音乐实践活动等来发展学生的音乐表现、鉴赏和创造能力。在协商教学模式下学生可自主选择自己感兴趣或者符合自身水平的学习内容制定学习顺序,突出了

学生在"学"这个过程中的主体地位。在过程中,教师应起到引导和启发的作用,如简单介绍该单元学生可以进行学习、探究的内容。学生可根据教师的介绍自主构建单元学习的目标,明确自身"想学什么?如何学?什么时候学?"与教师进行内容、顺序选择上的协商。

传统意义上的音乐课堂中,通常直接让学生感受、模仿、演唱,而容易忽视对整体课堂结构的把握。在现在的课堂实践中,借助协商理念,逐渐强化学生的自主学习地位,本节课的内容由师生共同讨论,商量决定学什么、怎样学,通过不断的磨合与沟通,调动学生自主思考、自主学习、自主解决问题的思维习惯,并通过自主能力的加强调动学生的创新意识,达到更好的学习效果。

例如:人音版四年级上册音乐教材中歌唱课《愉快的梦》是一首二声部合唱歌曲。因曲调优美流畅,歌词具有趣味性,所以很受学生的喜欢。在导入环节,我会开门见山问学生,希望从课堂当中学到什么。通过这样并没有局限性的问题,打开学生思维。学生的回答自然多种多样,比如:希望学会唱这首歌、希望知道作者是谁、希望知道在什么场景下演唱、希望知道这首歌曲的节奏和旋律等等。

那么我会根据学生的要求进行总结,启发学生继续思考,"会唱歌曲"的标准是什么。学生会继续思考:有感情的演唱、边唱边做动作、会唱二声部等等。

最后在师生共同协商中,总结出本节课的三维目标:从情感态度价值观方面,要有感情地演唱这首歌曲;从知识与技能方面,要感知 6/8 拍的律动;从过程与方法方面,要通过听、唱、律动等方式学习这首歌曲。学生带着明确的目标进行学习时,会非常有动力。

(二)协商学习方式

传统的音乐教学模式中,学生通过聆听,简单了解歌曲旋律,再通过教师的弹唱示范教学逐步引导学生唱会歌曲,在过程中通常会出现学生仅仅只是机械的跟唱甚至不跟着老师的步伐走,出现"开小差"的情况,在协商教学模式中,学生可自己寻找适合自己的学习方式,引导每一位学生都参与到学习活动中。但对于年龄较小的学生而言,制定整节课的学习方式,并且选择正确且契合自身情况的学习方式较为困难,教师可先从课堂中的部分环节下手,如拓展环节中教师提供"学习菜单",引导学生自愿协商选择学习方式,如"打击乐伴奏""歌表演""拓展欣赏"

等,学生根据相同选择找到伙伴共同学习探究。如在二年级上册《蜗牛与黄鹂鸟》一课中,学生更感兴趣的是歌曲中的背景故事,因此在协商教学模式下,学生自主选择了分角色进行歌表演的展示,在积极的课堂环境下,每一位学生都能够做到主动参与,歌唱学习动力大大提高了,歌唱学习效果相较于之前传统的音乐教学模式发生了明显的变化。再如:在一年级上册《野蜂飞舞》一课中,为了不带有倾向性地去引导学生想象,学生自主选择了在聆听前先不给出歌曲名字,让学生可以自由地发散思维。在欣赏过后,学生自由发言后教师再讲述相关故事背景。简单的故事讲解,让学生了解野蜂的音乐形象,帮助学生更加准确地去理解音乐、感受音乐,丰富学生对音乐作品的思考。

(三)协商评价方式

歌唱教学中不可缺少的一环就是教学评价,通过多元化评价这个渠道来考查学生学的学习成效。评价的意义在于激励与改善的功能,使学生了解自身的优势与不足,增强学生的学习动力以及自信心。在协商教学模式下的评价方式应注重教师与学生站在同样的"台阶"上共同协商探讨,其中更应突出学生的自评与他评等多元化评价。通常的教师评价只注重于音乐素养能力,忽视了以学生自身情况进行考量评价,此举将大大降低学生的自信心以及自我展示的动力。

二、多角度融入协商模式,促进学生自主能力发展

(一)在合唱教学中融入协商教学的模式

在班级合唱教学中,协商模式能够促进学生们更加热爱合唱,更加积极主动学习合唱歌曲。学生之间的协商,特别是合唱歌曲,更需要集体的团结协作。合唱本就是需要团结协作才能完成的,学生与学生之间的协商能使得学生之间更好地配合,合唱作品能更好地完成。在合唱歌曲在协商学习的过程中,学生的观察能力

提高了,也更加细心地去寻找怎样的声音更美,还会主动分析歌曲的结构、处理、情感等细节的部分。例如:学习《美丽的黄昏》时,学生们相互协商,他们能够主动分析出作品两个声部的旋律相似;在高声部唱到"叮咚"部分时候,高声部主动提出他们应该稍微弱下来,突出低声部旋律的动态部分;在声音上也要柔美。这些都是学生们在协商过程中自己去发现的。提高了学生自主处理作品的能力。

协商学习能使得学生积极主动地分享自己对歌曲的感受和处理,并且能将不同的处理方式,表演展现在大家面前,提升了自己的自信和表演能力。例如:《两只老虎》这首卡农形式的合唱作品,学生们在协商的过程中,觉得歌曲应该在乐句的第一个字强调,还要两个声部互相缠绕进行,几位学生协商后就主动将自己的想法展示,如何将卡农歌曲唱出模仿的韵律。在这样的过程中,学生们不仅仅对卡农类型的作品能够更加了解,还能主动去表演展示。

班级合唱的主体是学生,因此老师应该多与学生协商,学生在学习以及演唱过程中的问题。在学习之前,学生想要学习怎样的合唱歌曲,合唱知识,都需要师生之间相互协商。在协商过程中,学生提出大量的疑问和建议。比如:学生想要了解指挥的手势,想要当"小小指挥家",老师在这样协商的过程中互换角色,老师看着学生的手势去演唱。师生双方皆有受益,学生学会了基本的指挥法,能体会到老师指挥时候,老师对音乐的要求,在班级合唱中,能更好地根据老师手势去做不同的声音。老师也能在被指挥的过程中感受到学生的兴趣点与难点,进而使得老师能更好地设计教学方案,把握学生学习时的兴趣点。

师生协商时,学生会主动提前预习和了解歌曲的背景,来和老师沟通歌曲如何将歌曲的难点解决。学生主动想出不同的方法解决难点。比如:在合唱发声练习中,学生与老师协商如何使得声音是高位置的。学生们反复用不同的方法去实验,并向老师求证,在这样的过程中学生就能主动了解自己要什么样的声音,怎样发出这样的声音。

(二)在欣赏教学的研究中,侧重对拓展资源合理运用的探索

在当前如此便捷、快速、全面的网络时代,像提取与总结资源是非常方便的。但如何在万千资源中选择出恰当的资源并合理运用在课堂之上,就需要老师通过对课堂环节的预设与经验来进行有效的筛选。在协商理念之下的课堂中,资源的拓展不仅仅是老师的权力,还是学生自主能力的培养,学生通过协商课程目标与

预设问题,可以在课下自主搜集与课程相关的资料,可以通过分组形式,甚至通过小组成员的协商来设计课程,提高学生参与课堂的能力。

(三)在歌表演中融入协商教学的模式

在歌表演中,侧重低年级学生,通过身体的律动和简单的情景编创,引导学生将抽象的音乐转变为具象的感知,对音乐有更加真切的感受。对于面向全体学生的学习,歌表演则需要音乐感知力更好的学生,因此在协商的理念下可以通过"小老师"的环节,鼓励能力比较强的学生,通过示范与展示带动全体学生进行表演,促进学生的共同参与,增强学生的表现力。例如:《我的家在日喀则》是一首藏族歌曲,而且藏族舞是有其民族特点的,也有它基本的步伐,学生们又小,他们掌握的民族舞语汇是不多的,即便是学过舞蹈的孩子接触的民族舞也不是很多,于是经过与同学们的协商,决定还是以教师教为主,让学生去模仿。在课堂上,我做了四个具有藏族代表性的动作:颤膝、踏点、献哈达等动作,让学生选出自己喜爱的动作进行模仿,一步一步把动作全部掌握后进行歌表演,就这样通过与老师的协商互动,增进了与老师的交流,完全沉浸在优美的情境中,去感受音乐之美。

三、协商模式下的师生关系

协商理念不仅适用自己的常用班级,还可以有效激活陌生班级学生的学习兴趣。带着我校"协商"的教学理念,笔者走进了卓尼县中心小学的音乐课堂。孩子们明亮的眼神打动了我,先进的音乐设备启发了我。孩子们人手一台数码钢琴,端正地坐着,凝神注视我走进教室。我向他们微笑致意,用事先学习的藏语"扎西德勒"向他们问好,不太标准的发音引得孩子们笑了起来,我说:"你们看,在语言上我还要向你们学习,每个人都有长处,今天我不是来教导你们学习音乐的,而是跟你们一起来感受音乐,体验快乐的!你们说好吗?"孩子们马上高声回答:"好!"我知道,这时我们已经走近彼此。

之后,在"协商"理念的指引下,我问同学们:"大家想从这节课上学到什么?"如我所料,一片寂静,我脑海里迅速运转,告诉自己:先出选择题!于是,停顿几秒后,我补充道:"比如歌曲的名字?歌曲的旋律?歌曲是快乐还是悲伤的⋯⋯你们来选择!"孩子们这才逐一举手回答,我马上给出了鼓励和肯定,随之引出今天的论文:幸福拍手歌!

在发声练习这一环节,我有效运用了数码钢琴,告诉孩子们用"轻声、高位置"发声方式唱出 do 和 mi 两个音,继而从师生合作到生生合作,唱出二声部,为后续的学习做声音上的准备。

《幸福拍手歌》的三段歌词,节奏相同,旋律一致,孩子们很快就掌握了。三短歌词中的动态表演用叠词"拍拍手""跺跺脚""拍拍肩"来表现。在自主创编歌词环节,我问孩子们:"能否开动脑筋,为歌曲创编第四段歌词呢?"就在我已经做好了出"选择题"的时候,一位男孩子勇敢地举手,说道:"可以改成:跳一跳!"我心中不由得一喜!跳一跳!多么生动的歌词啊!在我自己的学生中试讲此课时,同学们都还局限在使用叠词,比如:拍拍腿、拍拍头,甚至拍拍脸,都没创作出"跳一跳""走一走"等这样的词语。说实话,就连作为老师的我,也没有想到这样的词语结构。当孩子们用自己创编的歌词与动作表现歌曲时,这首歌曲变得更加活泼、生动,形象地展现出来幸福与快乐的情绪。

"自主协商"理念的运用,极大地开发了孩子们想象的空间,带给课堂无限的活力。如果我永远给出"选择题",那我将得不到"跳一跳"这个答案,可想而知,这对我的教学将是多么大的遗憾啊!"协商自主"理念下的师生关系,让学生更为自主、活跃,从这节课上,孩子们的想象力给了我教学上的启发,教会了我心得创作灵感,教会了我继续灵活运用"协商",教会了我用更真诚的心体会快乐。

协商的教学理念,强调在课堂上凸显学生的主体地位,给他们更多的想象、联想空间。笔者将"自主协商"理念下课堂中的师生关系比喻成"孙悟空和五指山",虽然学生是自主的、有空间的,可以翻很远的"跟头",但老师一定那座"五指山",具有引领、规范的作用,不能让学生听之任之,而是在教师掌控下的"协商与自主"。

四、应用协商式教学的课堂案例

【例1】

一次,我抛出音乐课的主题,有的学生提出:"老师,我不喜欢这首歌,不想学习。"随着有同学跟着应喝。我说:"你们敢于大胆表达自己的想法,非常好。就像一件衣服,有人喜欢,有人不喜欢,很正常。能不能告诉我,你为什么不喜欢这首歌曲?"学生思考:"旋律太平淡了。"我说:"好,你关注了旋律。别的同学不喜欢的原因还有哪些呢?"学生相继回答……这无形当中让学生们从感性体验又回到理性认知,关注音乐的本体。

【例2】

还有一次在课堂中,有同学大胆提出:"我喜欢《××》(网络神曲)。"很多同学随之表示赞同。我思考几秒,马上问:"上一首流行的网络歌曲是什么?"学生回答《×××》等等。我继续发问:"为什么网络神曲的命运只有几个月?而我们教材所选歌曲可以成为书本内容供我们学习?"同学陷入思考。我说:"优秀的音乐作品就像长寿者,有极强的生命力,供后人学习,因为它们健康向上,传达真情实感。而一些网络神曲生命力短暂易于消逝,因为它们缺乏营养。同学们在生活中要做一个有审美能力的人,有些歌曲只供娱乐,但不能沉迷!"同学们如是地点点头。

这样看来,协商更像是师生之间的博弈,为了获得新的理解和技能,师生需要共同尝试,并乐于接受挑战,对于问题的抛出应是积极应对而不是过度紧张。

协商理念的运用有助教师转变教学理念,教学模式。有了这样的模式作为指导,才能更好地指导教师开展创新性教学实践。协商理念转变了传统意义上老师授课、学生被动听讲的局面,将学生的行为变被动为主动,积极参与课堂。

通过音乐协商模式的应用,有利于培养学生的自主能力及音乐创造力,进一步提升学生的音乐素养和审美能力,所以,教师应主动梳理其协商教学的理念,指导课堂实践,将教学目标清晰地呈现给学生,并在过程当中进行有的放矢的引导,提高音乐教学质量,完善音乐课堂,提高学生的创新能力。

自主的课堂不是放手,而是更加清晰明确的让学生知道"我要做什么、我怎样才能做得更好"。一路走来,我们看到了学生的音乐课堂有了不同程度的进步:从自主小舞台的选题到展示,学生们的表达能力在提高,表现方式在丰富,以及学唱歌曲的步骤与方法的确定,这些无不体现了学生主动参与的热情和积极性。协商的课堂是需要坚持的,随着学生的年龄增长与学习经验的累加,自主、协商的课堂会更加完善的,我们也会继续地探索下去。音乐学科通过协商自主的高效教学研究,学生的主动课堂参与度,与学习热情有了不同程度的提高,有了课前资源的储备,课上展示反馈就显得积极了,大大提高了学生预习的知识积累能力,教学目标的制定,学生已经基本以师生协商共同分析中达成了共识,同时也注重了学生自主习惯的培养,使课堂真正成为学生自主的高效课堂。

参考文献

[1]陶业蓉.浅析互动式教学在小学音乐教学中的运用措施[J].北方音乐,2018,38(09):233.

[2]程郁文.音乐游戏在小学音乐课堂教学中的应用研究[J].艺术评鉴,2016(14):138-140.

[3]杜伟.《小学音乐教学法》教法初探[J].音乐时空,2014(19):125+110.

[4]陈思琪.基于核心素养下小学音乐欣赏教学的策略优化[J].黄河之声,2020(06):108.

[5]张春晖.基于核心素养培育的音乐欣赏教学课堂提问策略探讨[J].北方音乐,2020(02):205-207.

[6]梁妮莎.基于审美核心素养的小学音乐教学分析[J].黄河之声,2019(24):121.

[7]刘莉.基于核心素养的小学音乐教学研究[J].教育教学论坛,2019(50):243-244.

[8]张珍培.核心素养视角下音乐课堂教学策略探讨[J].成才之路,2019(20):43.

浅谈美育中音乐课堂协商模式对提升小学生音乐素养的研究

天津市河西区全运村小学　王鹤楠

天津市河西区上海道小学　侯镔娓

天津市河西区纯皓小学　孙浩圃　徐声媛

摘　要：协商教学是近年来在小学教育中逐渐被借鉴和引用的，发展学生自主学习能力也成为设计课程的一个重要目标。此论文立足于小学音乐教学中协商教学模式创新理念，在欣赏教学、器乐教学等方面展开探讨。

关键词：美育　欣赏教学　器乐教学　协商教学　音乐素养

协商教学与常规的教学模式相比较，协商教学模式更多的是体现一种师生间平等、民主的一种思想。协商教学模式是根据教学目标与内容和学生现有学习水平选择协商点的，不是以教学目标来制定教学步骤，通过协商教学中的协商约定，实践探究，自主展示，评价延伸教学模式与学生商量以取得一致意见的民主形式，改变学生在学习或受教育过程中被动，不情愿或受强制的状态，使他们成为主动、热情、高效的参与者，从而进一步提升学生的音乐素养。

协商教学模式更能体现学生在课堂中的主体地位。音乐协商教学模式的应用在基于对于学生美育教育的前提，更多地关注了师生间思想情感的沟通与交流、学习意愿的联结、学习过程和学习效果的共识。

一、欣赏教学实践中协商教学模式的应用

"欣赏"一词我们可以将之看为两个部分，一个是"欣"，代表着高兴、愉悦。而另一个是"赏"，代表着品鉴、体会。而音乐欣赏就具有这两者共同的特征，他让学生在欣赏音乐的过程中获得精神上的享受。

感受与欣赏是音乐学习的重要领域，是培养学生音乐审美能力的有效途径。教师在教学中可结合本课内容的重点，通过与学生协商不同的目标导向，来激发学生听赏音乐的兴趣，鼓励学生用多种形式对所听音乐表达独立的见解和感受，提高自身的音乐素养。

(一)协商欣赏学习方式，提高学生审美能力

对于音乐欣赏教学来说它最主要的功能就是对人进行审美教育。它所发挥的审美教育功能够为学生提高音乐素养奠定基础。在对于美的认识过程之中，学生受到美的感染，逐步纠正自己的一些行为和思想，从而让这种审美教育成为一种提升自我音乐素养的重要过程。在进行音乐欣赏教学过程中，老师可以先为学生构建一个的精神框架，在这个精神框架之中学生通过协商再进行多种欣赏方式的知识填充。不仅仅可以提升学生自身的音乐素养能力，同样在精神上与音乐建立了紧密的联系，通过音乐所具有的审美特性让学生受到潜移默化的影响。

(二)奠定想象联想基础，提升学生感知能力

在音乐作品的欣赏中，感受感知是基础，我们可以通过协商引导学生感受作品的情绪，感知作品的旋律节拍、速度等音乐要素。联想与想象的参与，能够让学生的思维更加扩散，更加利于协商教学的开展，为后续的表现与创造打好基础。联想比感知更加丰富，想象则是审美的翅膀。要提升学生音乐素养中感受美的能力，联想与想象是至关重要的。

如在一年级上册《野蜂飞舞》一课中，为开展协商教学，做到不有倾向性的引导学生想象，我选择了在聆听前先不给出课题名字，发散学生的思维。在欣赏过

后,学生自由发言后教师再讲述相关故事背景。简单的故事讲解,让学生了解野蜂的音乐形象,帮助学生更加准确地去理解音乐、感受音乐,丰富学生对音乐作品的思考。在这个想象的过程中,学生的音乐素养也会得到提升,所以,我们在设计时,通过协商发挥进一步学生的自主能力,多给学生想象的空间,可能开始他们不知道怎么想,通过几次引导他们自然能够联想到更开阔的想象画面这也更符合学生想象规律的顺序,是更有意义的想象。

(三)自主思考分析总结,加强学生音乐素养

我们在课堂上带领学生鉴赏优秀作品同时,也要注意通过协商教学模式,多元地去拓展学生欣赏的种类和方式。国内、国外、从古到今都有很多富有意蕴的优秀作品,我们可以将之融入课堂中,去带领学生们进行鉴赏。如在讲授《胡桃仙子舞曲》一课,学生可以通过自主选择与课堂内容相关联的芭蕾舞剧以及柴可夫斯基所创作的其他作品进行拓展。其次,在课后时间中,教师可以通过协商为学生制定他们感兴趣的"欣赏菜单",学生课后可以自主欣赏学习。并且学生自己也可以发掘更多的音乐作品进行分享,及时填充到"欣赏菜单"中。这样学生通过大量的鉴赏,潜移默化地提升了自身的音乐素质及素养。教师还可以开设"音乐分享沙龙",学生通过自主地去总结,来谈一谈对歌曲的感受与理解。通过了一系列感知、品味、分析、内化的过程,进一步加强了学生的音乐素养。

二、器乐教学实践中协商教学模式的应用

(一)灵活教学,因材施教

就现状而言,协商模式是必要的。音乐教师经常面临的问题是:用同一套教材来教不同水平的学生。其实,一些小学生在校外接受过不同程度的器乐培训,他们可能处于不同的演奏水平。某些学生在演奏学习中还可能有一些特殊的需要或兴趣。因此,教师必须对原有课堂模式进行调整,灵活教学以适应新形势。在教学过程中,师生双方进行协商,但不要把个别学生的意见当作全班的意见,而是吸纳集

体意见并基于学生水平进行整合。当然,教师仍然要有把控教学内容的权力。音乐教师至少会教一批学生一个学期,双方都有足够的时间来适应并制定学习计划。同时紧密结合教材,串联知识、强调重点,潜移默化地提高小学生的音乐素养。比如课堂上,一部分缺乏器乐基础的同学可以与教师协商选择简单易学的伴奏类型的乐器,如沙锤、铃鼓、三角铁等,可先为所学的曲子进行伴奏,当对乐曲的节奏、旋律渐渐熟悉后,进而再练习有主旋律乐句的乐器。这些乐器学习周期短、容易掌握,可以使学生短期内看到自己的进步和成果,增强学习音乐的信心。另一部分器乐演奏水平较高的同学,则可以使用他们擅长的乐器发挥特长,演奏较复杂的段落,在迎接挑战中享受学习的乐趣。

(二)关注个体差异,激发学生创造力

器乐课的教学其实是对音乐有效实践的过程,教师通过与学生讨论和协商来决定生动的课堂形式和内容,激发他们的创造力和想象力,从而使他们进行探究式实践。《北京喜讯到边寨》是一首旋律欢快的乐曲,在教学中,教师要重视学生的个体差异,通过与学生协商,想要了解乐曲的哪些内容?是乐曲创作背景?还是从乐曲的主题旋律间探索苗族音乐的特点?进而学生在练习中不仅感受到作品里那种欢庆的曲风,还了解了苗族人民的风土人情。通过观看一些学生们感兴趣的苗族人民舞蹈视频,激发了学生的感受和对乐曲的理解,用欢庆的舞蹈画面和喜庆欢乐的主题旋律去调动学生练习的积极性。

鉴于学生的音乐感知能力存在差异,在合排过程中,教师尝试使用变奏等方法去丰富乐曲的结构,不断将乐曲的情绪推向高潮,或为乐曲填词。并与学生协商将他们按兴趣分成多组排练,给了学生发挥的空间,不仅提高了课堂参与度,而且能活跃气氛、拓展思维、加强合作。在此后的协商教学中,学生会主动和教师沟通,了解乐曲的难点,并想出不同的方法来解决难点。比如,由于年龄较小,学生吹奏不好高音部分,他们反复用不同的音域去实验,共同探讨并向教师求证,取得了事半功倍的效果。

(三)给予学生自信,鼓励学生积极参与表演

小学低年级段的学生出于害羞、胆怯不愿当众演奏。而高年级段的学生缺乏演奏的勇气则是由于缺少自信或演出经验。协商的本质是沟通和换位思考。教师可在协商中了解学生缺乏勇气的原因,排解顾虑,鼓励学生积极展示。此外,为了

让学生在器乐课上对音乐有所感有所悟，身临其境，全身心地投入音乐欣赏和实践，老师可以和学生协商出一些合适的肢体动作加入到演奏中。比如，在练习《我和我的祖国》这首乐曲时，学生对该曲比较熟悉，还没拿到曲谱的时候，一些基础较好的同学已经可以用竖笛吹奏一些旋律，这时，就可以与学生协商，先观看一些爱国视频，向学生讲述歌曲的由来和新时代少年的使命，共同探讨歌曲内涵，让学生联想有哪些场景听到这首歌曲，让学生通过动人的画面，增强民族自豪感。这时教师就可以把课堂交给学生，让他们在讨论中探索指法和演奏情绪。

(四)建立多维度评价机制，使学生乐于改正自己的问题

传统器乐教学中，教师单纯以演奏水平评价学生表现。但小学生处在智力发展的初级阶段，每个人的音乐基础都不同，协商模式下的多维度器乐教学评价，充分考虑了学生的认知发展和身心发展，学生和教师能够平等地对话。教师可以引导学生自我评价和相互评价，引导学生讲述他们的感受和收获，使学生以一种开放的、轻松的心态反思并面对自己的问题，并积极改正。这样在考查学生水平的时候，保护了学生自尊心、提升了学习音乐的自信心，使他们在自主学习中更主动欣赏音乐，提升音乐素养。

作为音乐教师，我们要始终坚持新课标理论为基础，审美为核心，兴趣爱好为动力，通过美育教育来对学生的道德品质进行潜移默化的指导和影响。孔子云："知之者不如好知者，好知者不如乐知者。"在协商教学中，学生对音乐产生了兴趣、会产生更好的学习效果。教师与学生之间的协商，让学生体会到自己在音乐课堂中的主人翁地位，从而激发了他们的学习自主性，培养了音乐欣赏和实践的良好习惯，从而提升自身的音乐素养。作为教师我们要时时刻刻坚持以人为本，与时俱进，把握音乐教育的发展趋势和走向，进一步研究协商教学模式，转变教学理念，争做新型的音乐教师。

参考文献

[1]郑建美.浅谈新课程背景下的音乐欣赏教学[J].江苏教育研究,2006(06):48-49.

[2]谢琼. 关于小学音乐欣赏课的教学实践与分析[D].北京:中央民族大学,2015.

[3]顾毅白.器乐教学的核心和重点——对音乐的认识和再现[J].江苏石油化工学院学报(社会科学版),2002,3(04):46-47.

[4]谷小燕. 器乐进课堂教学实践与反思[J]. 音乐天地,2015(03):22-25.

创设人性化教学氛围提升小学生音乐审美感知能力

天津市和平区万全小学　刘姝岐

摘　要：音乐审美感知能力是小学音乐学科核心素养的重要组成部分。它是能感知、反映音乐中的客体，并对其音乐本质和属性进行体验的一种能力。基于小学生的年龄和心理特征，对音乐知识及技能方面的学习还处于开始阶段，因此，创设"以生为本"为核心的人性化教学氛围，更能充分激发学生学习的兴趣，让他们在积极的情感体验中，学习音乐知识，获得音乐技能。本文旨在探索如何创设人性化教学氛围，运用多种教学形式，让学生在愉快的音乐实践活动中，在多种情感体验中，不断参与、感受、体验音乐，逐步提升小学生音乐审美感知能力。

关键词：人性化教学　审美感知能力　小学音乐课堂

人性化教学的指导思想是以"以学生为本"。它涉及的内容广泛，是以服务学生为核心的，在充分发挥学生自身能动性的基础上，积极创设适当的学习环境，适合的教学内容，恰当的教学策略实施方式，不断提升的教师素质以及实施科学的教学评价机制等方面，实现更适合于学生接受的教学方案。人性化教学让小学音乐教学变得更加富于人情味，在学生们充分感到教师关爱的同时，体验自身学习的责任，进而享受学会音乐知识，提高音乐技能的喜悦。传统的师道尊严的教育观念必将被提倡教育人性化所替代。

从研究学生的生理、心理的变化的角度出发,积极为学生创设人性化的教学氛围,引导学生运用多种感官协作参与,让学生在音乐审美实践活动中积极感受音乐、学习音乐是提升小学生音乐审美感知能力的一条便捷之路。

一、创设有利于发展创造的空间,让学生大胆表演

从"人性化"教学思想出发,精心挖掘教材内容,积极为学生营造轻松的学习环境,创设创新空间,发散学生思维,让他们在充分想象的基础上,通过多种有趣的音乐实践活动,调动学生身体的多个感官参与音乐活动,不断地培养、激励其创新精神和实践能力,在感受音乐美的同时创造美,在体会音乐美的过程发展音乐审美感知能力。

由于音乐具有不确定性和非语义性的特点,不同的人对同一段音乐的感受往往是各不相同的,即使音乐造诣极高的专业人士,感觉也不会完全一样,因此我认为小学阶段音乐教学主要目标是通过感受、体会多首经典音乐作品,激起学生充分想象创造的动力,在感受音乐要素带给我们不同情感体验的同时,能用相应的肢体语言表现不同的音乐形象,从而提升学生的审美感知能力。在音乐教学实践中,我经常通过引导学生自己创编动作的形式,帮助他们理解音乐要素与音乐形象、情感之间的关系。让学生在玩中学、学中做、做中思,发散学生思维,培养创新的个性。例如,集体舞《星光恰恰恰》的教学中,在学生能跟着节奏自由的走并拍击"恰恰恰"的节奏后,我对同学们说:"大家能不能在'恰恰恰'时用别的动作代替呢?看谁的动作设计的又新颖又漂亮。"每个同学都在认真的创编"恰恰恰"时的动作。最后,学生伴着愉快的音乐创编出了许多生动有趣的动作。这种有目的的激发学生想象力的音乐活动,贯穿在我平时的音乐教学实践中,学生在愉快的情绪体验中发挥想象力,积极创编、肢体协调性、创作思维、创新精神及勇气都有了明显进步,与此同时,音乐审美感知能力也得到不断的提升。

再如,在聆听《公鸡、母鸡》乐曲时,教师在播放了养鸡场的动画视频并给学生

讲了有趣的故事后,启发学生结合乐曲所表现的内容,看着图像听着乐曲进行创编动作表演。学生们根据乐曲的变化,积极创编,兴趣十足、情绪高涨地表演着。有的同学扮演动画故事里的公鸡伸长脖子打鸣;有的扮演公鸡母鸡带着小鸡摇摇摆摆地悠闲散步;有的表演公鸡母鸡互相问好的动作;有的表演小鸡在捉虫,在吃米;甚至有的同学表演公鸡母鸡在争吵、打架等等。整首乐曲的表演生动形象,每个人的动作各不相同。还有几个同学根据音乐所表现的内容,几个人组成小组表演出故事情节。学生们结合乐曲本身的特点,认真聆听乐曲,根据不同的想象,表演在养鸡厂里公鸡母鸡和小鸡不同形态的动作,在感受和理解乐曲所表现内容的基础上,培养了学生的创造性思维及敏捷的反应能力,同时也对音乐审美感知能力的提升起到促进作用。

另外,音乐课上小小舞台的展示也是学生建立自信心的良好途径。教师合理运用多种教学形式为学生精心设计的合理的、人性化的学习氛围,学生就能在音乐课上有更多的机会展示自己。

二、创设情境,调动学习兴趣,激发积极情感体验

心理学研究表明,生动的音乐情境可以引发学生的多感官与音乐之间的同构联觉关系,激发他们产生积极的情感体验,引起愉快的情绪和探索新知的兴趣,在音乐作品与学生心理建起一道桥梁,促进学生音乐审美感知体验的多样化,从而更好地感受、表现和创造音乐。苏联教育家赞可夫指出:"凡是没有发自内心求知欲与兴趣的东西,都很容易从记忆中挥发。"因此,要想使学生在人性化的教学氛围中更好地学习音乐知识,掌握音乐技能,摆在首位的应该是要让学生对学习内容产生浓厚兴趣。对于教师来说,除了提高教学基本功之外,还要反复钻研教材,简化教学中的难点部分,创设有趣的音乐情境,巧妙地导入新课,让学生带着好奇,带着强烈的求知欲进入学习状态。例如,在教学《童心是小鸟》一课时,为了让学生从一开始就能在良好的情感体验下感受音乐节奏特点,教师设计了3拍子节奏问好和节奏对白导入新课的方法,用"3/4 同 学 们 |你 们 好 ‖"这样的节奏,边

做声势边向学生问好,学生同样做着声势高兴地回应" 3/4 刘老师 |您— 好 ‖ "然后教师做着声势,让学生模仿节奏对白"我们大家来唱歌"导入歌曲的重点节奏,课堂上一问一答,气氛轻松活跃,学生们充分地感受了四三拍的节奏特点,兴趣十足地开始了新知识的学习。

当然,创设教学情境不仅要在课的起始,还要贯穿于整个音乐教学实践过程。通过不断激发和保持学生的学习兴趣,使他们始终保持思维活跃状态及积极情感体验中。比如:《童心是小鸟》的学习中,我在让学生学会重点节奏后,先出示一幅春天的景色图,启发学生联想春天的景象以及在春天想去干什么。让学生在感受春天的同时发散思维,说出自己的愿望。然后引导学生在图片上粘贴立体的小树苗,再在节奏谱下出示根据图片创编出的一句话(歌曲的第一句歌词),按节奏朗读。接着,以此类推,分别出示夏天、秋天、冬天的景色图。这样的学习,学生不但很快学会了歌词而且情绪饱满,促进了音乐审美感知能力的提升。

三、创设美的语言氛围,使学生受到美的教育

人性化的教学氛围除了体现在教师对音乐教学中各个环节的精心设计,就其美育教学的特点,还应重视积极为学生创设美的语言氛围。教师美的语言更能激发学生的积极情绪,引导学生感受所学音乐的美,从而促使学生主动地感知音乐本体带给人美的享受。所以,优秀的音乐教师都会在重视音乐教学策略、方法钻研的同时,不断锤炼自己的课堂语言艺术,创设语言美、音乐美、情绪美的人性化和谐课堂,进一步促进学生审美感知能力的提升。

音乐教学是美育的重要组成部分,因此音乐课堂上教师的语言也要具有音乐教师独特的美,要在简洁、清楚、明了的基础上更加悦耳、动听,用抑扬顿挫而富于艺术魅力的语言激发学生学习热情,让课堂语言像优美的旋律;让课堂语言句句动听。例如,在学习《小雨沙沙》这首歌曲时,教师情绪饱满,用极富感染力的声音为学生示范:"哎哟哟,雨水真甜!哎呀呀,我要发芽。"一下子把学生带入了歌曲描述的情景中;在教唱三年级《捉迷藏》时,教师用有感情的、富于力度变化的语气带

领学生朗读："春夏秋冬四个娃娃,爱捉迷藏来玩耍……冬天缩进棉裤褂。"教师动听的音色,优美的语言,使学生充分地感受歌曲三拍子的节奏特点的同时,对歌曲所表现的内容、情绪都有了较深刻的感受和理解,进而感受了歌曲所描绘的有趣的四季变换特点,激发了他们热爱美丽大自然的感情。学生在身临其境中感受教师生动、形象、富有启发性的语言带来的美的感受,为后面的学唱歌曲打下良好的基础。因此,如果每位音乐教师都能像演员一样,用自己富有感染力的语言和精湛的教学技能紧紧地抓住每位学生的思想,让他们置身于教师创设的丰富多彩的人性化教学过程中,把语言的艺术魅力发挥得淋漓尽致,做到情感先导,声情并茂,那么无论教师还是学生都会在有限的四十分钟内感受到音乐带来的无限情感体验,进而达到审美愉悦。

与此同时,多数科任老师最怵头的课堂纪律问题也会随着教师亲切的态度、正面积极语言迎刃而解,即使有个别同学出现一些小问题,只要加之善意的提醒,学生就会马上意识到自己的错误,会以耽误大家学习音乐时间感到羞愧,进而主动修正自己的行为。教师真挚的情感、机智的语言是维系师生间情感的纽带,也是课堂教学效果的催化剂。

四、实施分层教学,提升音乐审美感知能力

当今社会是一个飞速发展的社会,也是一个张扬个性的时代,音乐核心素养的提出,是培养学生全面、健全的音乐审美能力的要求,是面向全体学生的教育,而学生之间存在不同程度的个体差异是一个不争的事实。有的同学从很小就开始学习乐器或演唱、舞蹈等音乐表现形式,对音乐的感知能力、表现能力,都明显高于普通学生,但也有很多没有经过任何音乐熏陶的孩子,在音乐审美感知能力方面的培养几乎为零。基于这样的现状,如果用简单、统一的教学形式和方法面对整个班级,无疑无法达到最佳的效果,因此,采用实施分层教学,根据学生接受能力选用适合的指导方法,才能充分激发学生学习音乐的主动性、创造性,使每个学生都在自己的音乐基础上有所收获,不同程度地提升音乐审美感知能力,进而促进音乐核心素养的形成。

(一)采用"一帮一"的原则

在音乐课上,教师要尽可能为学生多创造一些小组合作学习的机会,让音乐能力强的学生担任小组长,承担相对复杂的音乐活动任务,并一对一的帮助能力较差的学生。教师则是在小组学习的过程中,进行巡视、个别指导,这样不仅能发挥能力强的学生的引领作用和主观能动性,还能加深同学之间的友谊,培养团结、互相及协作精神,更出色地达成学习目标。

(二)采用不同水平,不同要求的原则

正视学生存在的个别差异,采用分层教学、因材施教的方法,对不同音乐能力的同学布置不同的相应任务,保证每位学生都能在跳一跳中学习音乐知识,掌握音乐技能。例如,在器乐教学中,基础好的同学吹奏旋律,基础差的同学吹和弦。在合唱教学中,让几个能力、强音准好的学生带领低声部演唱,音准不是特别好的先演唱主旋律,等到水平接近时,再按音色、音域划分声部。这样每个同学都不会感到吃力,都能在积极情感体验中获得成功的喜悦。

总之,将教师分层指导的教和学生不同程度的学有机地结合起来,充分发挥了学生学习主体地位,体现了人性化教学思想,在多层次的教与学过程中,既培养了学生的合作精神和集体主义思想,又能使每位学生在各自原有基础上提高、进步,进一步促进学生音乐审美感知能力不断发展。

五、激励评价,完善师生关系

摩尔根曾说过:"人最本质的需要是被肯定。"教师应将自己设定为学生的知心朋友,将自身融入与学生共同学习的音乐实践活动中,对学生出现的问题,不能生硬地批判,而应以商量、鼓励的话语,维护学生的自尊心,树立他们的自信心,允许学生有不同的见解,让学生觉得老师是他们最可信赖的朋友,这样他们才可能在音乐的天地中无拘无束的想象、发挥,在音乐的海洋中尽情遨游。

随着教育部"培养学生核心素养"的提出,各个学科教师都在研究如何更好地

在各自的教学实践中逐步提升学生核心素养。作为音乐教师的我们,必须在不断了解、学习和钻研前人研究的教育理论及实践经验中汲取营养,探索更加适合学生发展的人性化的教学模式、方法,充分考虑学生的年龄、心理等方面特点,运用灵活多样的方法,调动学生学习的积极性,培养交流合作精神,引导他们主动参与、探索、感知音乐知识,掌握音乐技能,成为学习的主人,真正使他们在学习音乐的同时,得到良好的身心发展,从而在轻松愉快的学习氛围中不断提升审美感知能力。

参考文献

[1]王冠金.浅谈核心素养下小学音乐高效课堂的构建[J].科学咨询(科技·管理),2019(11):178.

[2]刘艳.音动真心,乐伴成长——人性化趣味教学在小学音乐课堂的开展探究[J].课程教育研究,2019(16):219-220.

[3]孙冬妮.小学音乐课中音乐审美感受力培养研究[D].锦州:渤海大学,2018.

[4]陈冰倩.小学生音乐审美能力培养策略[J].学苑教育,2011(04):71.

[5]周海宏.同构联觉——音乐音响与其表现对象之间转换的基本环节[J].中央音乐学院报,1990(02):59-64.

[6]刘必霞.浅谈核心素养在小学音乐常态课中的融合[J].北方音乐,2019,39(20):209-210.

提升小学生音乐核心素养的创新实践活动成效

多元技术融合音乐学科提升
学生音乐能力的策略研究

天津市红桥区教师发展中心　付群

摘　要：现代信息技术音乐教学如何已经慢慢发展了，音乐老师可以利用多样化的技术手段开展课前、课中、课后的学情分析与应用，并且现代信息技术拥有"剖析"音乐，提升音乐体验的特点，能最大限度地、清楚地展现给学生们音乐的主题，并能根据学生们需求予以再现，使教学环节生动形象。

现代智能化的教学课堂离不了现代信息技术的支撑和协助，小学音乐培训更应结合现代信息技术，音乐老师应当灵活运用现代信息技术开展教学课堂，进而提升培训工作效率，让学生们在生动有趣的课堂教学环境中学音乐知识。

音乐教学与现代信息技术结合，最大限度地体现学生学习的主体地位和自主学习的意愿。在推进现代信息技术与音乐教学深度融合，教师利用多媒体课件、多功能电子产品，来满足学生自主学习的需要，让学生可以根据自己的兴趣、能力运用信息技术进一步达到学习需求。

关键词：创新实践　多元技术整合　提升学生音乐能力

现代信息技术音乐教学如何已经慢慢发展了，音乐老师可以利用多样化的技术手段开展课前、课中、课后的学情分析与应用，并且现代信息技术拥有"剖析"音乐，提升音乐体验的特点，能最大限度地、清楚地展现给学生们音乐的主题，并能根据学生们需求予以再现,使教学环节生动形象。

在教学环节中,借助视觉效果和听觉效果的有机结合,正确引导学生们在音乐社会实践中体验音乐的美,进而让单一的学唱课或欣赏课变得生机勃勃,使学生们学习兴趣高涨,培养学生们创新的意识,20世纪的现代智能化音乐课堂必然在现代信息技术的深度协助下做到多元、高效。

现代智能化的教学课堂离不了现代信息技术的支撑和协助,小学音乐培训更应结合现代信息技术,音乐老师应当灵活运用现代信息技术开展教学课堂,进而提升培训 工作效率,让学生们在生动有趣的课堂教学环境中学音乐知识。

小学音乐课堂要想反映培训水准的提升和结合,既必须高度重视教学课堂的趣味,也应结合课堂教学学习的具体效果,借助合理地融入现代信息技术教学方式,让学生们感受到教学课堂的无穷吸引力,进而培养学生们的自觉性,提升课堂教学参与性,多样化点评形式做到现代化教学要求标准,高品质地进行音乐教学工作。

现在就此谈几点本人在实践中的体悟。

一、教学与信息技术融合,提高学生的审美能力

在大量的教学实践中发现,信息技术对学生的欣赏能力的确有推进作用。它可以能使学生在音乐、兴趣、能力之间迅速建立一种良好的促进联系,使学生全身心投入、尽情享受音乐。

1.融合合成器技术,辅助学生深入学习

音乐教学与现代信息技术结合,最大限度地体现学生学习的主体地位和自主学习的意愿。在推进现代信息技术与音乐教学深度融合,教师利用多媒体课件、多功能电子产品,来满足学生自主学习的需要,让学生可以根据自己的兴趣、能力运用信息技术进一步达到学习需求。

戏曲题材的教学内容学生本身就不太了解,而且不太喜欢戏曲,甚至觉得有点"侉"。在小学音乐欣赏的《智取威虎山》中,有需要讲解西皮快板板式的教学内

容。如何让学生产生兴趣并喜欢上京剧呢?我运用了信息技术与戏曲融合的方式。

我首先调出合成器中的现代鼓的音色。我用键盘模仿演奏架子鼓,学生们一下就来了兴致。然后我请同学们根据我现场演奏的架子鼓节奏来念西皮快板的歌词,学生们非常有兴趣。因为这是他们喜欢的流行 RAP 的音乐形式。演奏中,我尽量与西皮唱版快板的速度吻合。当同学们用说唱的方式与我的架子鼓兴致勃勃地完成这一音乐实践活动的时候,我突然把音色又调整为京剧的锣鼓经,又请同学们念了一遍。同学们非常感兴趣地跟着锣鼓经来念出唱词, 念完一边笑一边说,"和刚才念得一样啊,就是音乐不一样,太好玩了"等等的话。这种创新的教学方式使学生在实践活动中理解西皮快板的板式特点。

这样的融合,既激发孩子们参与到音乐实践活动当中,使他们不厌烦京剧,反而喜欢上京剧。对于教学来说,节省很多讲解的时间,充分利用课堂实践让学生参与体验感受到西皮快板的板式特点,从而突破戏曲教学的难点。

2.融合虚拟乐器技术,深度解析音乐

在音乐欣赏的教学中,恐怕还没有音乐教师分层解析过音乐。那么融合现代信息技术,可以达到这一点。通俗地讲,就是把音乐拆开。当然这种信息手段有些复杂。在信息技术与音乐学科融合上可以说,达到是深层的融合。

在音乐影视欣赏《007》一课时,因为这段音乐是电影《007》的片头音乐,音乐短小精悍, 整体采用了一个音乐动机来创作的, 与一般的音乐欣赏曲目不太一样。所以,我为了让同学们了解音乐动机,我用信息技术把音乐肢解开了。音乐声部分为架子鼓、贝斯、弦乐、电钢及主题旋律这么几个声部。在实际教学中,我分别演奏这些声部,并让同学们用拍腿、拍手、演唱等形式,分组一步一步完成音乐的各个声部。等到各组掌握了各自的声部, 我让各组一起合作完成这段音乐动机。

学生们好不开心,教室里弥漫着电影的音乐味道。紧接着,我又用平板当作乐器,演奏乐曲的 A 段与 B 段,与学生们一起完成这段经典的电影音乐。由于旋律是分别加入的,同学们就会感觉自己伴奏的音乐并没有变化,使得学生了解音乐动机的作用。

这样融合的教学方式让学生非常细致地分析音乐的创作手法与制作手法,让同学们深层次地了解影视音乐特点。如果我们用传统的方式来播放音乐,让学生反复聆听的话,我想同学们是不会深度理解音乐的。同时,这样也给学生们对于音乐结构了解打下一个非常坚实的基础。

二、融合信息技术,优化小学音乐教学策略

在音乐教学中,合理地利用多媒体技术,将图、文、声、像融为一体,使抽象的音乐形象化、直观化,实现音响与画面的动态结合,弥补以往课堂教学的不足,既激发学生学习音乐的兴趣,又拓展学生的音乐视野,从而优化课堂,提升教学质量。

1.利用信息技术创设情境,激发学生学习音乐的兴趣

在音乐教学中,兴趣是促进学生学习音乐的有效动力,是学生体验音乐、表现音乐的重要前提。因此,在开展音乐教学活动中,应融合同学的心理特征,根据妙用现代信息技术创设教学情境,使课程内容更为丰富多彩,教学方式更为生动有趣,合理有效引起同学的关注,激起同学的兴致。

在音乐教学《星光恰恰恰》中,老师根据运用绚丽多彩的音乐课件使同学能更好地投入音乐实践活动,并能与老师进行积极的互动,增加了同学参与的深度与广度,充分感受音乐美。

老师首先给同学创设"太空之旅"的情境,根据幻灯片欣赏使同学犹如处于美丽的太空之中,让同学对太空之旅充满兴奋与向往。根据播放"附小一号"发射的动画让同学在"太空之旅"的情境中进行课前律动。课件出示星空图片让同学数星星,以星星的口吻邀请同学们一起进行表演。让同学按照歌词滚动的节拍进行表演唱。把抽象的音乐知识融合具体可视的画面,激起同学表现歌曲的主动性,促使同学在星空的情境中体验学习音乐的快乐和情绪。之后老师运用白板技术创设了"有趣的架子鼓"这一环节,根据与音符做游戏,鼓励同学自己操作,根据点击鼠标感受不一样音色的节拍,进行自由组合,表现以不一样音符组成的节奏型。有趣的课件调动了同学的多种感官,将视、听、练巧妙地融合起来,让同学感受打击乐器的合奏风采。

2.妙用虚拟乐队技术,发挥音频的优势作用

在音乐教学中,巧妙使用音效技术,充分发挥音频的优势作用,使同学在一系列的音乐体验后,能很准确地区分出这段乐曲的力度、速度、乐器音色以及乐曲所表现的音乐形象和情绪情感,合理有效地提高了同学的欣赏、感受、想象、理解及表达的能力。

在现代京剧音乐欣赏课《打虎上山》中,老师根据现代信息技术让同学在现代音乐技术手段构建的教学情境中体验音乐学习的快乐。根据不一样的音乐活动在浓郁的京剧表演文化氛围中感受京剧表演的风采、掌握京剧表演的有关基础知识,另外让同学试着京剧表演演唱,激起同学对京剧表演的兴致,进而到达使同学喜欢中国"瑰宝"的目标。合成器有其高品质、丰富多彩的音色,音乐感染力特别强,教师融合本节课制定的内容,将合成器巧妙地贯串在其中,比如:效仿引子音乐中的圆号、风声及马蹄声,与同学互相配合引子音乐;效仿现代打击乐器、锣鼓经,让同学念戏词和锣鼓经"慢长锤"等等。

合成器的加入,设计构思精妙,充斥着创意,也促使本节课既创新又能自始至终打动学生们参加到教学课堂学习中来,这类别具一格的设计方案还可以勾起学生们的音乐审美,使学生们形成新的审美期盼。由此可见,多媒体的巧妙应用能充分地激发了学生们的音乐的情感,从视、听、思维、想象等方面综合地去感受音乐,从表达、表现的角度去理解音乐,合理地提升了学生们的赏析、感受、想象、理解及表达的能力。

3.巧用 MIDI 音乐技术,发挥"双声部双音色"的优势

小学生对视频音乐赏析阶段具备很高的兴趣爱好,老师在音乐课程中,根据多媒体播放学生们比较喜欢的视频媒体,根据丰富多彩有意思的音乐实践用以相互配合,从多种多样感官刺激学生们的,激起学生们的学习愿望。

"双声部双音色"作为一个创新的信息技术融合教学手段有其独特的教学课堂优势。我利用多媒体将两双声部用钢琴和弦乐两种音色来演奏。这样,学生就可以轻易地听出两声部的旋律,跟着音乐模唱,从而简化学生学习二声部的难度,能激发学生们演唱二声部的主动性,提升教学课堂效果。

教材从二年级开始就出现了二声部合唱歌曲,但教学课堂合唱教学课堂不同于通常合唱团的练习,它所直面的是全体同学,鉴于学生们音乐基础和能力的参

差不平造成了班级合唱教学课堂出现了种种困难。

所以，我应用信息技术手段讲二声部分开，作为低年级学生们二声部的启蒙性教学。这种双声部双音色的创新融合手法，特别适合低年级或刚接触二声部学习的学生。这样能使学生们很轻松的演唱二声部，感受音乐作品的魅力。初步掌握二声部合唱知识与技能，激起学生们体验合唱、喜爱合唱、表现合唱，进而增强合唱的自信，积累与他人合作演唱的经验，培养合作能力及音乐实践能力。

"双声部双音色"的融合技术帮助活跃了音乐课堂的氛围，激发了学生的主动性，使二声部演唱不再那么神秘。学生们在音乐实践活动中多样感观体验，进而极大地增加对二声部学习的兴趣。

三、结合现代信息技术方式，提高教师教学课堂能力

在教学课堂中，老师应该深度融合现代信息技术手段，合理地将音乐课的教学课堂与现代信息技术方式结合起来，推动老师教学课堂品质的提高。

1.电脑软件维护更新

俗话说得好，工欲善其事，必先利其器。在音乐课的教学过程中，老师要想将现代信息技术手段巧妙地融合到教学过程中，校方一定夯实基本电子教学器材的硬件维护，为老师的教学提供必要条件，加强对旧机器设备的修理和保护力度，为保证老师的平时课堂教学顺利开展；另一方面，加强对电脑的更新，保持系统及软件都能在最新版本。更重要的是，让老师在教学过程中，能够合理地融合随身常用的手机、平板，将与音乐相关的新潮虚拟乐器软件随时下载试用、更换、更新，为拓展多元化教学手段及良好的音乐课教学内容打下基础。

2.不断提升音乐老师的信息素养

目前，音乐教师分成青年教师、中年教师、老年教师。那么对于中老年教师来说，信息技术还是比较困难的，所以要充分利用身边的已有的电子产品来提高音乐课的多元化教学方式。

对于音乐教师的信息技术培训要在平时慢慢积累。有很多老师一沾信息技术就有点儿晕。但实际上我们是通过最初的 PPT 课件、微课的制作，发展到用动画大师制作微课，这都是有一个非常漫长的过程。我们在这个过程当中，会不断让老师们慢慢熟悉这些操作，在此基础上再提升。

青年教师我们更会深入信息技术可操作的系列培训。用平板、手机等这样随身的电子产品用于深度融合音乐教学，时时且更方便地用于教学活动的开展，更有效地帮助老师完成到音乐教学的各项音乐实践活动，让音乐课堂充满现代气息。

3.融合 UMU 多元化音乐课堂评价

对现代信息技术与音乐课程深度融合的研究过程中，老师的教和同学的学必然要得到一个反馈，这也是课堂教学中的一个重要环节。以新课程的理论为指导，践行音乐核心素养所倡导的为依据，创新课堂评价方式，让课堂评价方式变得多元化、趣味化。

课堂教学中，我运用网页和手机版的 UMU APP 创新评价方式，收到了实效。

我用动漫童话、游戏等学生喜欢的方式，将音乐知识用技术手段与之融为一体。这样不仅学生们有兴趣参与评价，而且教师对学生们掌握课前、课后的音乐知识与能力，也能轻而易举地及时获得数据，便于随时做学情分析。比起教育部的音乐测评，这样教师更具有可操作性、时效性。

在小学音乐的教学课堂中，老师融合现代信息技术手段，适度融合，防止流于形式化。目前，与音乐融合的信息技术手段很多，但可用的音乐课堂应用软件不太多。对于一些现代信息技术薄弱的音乐教师上手有些难，即便融合了现代信息技术，也无法积极调动全体学生参与到课堂上来。

信息技术的有效介入活跃了音乐课堂的气氛，调动了学生学习的积极性。教师以课件串联课堂环节，以图画、录像、多媒体等再现情景，以音乐渲染情景，以信息技术丰富教学方法，实现多元化教学，弥补以往课堂教学的不足，既激发学生学习音乐的兴趣，又拓宽学生的音乐视野，从而优化课堂，提升教学质量。在音乐教学中，我们还要不断摸索与实践信息技术融合的方式，来促进教学手段多元化，让音乐课堂现代化，推动小学音乐课堂整体教学水平的提高。

参考文献

[1]加德纳.艺术·心理·创造力[M].齐东海,译.北京:中国人民大学出版社,2008.

[2]舍恩伯格.与大数据同行[M].赵中建,译.上海:华东师范大学出版社,2015.

[3]唐凯麟.教师成长与师德修养[M].北京:教育科学出版社,2010.

[4]萨蒂.创造性思维:改变思维做决策[M].石勇,译.北京:机械工业出版社,2017.

[5]卢梭.爱弥儿——论教育(上下卷)[M].李平沤,译.北京:商务印书馆,1978.

[6]圣吉.第五项修炼:学习型组织的艺术与实践[M].张成林,译.北京:中信出版社,2018.

[7]朱永新.致教师[M].武汉:长江文艺出版社,2015.

[8]加德纳.多元智能新视野[M].沈致隆,译.北京:中国人民大学出版社,2008.

[9]佐藤学.静悄悄的革命[M].李季湄,译.北京:教育科学出版社,2014.

[10]奥克利.学习之道[M].王思策,译.北京:机械工业出版社,2016.

基于情感体验对小学生音乐审美感知能力培养的实践与研究

天津市河北区教师发展中心　冯媛媛

摘　要:对于攻坚课题的研究内容,我进行了深度的探索和思考,我的课题定位在音乐审美感知能力的培养,即:以情感体验的融入为切入点,进行教学方法和教学内容的创新设想,试图提高学生的审美感知能力和音乐综合素质。从审美感知理论与音乐课堂两方面进行综合分析,有效开拓音乐审美感知教学,有力支撑攻坚课题中培养音乐核心素养方法的研究内容。

关键词:小学生　核心素养　情感体验　审美感知能力

小学音乐学科攻坚项目课题是"培养小学生音乐核心素养途径与方法的研究",我的研究专题是"基于情感体验对小学生音乐审美感知能力培养的实践与研究"。对于攻坚课题的研究内容,我进行了深度的思考和探索,我的课题定位在音乐审美感知能力的培养,即:以情感体验的融入为切入点,进行教学方法和教学内容的创新设想,试图提高学生的审美感知能力和音乐综合素质。从审美感知理论与音乐课堂两方面进行综合分析,有效开拓音乐审美感知教学,有力支撑攻坚课题中培养音乐核心素养方法的研究内容。

一、本专题研究核心概念的界定，选题意义及研究价值

(一)专题研究概念的界定

1.情感体验

情感与体验内在联系的结合便有了情感体验这一概念。情感体验是指个体对自己情感状态的意识，是从生命个体发展的角度上诠释的情感体验，是个体在进行活动交往的过程中产生的情感的碰撞，从而得到新的感受与领悟的活动。

2.音乐审美感知能力

审美感知过程中形成的能力，是指人对于万事万物美的主观感知、体验过程与审美精神愉悦，进行各种审美体验活动构成审美意识的基础审美感知的能力。那么，音乐审美感知能力就是在音乐中人对于美的主观审美感知、审美体验与审美精神愉悦，形成音乐感知能力、音乐表现能力、音乐创作积极性等，能够进行各种音乐活动构成音乐审美意识的基础音乐审美感知的能力。

(二)选题的意义

《义务教育音乐课程标准(2011年版)》(以下简称《课程标准》)基本理念明确规定，"以音乐审美为核心，以兴趣爱好为动力"。审美教育是一种注重学生心理体验与内心感悟的体验式教育，对于小学阶段的学生是完全可以接受审美教育的阶段性培养。

通过不断对学生进行音乐审美内容的学习与体验，培养学生的音乐审美感知能力。不断增强学生的音乐水平，形成积极向上的良好审美情趣，使学生能够体会感受到真、善、美的审美含义，逐步形成音乐审美感知能力。

(三)研究价值

对于培养学生的审美感知能力，具体来说，音乐教学工作者需要从音乐的审

美表现要素、音乐审美的情绪与音乐审美情感、音乐审美体裁与音乐审美形式、音乐审美风格与音乐审美流派等这些方面对学生进行积极引导,逐步形成独特的音乐审美感受力和音乐审美价值观。让学生学会在音乐中表现自己独特的音乐审美情感,以及表达个人的音乐审美情感与他人音乐审美情感之间的审美沟通,学会在情感体验中对小学生音乐审美感知能力的培养。

二、本专题国内外相关研究现状述评

(一)国外最具代表性的教学法

柯达伊音乐教学法认为,参与学习是学习音乐的最好途径,他的音乐教育体系以民族音乐为首选,以民谣为素材。强调只有通过直觉体验,不断积累感性意识,在实践中丰富自身的情感体验,才能真正感受、体验和理解音乐。

达尔克罗兹体态律动音乐教学法认为,体态律动是通过对音乐的感知,运用身体动作进行表达的行为。通过培养学生对音乐感知能力和鉴赏能力,增强学生身体节奏感,有利于培养学生的表现力,促进身心及健康的发展。在特定的音乐环境内,让学生集中思想,根据教师的要求,以身体为道具做出与音乐相适应的动作。寓教于"动",以"动"施教,学会用整个身体和心灵感受音乐。

奥尔夫音乐教学法突出"原本教育"的核心观念,认为只有打开孩子的内心世界,让孩子自主投入到音乐世界中,孩子才不会把认为音乐只是用来消遣和功利的器具,而会全身心地投入以自身情感与音乐对话,用他们认为一切开心的方式来演绎情感意蕴,比如肢体、器乐、言语等等。通过将乐、诗、舞等相结合,激发孩子的创造力和思维能力,让孩子在音乐中感受生命活力。

(二)国内现状研究

随着课改以来,音乐教学中的情感体验,在一定程度上得到了教师们的关注,课程标准中课程基本理念也明确规定了"以音乐审美为核心,"但现在的小学音乐课堂教学中,教师仍然以教唱为主,学生被动地机械的学唱,忽略情感体验和审美感知。我们必须改变这种状态，适应课程改革、适应素质教育，构建一种新的教育理念，把学生从枯燥的学唱中解放出来。这就要求我们改变传统的教学形式，要在小学教学过程中利用情感体验激发学生学习的原动力，建立一种适合学生主体主动发展、乐于创新的活动框架，从而提高学生的审美感知能力。

三、本专题的研究目标、研究内容及预期创新点

(一)研究目标

通过对小学生进行音乐审美内容的学习与体验，培养小学生的音乐审美感知能力，能够不断的增强小学生的音乐水平，形成积极向上的良好的审美情趣，使学生能够体会感受到真、善、美的审美含义，逐步形成音乐审美感知能力。在情感体验中进行对小学生音乐审美感知能力的培养。

通过情感体验，丰富音乐审美感知活动，能让小学生可以充分体验到音乐艺术的魅力，获得良好的情感体验，最终提升自我的审美能力。

(二)研究内容

我国小学音乐教学已经进入学习发展时期，根据《课程标准》中全面发展学生的学习能力的要求与目标的设定，必须要培养更高能力、更高素质的全面人才以适应市场的需求。"基于情感体验对小学生音乐审美感知能力培养的实践与研究"这一课题研究，是以培养小学生的音乐审美感知力为基础，以审美感知力为理论依据，着重分析小学音乐审美感知力教育培养存在的一些问题，试图提高学生的审美感知能力和音乐综合素质，从审美感知理论与音乐课堂两方面进行综合分析，有效开拓音乐审美感知教学。

(三)预期创新点

在音乐教学中，我们开展以情感体验为中心的音乐审美活动，把握音乐教育

的核心意蕴,完善以体验为中心的音乐审美观。落实学生为中心,引导学生自主参与体验活动,尊重学生情感表达的独特性。建立富有生命力的开放课堂,从真实情境中进入开放课堂,互动增进情感双向交流,从而深化情感体验。在深化情感体验融合点为切入点,培养学生音乐审美情趣,提高审美价值观,最终达到提升审美感知能力的核心思想。

(1)强调情感体验对审美感知能力的影响。

(2)突出情感体验在培养小学生音乐审美感知能力方面的特点。

四、本专题的研究思路、研究方法、技术路线和实施步骤

(一)研究思路

本专题研究有目的、有计划地严格按照研究目标、研究内容、研究方法、研究实施步骤的程序认真执行。以小学低年级学生作为研究对象,首先通过音乐教师做全面了解,明确研究的内容、方法和步骤;再组织课题组教师学习课题研究的内容、任务和具体的操作研究步骤。通过学习相关知识和应用研究的系列活动,了解情感体验对审美感知能力的影响,情感体验在培养小学生音乐审美感知能力方面的特点,以及情感体验为切入点培养审美感知的途径与方法。通过班级听课、研讨、分析、观察学生在音乐课上参与状态、审美体验和情感表达。通过案例交流、课例研讨、数据分析、经验分享等方式完成《基于情感体验对小学生音乐审美感知能力培养的实践与研究》评价体系,以此推动培养学生音乐审美感知的应用与发展。

(二)研究方法

1.调查法

有目的、有计划、有系统地搜集有关研究对象现实状况的材料。对低年级学生

的知识储备、情感体验方式、音乐兴趣、音乐想象力、音乐审美途径、音乐感知能力等内容进行有计划的、周密的和系统的了解，并对调查搜集大量资料进行分析、综合、比较、归纳，从而为研究课题提供规律性的知识。

2.文献研究法

根据参考文献中一定的研究目的来获得资料，从而全面地、正确地了解掌握所要研究的问题。

3.经验总结法

通过对实践活动中的具体情况，进行归纳与分析，使之系统化、理论化。运用展示课+案例+分析+研究的形式，开展课题研究工作。

(三)技术路线与实施步骤

第一阶段:2019 年 12 月—2020 年 1 月

主要工作:

(1)成立课题组,并明确课题组成员的分工。

(2)制定课题研究方案,设定研究方法步骤。

(3)办好课题开题会。

第二阶段:2020 年 2 月—2020 年 8 月

主要工作:

(1)调查了解课堂教学的现状并进行分析。

(2)根据课题研究目标,教师自主学习探索。

(3)组织研讨会、座谈会等不同形式的研究活动。

(4)进行有目的的实验研究。

第三阶段:2020 年 9 月—2021 年 4 月

主要工作:

(1)搜集、整理并进一步深刻学习、理解与课题相关的教育文献。

(2)在理论学习与课堂教学实践相结合的基础上要求教师撰写研究论文。

(3)组织不同形式的教学研究课、观摩课、展示课以及拉网式听课。

(4)要求教师做课后写出教学案例、教学反思、教学方法随感等。

(5)撰写结题报告,拟成果汇报、推广方案。

五、以情感体验为切入点,提升音乐审美感知能力的教学实践

本研究选取小学一年级学生作为研究对象,通过在低年级各个班级听课,观察学生在音乐课上参与状态、审美体验和情感表达。下面我以一年级唱歌课《理发师》为课例,借助柯达伊教学法,从节奏训练入手,并贯穿于整节课的始终,来培养学生节拍感和匀速感。采用律动、节奏卡、游戏等相结合的情感体验综合手段,进行直观教学。通过视觉学习、听觉学习、动觉学习等方式,将学生创造能力的培养和音乐审美感知能力的培养贯穿于每个教学环节,积累学生音乐知识,拓宽音乐视野。

(一)以情感体验为切入点,提升音乐审美感知能力的实践展开

1.融入情感体验,提升音乐审美感知的教学目标

(1)通过聆听与模仿,能用自然圆润、轻快跳跃的声音有表情的演唱歌曲,让学生在音乐中体验劳动的快乐。

(2)借助柯达伊教学法,进行节奏游戏、识读乐谱、朗读歌词、律动表演,培养学生节拍感,建立音级高低的关系,提高内心听觉和节奏记忆力。

(3)认识奥尔夫打击乐器,掌握基本演奏方法,尝试和探索用打击乐器为歌曲伴奏。

一年级唱歌课《理发师》是一首热情、欢快而幽默的澳大利亚民歌,旋律采用上行级进、乐句模进、八度大跳等发展手法,并将三次模拟理发的"咔嚓""沙沙"声与有规律的节奏相配合,生动地描绘了理发师专心、快速、开心地忙碌的形象,歌曲既符合儿童爱模仿成人爱劳动的心理,又适合儿童有劳动情节的歌舞表演。

本课教学设计借助柯达伊教学法,由节奏导入,并贯穿于整节课的始终。运用律动、节奏卡片、游戏等相互融合的情感体验手段,进行直观教学。通过视觉学习、听觉学习、动觉学习等方式,达成学生创造能力和音乐审美感知力的培养的教学目标。

2.融入情感体验,提升音乐审美感知的教学重难点

(1)能用自然圆润、轻快跳跃的声音有表情的演唱歌曲。

(2)借助柯达伊教学法,进行节奏游戏、识读乐谱、朗读歌词、律动表演。

利用奥尔夫节奏乐器"节奏棒",从节奏训练入手,培养学生节拍感和匀速感。在学习歌曲过程中,我们采用由浅入深、层层深入的体验方式,借助柯尔文手势帮助学生辨别音程的空间距离,建立音级高低的关系。采用生动形象的律动表演,帮助学生感受旋律高低起伏的线条感,培养内心听觉和节奏记忆。拓展延伸环节,教师引导学生认识奥尔夫打击乐器,参与合作演奏,积累学生音乐知识,拓宽音乐视野。

3.融入情感体验,提升音乐审美感知的教学过程

《理发师》是人音版一年级下册第七课唱歌教学。本课设计思路秉承着朴实、无痕,以情感体验为切入点,关注音乐性,关注审美感知力,优化教法的基本原则。

教学片断一

教学环节	师生活动	设计意图
感受体验	节奏训练: 　1.教师出示节奏卡,学生有韵律跟读节奏,并做声势。 　2.教师出示节奏卡,学生按节拍自己朗读节奏,继续做声势。 　3.加大节奏训练的难度,做音乐记忆力的训练	利用"节奏卡"分层进行节奏练习,巩固学生稳定节拍与节奏相结合的练习,提高分离节奏、识别节奏的能力,培养内心听觉和音乐记忆力

此教学过程借助柯达伊教学法,由节奏导入,并贯穿于整节课的始终。采用律动、节奏卡、游戏等相结合的综合手段,进行直观教学。通过视觉学习、听觉学习、动觉学习等方式,将学生创造能力的培养贯穿于每个教学环节。体现了从节奏入手,以情感体验为切入点,培养内心听觉和音乐记忆力。利用奥尔夫节奏乐器"节奏棒",从节奏训练入手,培养学生节拍感和匀速感。

教学片断二

教学环节	师生活动	设计意图
参与体验	一、情境导入，初听歌曲。 提示： 1.师："咦！这里怎么出现了一座小房子呢？让我们推开门看看来到了哪里？"（大屏幕播放课件） 2.师："理发店里传来了好听的歌声，歌曲的主人公是谁？听完歌曲之后，心情怎么样？" 3.师："谁能仿照老师的节奏，也来说一句描述理发店的话。"（教具出示节奏）	创设情境，激发兴趣，培养学生良好听赏音乐的习惯
	二、乐器辅助，学习歌词。 提示： 1.教师手持"节奏棒"，完整朗读歌词。 2.学生随教师敲节奏棒，慢速朗读歌词。 3.教师提示学生用轻快、短促、有弹性的声音朗读歌词。 4.师："哎，就快成功啦！你们看，老师在哪里做了刮节奏棒的动作？"（二分音符处） 5.师生敲击节奏棒，共同用稍快速度朗读歌词。 6.用稍快的速度边律动边读歌词	利用奥尔夫节奏乐器，辅助学生朗读歌词。从节奏训练入手，培养学生节拍感和匀速感。有趣的律动，增进了兴趣，扩展了节奏感训练的活动范畴和内容
	三、复听歌曲，揭示课题。 提示： 1.歌曲是几拍子的？速度是怎样的？ 2.谁能为歌曲起一个好听的名字？ 3.揭示课题：《理发师》	复听歌曲，体会音乐要素，培养学生创造思维
	四、借助柯尔文手势，学唱歌曲。 提示： 1.借助柯尔文手势，视唱曲谱。 2.随伴奏加入歌词演唱。 3.教师提示学生注意发声位置，关注吐字、咬字的方法。 4.完整演唱，提示学生注意歌曲的前奏、间奏及尾奏	此环节采用由浅入深、层层深入的体验方式，培养唱歌习惯，感知节拍韵律，体会音乐情绪，表现音乐形象。借助柯尔文手势帮助学生辨

教学环节	师生活动	设计意图
	5.歌表演。教师提示学生表演动作是根据旋律走向设计的,请大家用心感受旋律高低起伏的线条感 6.教师提示学生用最真挚的笑容,最饱满的情绪演唱歌曲,体会歌曲中理发师认真、快速、愉快、忙碌的形象,以及劳动时快乐成功的喜悦	别音程的空间距离,建立音级高低的关系。生动形象的律动表演,帮助学生感受旋律高低起伏的线条感,培养内心听觉和节奏记忆

在学习歌曲过程中,我们采用由浅入深、层层深入的多种情感体验方式,借助柯尔文手势帮助学生辨别音程的空间距离,建立音级高低的关系。采用生动形象的律动表演,帮助学生感受旋律高低起伏的线条感,培养内心听觉和节奏记忆。拓展延伸环节,教师引导学生认识奥尔夫打击乐器,参与合作演奏,积累学生音乐知识,拓宽音乐视野。

(二)以情感体验为切入点,提升音乐审美感知能力的实践反馈

1.以情感体验为切入点,体现歌唱教学的贯通

共同游戏是孩子们的天性,也将成为他们美好的童年回忆。柯达伊教学法最大的特点就是歌唱教学,所以我特意编创了组织教学歌,除了在日常课堂教学中使用,也在本课情境导入环节中反复演唱。学生的无意注意被充分利用,有意注意也被调动起来。此设计充分运用了音乐的弥漫性和渗透性,用暗示和明示的教学方式把教学要求贯穿始终。

2.以情感体验为切入点,提升知识技能的贯通

本节课教学内容蕴含多个音乐知识和多种音乐技能。它贯穿于节奏游戏、识读乐谱、朗读歌词、律动表演、学唱歌曲中,把音乐基础知识与音乐技能融入教学活动,并使之成为教学的有机组成部分。从而构建自己的音乐知识,提升自己的音乐技能,这样的学习才最有价值。

3.以情感体验为切入点,实现实践能力的贯通

在学习歌曲过程中,我们采用由浅入深、层层深入的体验方式,借助柯尔文手

势帮助学生辨别音程的空间距离,建立音级高低的关系,培养实践能力;通过生动形象的律动表演活动,帮助学生感受旋律高低起伏的线条感,培养内心听觉和参与能力;在拓展延伸环节,引导学生通过实践活动认识乐器、聆听音色、演奏乐器,积累音乐知识,开阔音乐视野,提升音乐素养和实践能力。

(三)以情感体验为切入点,提升音乐审美感知能力的教学成效

1.以情感体验为切入点,尝试教学模式的转变

教学内容的制定打破了以往的教学模式,从节奏入手,将柯达伊教学法贯穿整节课的始终。课的开始,将歌曲的重点节奏筛选出来,并做成卡片,边玩边解决教学难点;在读歌谣的环节,加入奥尔夫乐器"节奏棒",学生在已有节奏感的认知基础上,加强了恒定节拍感,从而达到手打节拍、口读节奏的教学目的;教师范唱环节,采用声势律动吸引学生关注音乐节拍,提高了学生恒定节拍感和韵律感。

2.以情感体验为切入点,关注教学的生成

整个设计重视教学过程的生成意义,关注课堂资源的客观变化。既强调了学生的参与,又未忽略必要的教师传授。在拓展延伸打击乐器学习过程中,我出示奥尔夫打击乐器:钢片琴、音树和沙锤,为学生区分击奏体鸣乐器和摇奏体鸣乐器;随后,我引导学生观察乐器的外形、构造及材质;采用示范演奏的方式,引导学生感受乐器的音色、音域,帮助他们掌握正确的演奏方法;最后,在教师的指导下,师生合作,参与表现。这一系列探究活动,我采用聆听联想的方式,丰富了学生的视听体验,形成自我音乐联觉效应,增强了音乐的表达能力。

3.以情感体验为切入点,关注教学主体

本课教学设计的主体是学生,我们可以看到从课时目标、教学重难点、教学过程到设计意图等,每个环节都突出了以学生为主体的教育理念。整体设计着眼于学生的兴趣爱好、知识技能和年龄特点,做到了"心中有学生、眼里有学生",实时关注学生实践活动和教学目标的达成。

六、以情感体验为切入点，提升音乐审美感知能力的改进策略

(一)开展以聆听为基础的音乐审美活动

音乐教学是一个由理论指导实践，实践中检验理论，从而来改善教学不足之处的一个循环往复的过程，最终的理论认知仍然要落脚在实际教学环节中。音乐教师要在教学中要以审美为基点贯彻于整个教学环节与方法中，要想落实审美教学观，开展以聆听为基础的审美活动则是重中之重。音乐是听觉的艺术，整个审美教学活动的开展应紧紧围绕音乐的本体，引导学生学会聆听，做到从音乐本体出发去感受，来进一步加强学生对音乐的审美体验。

(二)完善以体验为中心的音乐审美观

近些年来，音乐教育越来越成为美育的关键，成为引领学生建立正确价值观的重要导向部分，而目前许多音乐课堂仍然是围绕以"技术化"的音乐要素学习为目标展开。"乐由情起"，音乐灵动地传递人的内心情感，情感体验俨然成为审美教育的重心。因此，小学音乐教学实践中，实施情感体验的首要路径，便是音乐教育者要改变传统教育观念，即：从技术观转向审美观；从培养技术型专业人才转向打开人与人之间沟通的大门，为焕发每一个学生的生命活力，开启幸福的人生而努力。教师都应当对音乐教育的目标有清晰的认知，并且对音乐教育的审美价值进行审视，以理论引导实践，使情感体验更好地在音乐教学中实现。

(三)强调以学生为中心的体验教学

奥尔夫曾说，"音乐教师的作用不是去鉴定音乐素质的好与差，而是让学生心中的音乐种子去生根发芽"，这显然是音乐教育理念的一次重要突破。小学生对于音乐的理解是独特的，感受是多样的，正是这样一种自由、富有想象力的创新能力，更彰显出音乐教学以学生为本体的意义。小学音乐课堂中最常见的现象就是

教师给学生讲解音乐的风格内涵,学生在完全不熟悉音乐作品且没有思考的情况下,教师的讲解便成了他们理解音乐的唯一体验,在这样一种教师思维定式下学生渐渐失去了自主思考的能力。音乐的情感体验来源于教师,这样的教学模式俨然忽视了"生本"的教育理念,更是阻碍了情感体验的发展。

七、结语

本课题研究以情感体验的融入为切入点,进行教学方法和教学内容的创新设想,试图提高学生的审美感知能力和音乐综合素质,从审美感知理论与音乐课堂两方面进行综合分析,有效开拓音乐审美感知教学。通过对学生音乐教学环境下的情感体验进行研究,观察学生们在音乐体验活动中的表现,了解自然、真实的情感体验表现方式和特点,为音乐教育工作者在音乐教学活动中如何关注学生的情感体验,怎样有效开展音乐教学,如何提升学生音乐综合素养等提供了一些可行性的建议。在具体的研究过程中,作为参与者,我们认真观察,客观地记录音乐活动的全过程,真实地再现音乐课堂下学生情感体验的情景,感受到了音乐创造力、音乐想象力以及音乐审美感知力的提升和表现。在音乐体验中获得了珍贵的研究资源,并保证了资料的真实性。

在音乐的世界里,愿每一个孩子都能得到身体的解放、心灵的自由和爱的能力!

参考文献

[1]陈丹萍.音乐欣赏——愉悦的审美情感体验——提高中小学音乐欣赏课效率初探[J].新课程学习(学术教育),2010(03):87-88.

[2]中国大百科全书出版社编辑部.中国大百科全书·心理学[M].北京:中国大百科全书出版社,1991.

[3]中华人民共和国教育部.义务教育音乐课程标准(2011年版)[S].北京:北京师范大学出版社,2012.

[4]北京大学哲学系美学教研室.西方美学家论美和美感[M].北京:商务印书馆,1980.

[5]滕守尧.审美心理描述[M].北京:中国社会科学出版社,1985.

[6]陈望衡,李丕显.黑格尔美学论稿[M].贵阳:贵州人民出版社,1986.

[7]王次炤.音乐美学[M].北京:高等教育出版社,1994.

[8]赵伶俐.审美概念认知科学阐释与实证[M].北京:新华出版社,2004.

[9]高霖.丰富体验,领悟音乐——歌唱教学中的情感体验[J].新疆教育学院学报,2008(03):128.

[10]龙凌冰.论幼儿歌唱教学中的情感体验[J].艺术教育,2012(02):43-44.

[11]吕兴祥.身体哲学视野下的体验教学研究[D].南京:南京师范大学,2015.

[12]易丽.教学中的体验对学生生命成长的意义[D].上海:华东师范大学,2006.

浅析班级合唱对小学生音乐审美能力的培养

天津市滨海新区塘沽湾第一小学　　王薇薇

摘　要:在音乐学科基础教育中,普通教学班的合唱教学未得到广泛普及,未达到良好的效果, 义务教育中大多数的音乐教师会觉得班级合唱有难度,容易绕道而行。班级合唱教学中,要求学生演唱合唱歌曲,不但要做到节奏整齐,音调准确,还要做到声音协调统一,各声部均衡和谐。本文结合新课程标准的思想理念,本着面向全体学生的发展,希望通过行之有效的教学方法普及合唱艺术, 让每一个学生从小学开始感受到合唱的美妙,从而培养学生的审美能力,提升音乐核心素养。

关键词:班级合唱　　音乐　　审美能力　　小学生

我是一名小学音乐教师,很荣幸成为天津市中小学"学科领航教师培养工程"团队攻坚的学员,在小学音乐攻坚团队中有幸得到了王秀会老师、刘芸老师的亲自指导。通过本次研修和多年在教育教学工作中的研究,我深刻感受到在我国基础教育中音乐学科本身的魅力,在多数情况下它是群体性的活动,如:齐唱、齐奏、合唱、合奏以及歌舞表演等等,其中合唱是最具互相配合、互相协作的集体艺术,是一种由多个声部合作, 追求多层次的立体音响的集体歌唱方式。在前不久的2021 年,国民音乐教育大会上,天津音乐学院刘巍教授说:"合唱是实施美育教育最好的方式,让学生更加热爱合唱,我们的国民素质会有很大的提高。"

在 2019 年 11 月 22 至 25 日,教育部主办的全国中小学班级合唱展示活动在深圳市拉开帷幕,这是教育部首次举办全国中小学班级合唱展示活动。参加活动的是义务教育阶段学校、普通高中、中等职业学校成建制的普通教学班,活动以提高学生的审美和人文素养为目标,努力推进各地各校掀起班级合唱的热潮。这个信息也为我对"班级合唱"的研究坚定了信心,明确了方向。

2019 年 12 月,在两位教师多次指引帮助下,我最终确立在个人攻坚项目中研究的课题与方向,与滨海新区彩虹教师合唱团的九名主力队员共同完成"班级合唱对小学生音乐审美能力培养"的课题研究。课题组成员都是小学音乐教师,虽然大家不在一个学校从教,但都是对童声合唱情有独钟的人,这些老师在本校是学生合唱团的带队教师,承担合唱团排练任务,近年来积极参加天津市文艺展演的合唱比赛,滨海新区合唱节比赛,对于童声合唱这一领域都有经验,也取得不少成绩。最重要的是虽然大家不在一个学校,但每周五是教师合唱团的排练,所以特别便于课题组成员的面对面沟通与研究。再有参与课题研究的九所学校,都是我区的大校,也就是学生数量千人以上的学校,好几个学校年级的平行班 10 轨制左右。大家都知道班多就特别便于实验、实践,学校在艺术教育方面也是大力支持的,利于课题研究。

课题组成立后,2020 这一年是课题研究的实施时期,从正式开题到中期检查到准备结题,所以这也是课题研究的关键时期。天有不测风云,突如其来的疫情打破了很多常规工作,衍生出来的问题让我们有些措手不及,2020 年的上半年可以说对于课题研究最为不利,尤其是实施班级合唱有点困难重重,合唱本身是群体性活动,当时大家都面临着:居家线上学习,摸不着学生,无法实施合唱教学;返校复课后,戴口罩进行教学,无法指导演唱技能技巧。所以需要马上调整研究步骤,根据形势一步一步重新构思,推进研究。

一、居家学习

在居家学习那段不短的时间里,既然课堂抓不到学生,动不起来,那我们就静下心来,充分做好实践的前期准备工作,踏踏实实做些"纸上谈兵"的事。

(一)按学段分析教材中合唱内容

我们按年级汇总教材中的合唱内容,显而易见的变化直观地展现眼前。(用表格的形式呈现),使老师们清楚地认识到课改后在小学音乐教材中增加了不少童声合唱歌曲,了解到突出"以审美为核心"的教育理念,在教学中如何实施和体现的。如人音版教材中,小学低段(1~3年级)聆听11首合唱歌曲,演唱6首合唱歌曲;小学高段(4~6年级)聆听7首合唱歌曲,演唱29首合唱歌曲。具体见明细:

年级	聆听	演唱	编创与活动
一年级下册	《春晓》 《牧童》 《让我们手拉手》		
二年级上册	《我的小鸡》 《夏天的阳光》 《阳光下的孩子》		
二年级下册	《春风》	《两只老虎》	
三年级上册	《我们多么幸福》	《美丽的黄昏》 《钟声叮叮当》	师生合作唱一唱 由对唱到合唱
三年级下册	《猜调》 《卢沟谣》 《飞来的花瓣》 《我爱米兰》(二重唱) 《我们走进十月的阳光》	《柳树姑娘》 《嘹亮歌声》	
四年级上册	《山童》 《歌唱祖国》	《大家来唱》 《愉快的梦》 《龙里格龙》 《月亮月光光》 《让我们荡起双桨》 《阳光牵着我的手》	竖笛练习
四年级下册	《回声》 《洪湖水浪打浪》(二重唱)	《土风舞》 《红蜻蜓》 《小纸船的梦》	发声练习 竖笛练习 《春游去》 《牧羊女》

年级	聆听	演唱	编创与活动
五年级上册	《歌唱二小放牛郎》	《晚风》 《叮铃铃》 《堆雪人》 《苹果丰收》 《我怎样长大》 《丰收的节日》	发声练习 《月亮爬上来》 竖笛练习 《噢！苏珊娜》
五年级下册	《大爱无疆》 《铃儿响叮当的变迁》	《小白船》 《小鸟小鸟》 《迷人的火塘》 《田野在召唤》 《铃儿响叮当》 《真善美的小世界》	竖笛练习 《土拨鼠》三声部
六年级上册	《五彩缤纷的大地》	《萤火虫》 《妈妈格桑拉》 《七色光之歌》 《月亮姐姐快下来》	竖笛练习 《萧》 《大鹿》 《摇篮曲》 《瑶族舞曲》
六年级下册		《转圆圈》 《拍手拍手》 《榕树爸爸》 《我们是朋友》	竖笛练习 《沂蒙山小调》 《草原夏令营组曲》

　　这组数据明确告诉我们,课改后班级合唱被重视被加强。但在实际课堂教学中,这些宝贵的教学资源却没能得到有效的开发和利用,因为合唱这门综合性的艺术对学生的要求较高,在具体的教学中会受各种因素的影响,实施起来比较困难。所以进行有效的班级合唱教学是一个难点,甚至是"盲区",很多音乐教师认为合唱是合唱队的事情,普通教学班的班级合唱可以绕道而行。课题前期之所以针对教材进行深入的分析,就是让大家明确班级合唱教学势必要加强,需要来研究。

(二)为教材中的歌曲进行合唱教学的二度创作

课题组的老师们发挥自己的专长,为教材中 1~6 年级的歌曲进行"加减法"的二度创作。既然在家里办公,就有了充足的时间投入创作的工作,因为我们课题组教师授课涵盖了六个年级,所以每个年级教材都进行了系统的研究与实验,最后汇总改编比较合理的歌曲是 28 首。在居家学习前期我们在这项研究中精力和人力上投入的比较多,老师们经常在群里商榷讨论创作后的效果,群里视频、语音直接实验。因为老师们是彩虹教师合唱团的成员,多年来老师们一直深入合唱领域的实践中,具备了一定的基本功和基本素养。

下面列举几首二度创作的样例,如一年级下册歌曲《这是什么》改编成二部轮唱。演唱时指导学生演唱时歌词中的"嘀嗒"用跳音唱法进行处理,轻声演唱,此起彼伏有规律地"嘀嗒声"更好地塑造了钟表"可爱"的形象,提升了学习兴趣的同时拓展了审美视野。

再如,四年级上册歌曲《小螺号》。由于歌曲大多数学生比较熟识,直接就可以演唱,所以学歌的过程可以不急于齐唱或者表演唱,利用歌曲的伴奏音响,引导学生通过聆听感受伴唱的效果,在原唱的基础上改编成合唱。在演唱的过程中体验合唱的魅力,多角度地感知音乐中的美,提高审美能力。

还有二年级上册湖南民歌《唢呐配喇叭》、儿童歌曲《云》,都可以在原唱的基础上改编为二部轮唱,由一个声部先行,二声部以一定的时间距离和音程间隔随后跟进,这样两个声部互相交织、重叠,构成声音协调、此起彼伏的演唱效果,饶有趣味。应该注意的是,不是所有歌曲都适合加入轮唱,很多歌曲不适宜用卡农的方法处理,否则只会造成音响的嘈杂和混乱。

居家学习过程中,我们课题组的老师们在潜心琢磨研究教材的时候,也不能忽视线上教学,居家学习虽阻碍了与学生面对面授课,但也会有好的一方面,可以帮助我们切实完成好课标中学段目标的要求,鼓励孩子们利用自己自然的嗓音自信的,有表情的演唱,我们在课堂教学中,尤其大班教学很难关注到每个学生,提出的要求只是整体性的要求,并不能适用于每一个孩子,线上教学通过孩子们一个一个上传视频,老师们在欣赏的过程中,也便于了解每一个孩子的特性,为其量身定做的鼓励性的语言,对每个孩子在声乐上的发展针对性更强,反倒弥补班级教学中忽视对个体的关注和引导的遗憾。作为音乐教师一定要善于琢磨和修正，才会让学生在合唱的学习中不断成长。

二、返校复课

　　针对合唱教学难以实施的情况，课题组老师们利用课堂教学侧重完成节奏感的培养和听音练耳，音准的培养。待学校逐步恢复了正常的上课和社团排练，2020年下半年的艺术活动就此紧锣密鼓地展开了，因为我们前期很好地落实，所以课题组的老师们很从容地迎接了落实天津市学习"四史"班级合唱评比检查活动，天津市学校文艺展演集体项目的比赛和新区合唱节比赛。无论完成哪项具体活动，在推进的过程中，课题组来老师们边实施合唱教学，边探索出从低年级到高年级推进合唱教学的方法，有效地实施合唱教学。

(一)培养学生合唱的兴趣

　　低年级开始养成良好的歌唱习惯——怎样听；怎样唱；怎样表现歌曲的情绪。着重抓好节奏、音准、正确的发声训练，培养学生良好的歌唱习惯，唱好齐唱，可根据学生的情况，适时加入轮唱练习为学习合唱打好基础，提升合唱的兴趣。通过声部间互相交织、重叠的音响，构成声音协调、此起彼伏的演唱效果，饶有趣味。

(二)提升学生合唱的水平

　　中年级开始要进行合唱的基本训练，指导学生有气息支持的歌唱，讲解如何运用轻声、高位置的方法自信地歌唱，培养学生"听觉适应"能力，由二部轮唱过渡到纵向简单音程的合唱或加入伴唱的二部合唱。如人音版教材三年级学习内容——日本歌曲《嘹亮歌声》，一首以轮唱为主的合唱歌曲，在教唱时学生要重点练习气息的平稳，声音的平稳，能用悠长的气息体现力度对比，优美地演唱歌曲。学唱歌曲时可以通过回声游戏体验二部轮唱的回声效果，歌曲的最后乐句可以稍加改编，进行简单的和声训练，逐步提升合唱难度，提高演唱水平。

　　如人音版教材三年级学习内容——澳大利亚民歌《钟声叮叮当》，歌曲的合唱声部运用了主音 do 和低音 sol 作为衬托,丰满了声响效果,犹如交织成一曲美妙动听的钟声交响曲,在耳边久久回响。在教唱过程中,教师可以分角色介绍,歌曲中有一个调皮的小闹钟和一个稳重的大钟,请学生自行选择模仿它们的声音。通过模仿角色进行合唱,不仅巧妙地化解了学生对于合唱的畏惧心理,而且水到渠成地进入了分声部的学习。既提升了班级合唱水平,又培养了学生的审美能力。

(三)提高学生合唱的能力

进入高年级后要加强声音控制力的训练,教师弹奏一声部,学生演唱二声部,培养听觉适应,掌握合唱的技能技巧,在合唱练习中,可以借助课堂乐器——口风琴、竖笛,提高合唱能力。如人音版教材五年级学习内容——塔塔尔族民歌《丰收的节日》,二声部合唱作品,在合唱练习中以竖笛辅助学习,唱奏结合,帮助学生建立二声部的听觉,再分声部唱准旋律,指导学生声部间的音量要均衡,以情带声,渲染气氛,准确地表现歌曲。

班级合唱教学需要面向全体学生,由于班级内学生的音乐基础、歌唱水平等方面存在着差异,所以教学要从实际出发,根据学生的现状,制定符合不同特点的练习模式,课时安排上要适量、适度,针对不同学段实施行之有效的方式方法。再如人音版教材六年级学习内容——藏族风格歌曲《妈妈格桑拉》。对于班级合唱能力较弱的情况,可以运用"减法",先简化声部旋律,让学生较为容易地掌握合唱,抒发"祝福妈妈"的情感,待能力加强后再按教科书中的合唱谱来唱,丰富表现力。

班级合唱教学需要面向全体学生,由于班级内学生的音乐基础、歌唱水平等方面存在着差异,所以教学要从实际出发,根据学生的现状,制定符合不同特点的练习模式,课时安排上要适量、适度,针对不同学段实施行之有效的方式方法。

三、研究班级合唱的成果

通过研究,老师们能够直面正视班级合唱存在的问题,也更清楚地认识到教材中的每一首合唱作品都是经过教材编委们精挑细选的,符合学生认识规律,教师要深入解读这些作品,贴近作曲家创作的思路,感受到作品中蕴含独特的魅力,让歌声与情感得到共鸣,把学生带入佳境之中。

(一)实施班级合唱教学,培养审美感知能力

合唱教学可以使学生体验多声部音乐丰富的表现力,激发学生学习的兴趣,同时潜移默化地提升了学生的歌唱能力、听辨能力、控制能力、协调能力、表演能力等等。教师所设计的教学过程既符合了合唱的价值需求,又可以提升音乐的核心素养。

(二)丰富合唱实践活动,增强艺术表现能力

在班级合唱活动实践中,多样的合唱演唱的形式拓宽了学生的音乐视角与感性经验。教师灵活应对不同水平能力的学生,合理安排有层次有梯度的合唱练习,帮助学生树立歌唱的自信心。教师敏锐地捕捉到歌曲的特点,引导学生二度创作或创编合唱作品,挖掘音乐创造力。这样的班级合唱教学,学生不仅学得有滋有味,更能充分感受到歌唱的生命力和感染力。

(三)拓宽多元艺术视野,提升文化理解能力

在教学中通过给学生们欣赏,排演优秀的合唱作品,带领学生发现、了解不同民族,不同文化背景下的民族音乐作品,让学生感受世界文化的多样性,拓宽视野,提升精神文化的追求。

四、小结

合唱教学必须有基础,小学阶段是构建音高与节奏的最佳训练时期。音乐教师教授一年级时就要有意识的培养学生的和声感觉。合唱教学必须建立在听的基础上,不能每个声部各学各的,这样违背了学生和声听觉的培养。在合唱教学中应细化一些,如进行一些纵向的练习,进行一些具有可唱性、旋律性和完整乐思的发声练习,教师的伴奏也用和声功能进行,逐步培养学生的和声感,提高学生的合唱能力。

结合新课程标准的思想理念，本着面向全体学生的发展，我们希望通过行之有效的教学方法普及合唱艺术，让每一个学生从小学开始感受到合唱的美妙，从而培养学生的审美能力，提升音乐核心素养。班级合唱有着广博精深的学问需要我们不断地探索与实践，让我们一起为推动音乐事业更好的向前发展而努力。

参考文献

[1]马革顺.合唱学新编[M].上海:上海音乐出版社,2002.

[2]田晓宝.中国合唱艺术发展与思考——2008中国合唱高峰论坛文集[M].重庆:西南师范大学出版社,2009.

[3]孙从音.中国合唱艺术手册[M].上海:上海音乐出版社,2001.

[4]杨鸿年.童声合唱训练学[M].北京:人民音乐出版社,2004.

[5]缪裴言,郭瑶.轮唱歌曲216首[M].北京:人民音乐出版社,2005.

小学音乐学科综合教学的尝试

天津市蓟州区下仓镇中心小学　张淑芳

摘　要: 针对我国在教育领域提出的全新课程标准, 在进行音乐教学时, 需要将其与其他学科, 比如美术、舞蹈、信息技术乃至语数英等主流科目相结合进行授课, 作为教育的指导思想, 让教学活动的空间更加多元化, 处于这种愉快、轻松的氛围时, 学生的心态会变得更加放松, 将会对多种学科知识的掌握变得更加丰富, 创造良好的学习风格, 形成良好的综合素质, 这种各个学科整合学习的模式会将所学内容和科目串联起来, 同时还会优化教育模式, 不再是以前那种传统单一的模式, 而是现在这种具有专业化、综合型的多元化教育模式。

关键词: 多元化实践　轻松学习　全面发展　综合素质

传统教育中的音乐学科往往过于单一和专业化, 系统的阐释有关音乐性的内容, 但是并没有将其作为一个综合性和多样性的科目进行看待。在音乐学习的过程, 只有用心去感受音乐的魅力和音乐中的情感, 才能不会像学习其他学科一样只学习知识和技能。如果不能用心去感受音乐, 就会失去音乐本身的魅力, 所以, 我将会结合音乐和其他学科, 让学生能够更加清晰地理解音乐艺术的美感, 并且对其产生更强烈的学习兴趣, 通过多种表现方式和内容的使用, 学生因此将能够在参与音乐实践活动时表现得更加主动更加积极, 将多样得知识使用在快乐、自由、多元的知识环境中, 从而会使得音乐教学效率得到一个很好的提高, 也能够激发学生对于音乐学习的兴趣,并且获得多方面的发展。

笔者在长期的教书实践中得出结论:想要使学生的学习水平得到进步,获得多方面的发展,那就必须通过具体的教学活动得以实现。在开展音乐授课的具体实践中,无论是举办音乐会还是座谈会的形式,都不是以音乐单独科目为存在形式的,而包括于其他科目的结合内容。因此,这种实践使得音乐在教学实践中具备了一定的基础经验并且还获得了有效的成果。以下为具体措施:

一、音乐与舞蹈的融合

表演已经成为学生在教学中喜欢的一种教学方法。在课堂教学内容结束后,学生会通过这次课堂掌握一定的基础知识,然后安排学生表演歌曲的内容,让他们在参与活动中更有主动性更有积极性,以及让他们在学习中也能继续以积极的学习态度面对学习。

在训练唱歌的过程中,我把舞蹈融入音乐中,让二者完美的结合,从而能够使学生更加深刻而直观的感受音乐的美感,并且能够与自身的情感进行结合,最终表达出来。例如,当我教唱《哇哈哈》时,这首歌的风格是新疆风格,所以在这首歌的教学中引入新疆的舞蹈,让学生直观地理解歌曲风格;再比如《阿西阿西》的教学,它本就是一首民族特色的歌曲,所以教学的过程中引入贵州彝族的舞蹈,学生便能够更进一步地了解民族舞中独特的节奏以及独有的动作的,这就是民族音乐的风格独特之处。

比如,在开展《春天来了》的音乐课程讲授时,要注重教学背景的构造,从而使学生身临其境地感悟到其内涵和艺术美。所以我会在课前准备一些春天到来的场景画面,并布置在教师中,让学生一进入课堂映入眼帘的就是春天来了的情景,这样学生就会很快地融入这个学习场景中。在课程讲述结束后,将同学划分为各个小组,在小组内部进行探讨,从而收集同学们对下次音乐课程开展的意见和建议,最终确立音乐课程讲授的具体内容和表现方式。这样通过小组讨论,学生们便会十分积极,十分感兴趣,大家都各抒己见,纷纷表达自己的想法。有的同学会觉得春天景象要想反映得生动形象，就可以让每位同学戴上关于植物或者动物的头饰，然后大家在音乐室前排好队伍；有的会觉得穿上与熟悉的植物颜色相同的衣服，代表万物复苏的景象。总之，大家的想象真的是各式各样，丰富多彩，简直超出了我对他们的预期。于是，在下节课宣布开始的时候，大家都迅速地把自己在讨论时的想法都准备好实物带到了课堂上。

《春天来了》的音乐逐渐响起，小学生们个个都兴高采烈，蹦蹦跳跳，欢呼雀跃，有的女学生伴随着这歌声跳起了舞蹈，这时的课堂充满了欢声笑语。

二、音乐与美术学科的融合

将音乐与美术结合在一起，让学生将自己的个性和创造力积极主动地展现到课堂中，在学习音乐知识和技能的同时锻炼想象力和创造能力，不仅能够促使学生音乐学习能力和水平的提高，同样对于塑造学生的精神世界和审美价值观都有着十分重要的作用。

音乐不是一门简单的艺术，它不是简单的通过一门语言就能表达出来的。虽然不能用语言表达，但它却可以用鲜明的色彩、好看的图案和画面来抒发自己内心的音乐情感、结构和意境，通过直观具体的形象与音乐的结合，使学生更加深刻地体会到音乐的韵律美和动态的形象塑造美感。例如，在三年级《春江月夜》的教学过程中，先暂时对学生隐藏该节课的题目，而是要求学生边听音乐边想象此刻的情景。几分钟后，学生会用自己的感受画出一幅模糊的图画，然后老师会说出音乐的标题，然后可以重复播放音乐，让音乐更加的深入到学生的内心。而且，经过这样的方式欣赏音乐后，会对这幅画面会更有想象力。

比如，在小学高年级阶段开展的《梦之歌》这一歌曲的音乐教学和审美鉴赏中，观察不同学生对歌曲表达的不同的音乐感受，从而引导和鼓励他们就此情此景即兴创作一首诗或一幅画。诗和画的内容都应该与梦歌有关。《梦之歌》的响起，教师要求学生拿出在课前被要求提前准备好的绘画工具，学生们用现成的彩色铅笔和纸描绘出音乐欣赏过程中脑子里出现的画面，或者是一首富有情感的诗词。

对于那些擅长舞蹈的学生,他们会在听到音乐后随着缓慢的音乐舞动身体,翩翩起舞,抒情而优雅,通过舞蹈把自身对音乐旋律和内涵的感悟表现出来,并且充分展现了自身的情感价值。继续播放第二遍音乐后,音乐一结束,学生们就迫不及待地想要给老师展示自己刚刚的作品。学生之间也会互相描述自己的梦想,脸上洋溢着笑容,笑容里透露着他们对美好生活的向往和憧憬,此时此刻的课堂,充满了艺术的气息。通过这种形式进行授课时的学生有很高的学习性质和参与热情,他们的思维也在活跃地运转。因此,这种教学方式有助于发展学生的创造力和思维能力。

三、音乐与语文学科的融合

在音乐教学过程中,将语文学科中文字、词组、名字、地名的节奏与音乐的节奏结合起来,倡导学生在乐曲中填入自己想到的词,或者以音乐的形式将自身的情感和思想进行展现,通过这种引导开发培养学生的思维灵敏度,让学生对乐曲主题留下更深刻的印象;在音乐欣赏的过程中,学生可以通过对音乐的欣赏将其意境用诗或用散文表达出来。例如,四年级的教学课程中有一课是《旋律上的终止感》,我会很好地将学生对诗句中标点符号的停顿的掌握利用起来,将乐句导入到音乐中。

在对学生进行旋律的停顿以及结束的音乐感教学时,需要让学生对这一概念有初步的理解和体悟,具体方式是可以让学生自由发挥,演唱一些音乐片段,根据学生的演唱播放音乐,使学生在听和唱结合中感悟。尽量调整句子的顺序,使旋律更稳定,更有终止感。最后一步是在学生听和感悟的基础上鼓励学生结合自身的感悟和经验进行音乐创作。这种教学方法可以使学生对本身有些陌生的音乐知识有更好的理解,先从学生学习过的,较为直观的语文方面内容进行引入,最终转换成深刻的音乐性知识,在这样的前提下学生在理解和掌握乐理知识的时候就会更加容易一些。

在教授学生音乐知识和培养学生音乐感悟能力时,需要考虑到学生的具体能力,比如对语言的感知和浏览能力以及对知识内容进行抽象分析的能力,让学生在听音乐的过程中阅读、总结和欣赏知识。阅读后,我要求学生谈谈自己的想法,他们认为什么是重要的内容,并用自己的话来口头理解。这种教学方式不仅是增强学生音乐感悟能力以及知识掌握能力的途径,同样也可以提高学生的抽象分析能力以及阅读能力,并且使学生能够更好地表达自身的情感。

四、音乐与数学学科的融合

在教学的过程中,为了使学生更好地理解这些较为抽象并且之前没有接触过的音乐性知识,笔者往往将这些知识与学生之前所学的内容进行结合,比如将音乐和语文课程的教学结合起来,从而引出较为深刻的音乐内容,由浅到深,在这样的前提下学生在理解和掌握乐理知识的时候就会更加容易一些,而且学生们也很喜欢这种学习方式。

对音乐知识的隐处,不仅可以通过语文教学内容实现,同样也可以和数学教学的形式进行结合,比如在对音符以及和弦进行划分和理解时,这对学生来说是一个较为陌生的领域,但是结合数学的加减预算就会显得清晰和明朗许多:

(一)音符时值的划分

1 个全音符=2 个二分音符=4 个四分音符 =8 个八分音符

即 5－ － －=5 － + 5 － =5 + 5 + 5 + 5=5+5+5+5+5+5+5+5

(二)和弦性质的区分

大三和弦=大三度 + 小三度;小三和弦=小三度 + 大三度

(三)知识概念的对比

在理解音乐方面,一些较为陌生的概念也可以与数学的概念进行联想,比如对音程这一概念进行解释时,可以与数学的路程进行结合。路程指的是两个点之间所经过的距离的长短,而音程指的就是两个音乐符号根据音位高低所产生的距离。与数学相结合的方式可以使学生以所学知识映照未学知识，充分发挥知识之间的关联性，锻炼自己的联想能力和理解能力，更好地理解一些音乐方面的概念。

五、音乐与英语学科的融合

英语和音乐的结合往往更为直观，因为学习英文歌曲也是音乐学习中重要的组成部分。笔者在进行音乐课程讲授时，注重根据所学歌曲的形式和内容与英语的对话相结合，将二者进行融合从而对双方面的学习都有更好的把握。在进行英文歌曲的教学，比如《生日快乐歌》等，不仅能够使学生感受到音乐的旋律美和情感内涵，同样也可以锻炼学生的英语表达能力。通过这种形式，在教学的过程中展现出的就不只有音乐的内容，同样也有英语方面的内容。将两者结合起来可以使学生对于英文的语境有着更加深刻的感悟，并且对于歌曲所塑造的内涵也有更加清晰的认知，学生可以更好地带入歌曲的语境和情感价值之中。演唱时，根据歌曲内容，还可以提问或发挥对话的作用，反映交际情况。这种教学方式与传统的僵化死板的教学方式不同，也可以使学生从高压的学习环境中脱身出来，减少学习带来的压力和对学习的排斥感，深刻地体会到学习中存在的有趣的成分，从而使学生更好地接受知识、获取能力。

六、音乐与自然科学、信息技术学科的融合

(一)音乐与自然科学的融合

音乐中包含了丰富的自然科学内容与之结合，能够使音乐的形式更加多样，增强音乐教学达到的效果。比如，在一首歌之中一定会反映出一个时代或者某一地理位置的特殊内容，并且可以与更加丰富广阔的自然内容和科学内容结合起来。因此笔者在对学生进行一首歌的教学时，往往会首先对这首歌的背景进行引

入,使得学生了解音乐背后所富含的自然科学知识,不仅能够更好地对歌曲进行学习,同样也会增强自身的理解和感悟能力。比如,在对生活中的音乐进行讲授时,可以引入一些物理方面的知识,比如声音的传递,以及由物体振动而引发的发声,使学生对该方面的音乐内容有更好的理解。通过敲锣、击鼓、敲桌子、敲笔筒、敲纸、敲搓纸,让学生找到不同的声音。从对这些声音的研究中得出,不同的声音和节奏相互组合,可以最终形成一首完整的并且韵律丰富的歌曲。

(二)音乐与信息技术的融合

新的课程标准对音乐教学提出了新的要求,进行教学并不是老师向学生单方面传授知识的过程,而是由师生共同学习、共同体验的过程,在实践中感悟音乐的美感和其中包含的丰富内容。将音乐教学与现代的信息技术结合起来,可以以更丰富的形式对音乐内容进行展示,最大程度利用学生的想象思维以及创造能力。与信息技术的结合可以使学生对于音乐和自我精神世界有着更深刻的认知,积极学习音乐知识内容,体悟其中的感情思想,促进自身精神世界的塑造和审美价值的培养。

使用多媒体的教学手段拓展视野、创造场景、刺激学习兴趣。教学目的最终实现的重要推动力是学生的学习兴趣,可以在教学过程中,对学生感兴趣的音乐内容进行统计,并且通过多媒体的形式展现出来,这就要求教师对信息技术知识有一定的掌握,并且能够熟练的运用多媒体等工具进行教学,从而优化了积极的教学效果,使得音乐的教学变得更加直观形象、知识内容更加充分。比如,在对《拉萨谣》这首著名歌曲进行教学时,笔者在授课前要求学生通过互联网寻找有关拉萨的资料,对拉萨的历史和人文地理等内容有初步的理解,并且在正式开始教学之前,让学生以分组讨论的形式,对自己收集到的资料进行交互。在教学过程中始终将拉萨作为课程的串联点,通过多媒体展示关于拉萨的风景照片以及代表性建筑。接着给学生播放《拉萨谣》,让学生们在音乐欣赏中感受风土民情以及音乐文化等;然后是学生观看民间传说、音乐文化等等。最后,让学生在听音乐的同时用心去感受音乐的美、用心去体会歌词的韵味。将音乐教学用多媒体的形式展现出来,能够使教学内容更加丰富生动,并且使学生对课程有着更大的兴趣,更加主动地参与进学习当中,使学生深刻体会歌曲表达的情感内涵,增强自我表现能力。

　　小学阶段的音乐教学与各种学科相结合的新型教学方式,已经通过具体的实践活动证明了其价值。与传统的相对僵化和封闭的教学方式不同,这种教学方式符合时代发展的潮流,并且可以进一步对教学格式进行优化。音乐课程以本身的特殊性,能够与各个学科进行完美的契合,不仅丰富了音乐教学的表现形式,同样也可以优化学生的学习环境,减少学习压力,更加轻松快乐地进行学习,增强学生主动参与学习的热情并且优化学生学习的方式。而且这种新型的教学观念对于音乐教学效率的提高还会发挥最大程度的用处,同时还可以帮助学生全面发展综合素质。我一直坚信,只要将合适的学习空间提供给学生,那么学生就会展示自己的无限潜能。

参考文献

[1]许凤鹰.以音乐审美为核心的知识与技能教学研究[D].长春:东北师范大学,2011.

[2]郭慧芳.英语教学领域的音乐运用研究——以大学英语教学中的音乐运用为例[D].南昌:江西财经大学,2010.

[3]温雪雯.中国大陆当代音乐教学论教材取样分析与研究[D].北京:中国音乐学院,2010.

[4]孙颖楠.湘版高中《音乐鉴赏》教材分析和教学实践探究[D].长沙:湖南师范大学,2014.

[5]徐阳.小学音乐课堂实践活动的设计与应用研究[D].洛阳:洛阳师范学院,2017.

[6]王萌.小学音乐教学改革研究[D].武汉:华中师范大学,2014.

[7]杜煦佳.新课程标准下中小学体育课表格式课时计划的要素编写设计[D].大连:辽宁师范大学,2016.

核心素养下小学音乐"三精一高"教学模式的创新

北京师范大学天津生态城附属学校　王晶

摘　要:依据新课标,音乐教学活动应以学生为主体,教师为主导,在教学中通过引导、促进的方式来强化学生音乐才能的发展。通过音乐来塑造个体的核心素养发展,本文通过"三精一高"的视角切入,探讨小学音乐教学模式的创新。

关键词:核心素养　"三精一高"　小学音乐　教学模式创新

一、问题的提出

音乐学科核心素养,是审美感知、艺术表现和文化理解,是对音乐的情感、旋律的基本审美能力,是通过音乐自我熏陶、自我提升、自我释放的一种能力。考察以往的教学实践,许多老师对于学生音乐教学照本宣科、千篇一律,注重的是音准、节奏等音乐形式,没有很好地因材施教,缺乏思维引导精神。本文拟结合具体的课例,探讨小学音乐课堂"精准、精炼、精细、高效"("三精一高")创新教学理念的实践取向,以期对提升小学音乐课堂教学有所裨益。

二、小学音乐"三精一高"的含义和价值

基于新课标核心素养概念的内涵,结合我校"三精一高"教学模式的创新,"三精一高"的内涵是"精准、精炼、精细、高效"地推进小学音乐课堂教育,其具体含义和价值解析如下:

(一)目标精准,有的放矢

在核心素养视域下,准确的目标有助于课堂教学效率的提升、有助于学生音乐素养培育的精准性。当前,信息来源复杂多样,良莠不齐。在这个大数据的时代,儿童接触到的互联网、广播、电视等多重渠道的信息,都可以成为他们模仿的对象,特别是一些缺乏内涵的口水歌曲,这些内容中有积极向上的,消极负面的也非常多,儿童缺乏辨识能力,容易误入歧途,教师要通过精准的目标教学去纠正儿童的素养培育。从目前音乐课程的设置来看,主要集中在对爱国情、民族情、亲情、友谊之情等方面的审美主题上,这就是小学音乐课堂素质教学的基本目标,教师要明确课堂上要让学生去明白什么问题,围绕问题去选取素材:例如,在教授人音版教材五年级上册中的欣赏《歌唱二小放牛郎》童声合唱一课时,需要及时为学生补充歌曲的历史知识,这是一首以发生在抗日战争时期的真实故事为题材而创作的叙事歌曲。歌曲浓郁的民歌风格的旋律,像阵阵清风传诵着一个动人的故事:放牛娃王二小以自己的勇敢和机智,把日报侵略军带进了我军的埋伏圈,使我们的老乡和干部得到安全,敌人受到了惩罚,然而我们的小英雄却献出了自己的生命,充分寄托着人民对抗日小英雄的思念。

(二)内容精细,全面引思

面对不同年级不同学情的孩子们在备课环节认真做到"熟备教材、细备学生、优备教法"。课前,我用心钻研教材,认真备好课上每一个环节、备到每一个学生。课中,我首先创造出平等、民主、愉悦的环境,能够在课堂中点燃学生们求知的火焰,让他们在学习中迸发出知识的火花。精细的内容不能是填鸭式的,而是要激发学生去体验、去思考,才能把这些内容让学生消化吸收。音乐教学中必然伴随着歌曲演唱,声音如果要优美动听,就要仔细聆听音准、音调,然后再唱出来。例如小学音乐课堂和声要素的训练,教师会安排学生分组练习歌曲的合唱;将分组练习的合唱成果进行录音,或者在全班进行表演,让他学们欣赏点评,去感受和声的美丽。在这个过程中几乎每个孩子都有机会锻炼到自己的听和唱的能力,这种教育可以让那些平时腼腆、不善于表达的孩子得到有力的提升。

(三)教学精炼,激发探究

教学精炼就是老师要做好引导者的角色,关注学生的审美体验,特别要关注学生的自我提升、自我获得、自我探究能力。爱跑爱跳是少年儿童的天性,这是最好的训练节奏要素的教学方法。几乎所有的节奏训练都要涉及手脚的锻炼,教师可以拍手拍腿或踩脚摇头等等的一系列的方式伴随着歌唱,让学生去自己体会节奏。播放节奏感强的音乐或者歌曲,让学生自由地跟着节奏舞动,学生可以随意做出任何的动作,拍腿踩脚都可以,这一步是建立学生对音乐节奏的感性认知,同时也让孩子们锻炼到了动手能力,每一个学生的节奏打击方式都是不一样的,锻炼到的能力也是不同的,引发的思考也是不同的、多维度的。

(四)高效课堂,自主学习

现在的小学教育内容丰富多彩,音乐课作为美育教育的有效途径,可以根据"三精一高"的教学理念,进行高效课堂的音乐学习。建设大数据精准教学系统,深度推进教育教学精准、精细分析,提高教学效率;强化"以学定教、精讲多练"课堂教学原则的落实,积极探索。"学"与"习"的作用与形式,"教"与"学"的作用与形式,在此基础上运用认知科学相关理论和技术方法,进行项目制教学、单元整合教学的探索。

三、核心素养下小学音乐"三精一高"教学模式的创新

(一)多维发散,精准因材施教

"三精一高"首先是要精准的因材施教,小学处于身心发展的阶段,特别是现在接触讯息的广泛性,令他们的个性千差万别,同一个事物不同的学生会产生不同的看法,同一部音乐作品也会产生不同的审美情趣,再加上孩子们的天赋和特长不同,有的孩子甚至会出现"五音不全"的现象。这就要求老师采取不同的教学策略,在同一课堂上,教师要设计与教学相符的方案。当教师觉得自己无法激发孩子们的音乐兴趣时,不妨站在小学的心理角度去思考,适合其个性的教学方法,不失为一种小学音乐创新教学的践行路径。具体而言,教师要学会观察孩子们的课堂表现和特征,针对孩子们的个性和特点来开展教学,例如有的学生唱歌时总是喜欢扯着嗓子喊发出尖锐的声音,教师则可以模仿或者录下学生的声音让学生自己来思考感受什么是悦耳的嗓音,最终达到让学生享受音乐、提高审美的目的。再例如有的同学五音不全不会听音辨音,教师可以用钢琴帮学生伴奏,提示学生跟着钢琴的音准练习,慢慢培养学生的音准,提高他们的音乐素养。

(二)创设情境,精炼激发兴趣

教学只有精炼才能激发学生兴趣,盲目地说教和一遍一遍地唱谱会让人很容易失去兴趣,在教学实践中,许多老师不知不觉中会禁锢学生的思维,或者教师形象比较严肃,令学生觉得高不可攀,因此我们教师在课堂教学中不妨与同学们建立和谐友爱的氛围,根据不同的教学课题经常变换角色,包容同学们的创作思路,鼓励、认可学生的创新行为甚至是另类行为,让同学们畅所欲言、随性而作,以帮助学生实现长足的创新突破。每一首音乐作品都是一个故事,声乐演唱讲求声情并茂,要做到这一点,教师就要想办法让学生身临其境,用心去感悟和体会歌曲的情境,从而自主自发地去思考,更好地演唱歌曲。例如,《草原上》的教学设计中,让学生亲

自到草原上去旅行是不现实的,教师可以通过文字、语言、图画、视频等来营造草原的感觉,让学生发挥想象力去想象、去思考,从而更好地理解歌词和旋律。

(三)探究教学,精细核心素养

小学音乐课堂要培育核心素养,就要让孩子们通过自己的思考和学习获得知识,通过"让学引思"的理念可以优化音乐课堂的教学,让学生在学习过程中满足自己的需求,提升学生到思维能力和音乐艺术学习能力,教师不能故步自封满足于现状,要与时俱进,时刻修正和提升自身的教学水平,不负培育祖国未来栋梁的历史使命。科技日新月异,到了 21 世纪,图像、视频、投影等多媒体设备被广泛地应用于课堂教学中,其带来的视觉冲击不言而喻。而且小学阶段是孩子们形象思维极其发达的年龄段,这个年龄段的对形象事物的领悟和刺激终生难忘。例如在教授小学音乐人音版第十一册《茉莉花》时教师可以播放茉莉花的视频,喷洒茉莉花香味的香水,有条件的话还可以让学生观察茉莉花的实物或把茉莉花带到课堂上来,让学生畅所欲言进行体验和评价,充分发挥自主想象力。

(四)跨科教学,构筑高效课堂

大多数音乐活动都是室内活动,局限于音乐器材和教材,缺少形象地物件抓手,特别针对儿童来说,他们多数以形象思维为主,很难去理解抽象的文字和音符表达,因此如何进行跨学科的结合,让孩子们全面的去综合实践就是非常重要的问题。事实上,在科技发达的今天,许多的事物都可以栩栩如生的去呈现在孩子们的面前,教师应当积极利用录像、投影、图画等帮助孩子们家里审美的形象思维,这种教学方式更好地构筑高效的课堂。例如,在教授人音版教材第 11 册《致春天》时,可以带着孩子们到校园里、到郊外去感受春,根据歌词和眼前的景象进行绘画写生,让学生记录自己看到的春天的事物,去体验和感受春风和春雨,然后去印证歌曲的内容,同时由于亲身体验,一定会有不同于歌曲的思考感受,也可以一并让孩子们畅所欲言,最终孩子们通过体验,他们得到了形象思维和抽象思维的衔接,他们的思维也得到了发散。

总之,"三精一高"的模式,我们还都在不断的探究中,希望在不久的将来,在我们不断努力、不断发展自己的听觉和内在感悟中,能够打造出适合学生全面发展的音乐教学新模式。

参考文献

[1]苟丽萍.基于核心素养的小学音乐教学策略的研究[J].教育实践与研究,2020(04):76-80.

[2]张蜜.基于核心素养视域下的小学音乐课堂教学——以三年级唱歌课《我是小小音乐家》一课为例[J].北方音乐,2019(07):212-216.

[3]王青.基于核心素养下的小学音乐课堂教学研究[J].北方音乐,2019(03):184-185.

微课在小学音乐教学中有效应用的研究

天津市宁河区芦台街第三小学　冯薇薇

摘　要: 随着我国现代信息技术的应用与发展,微课在小学音乐课堂教学中的应用也越来越广泛。通过微课的建设与应用,能够让小学音乐课堂教学形式更加丰富、新颖,符合小学生的身心发展诉求,调动小学生参与音乐课堂的主动性与积极性。同时,通过微课的建设与应用,教师的教学水平与信息化应用素养也会得到提升。

关键词: 微课　音乐教学　应用　策略

随着我国教育信息化水平的提高,小学音乐教师更加注重微课的建设与应用。微课能够将各种教学资源进行有机利用,让小学音乐课堂教学更加生动形象,从而有助于调动学生的音乐学习积极性,促进小学音乐课堂教学效率的提高。本人结合自己的教学经验,对于微课在小学音乐教学中建设与应用策略提出了自己的一点想法与建议,希望能够与广大小学音乐教育工作者共享。

一、微课应用于小学音乐课堂教学中遇到的问题

微课的使用是伴随着教育现代化而流行的,属于新生事物。微课的建设与应

用不仅仅考察教师的专业教学能力,对于教师的视频制作、信息技术应用等多个方面都要求较高。由于很多学校没有积累相应的教学经验,从而使得教师在微课的使用探索过程中遇到了很多的困难,从而影响了小学音乐教学效率的提高。具体来说,微课在小学音乐课堂教学中的具体应用,遇到了如下困难与问题:

(一)微课资源匮乏

目前小学音乐教师获得微课资源的主要手段是网上搜集以及日常的积累。虽然网络资源非常丰富,但是真正与小学音乐教学内容相契合,能够得到有效利用的教学资源并不多。同时,网上的微课资源数量虽然多,但是要真正与小学音乐学科教学相结合,还需要教师进行筛选、改造等。这对于教师的小视频制作技术等提出了较高的要求。虽然教师努力学习小视频制作、剪辑的技术,但是在具体的教学应用方面还是有些力不从心,从而使得很多教师因为懒得去编辑、改造,直接将网上现成的视频作为微课的素材,使得微课内容与小学音乐教学契合度不高,大大影响了微课的质量与效果。

(二)微课使用的形式单一,缺乏趣味性

当前微课的应用主要是为学生播放视频。教师没有相应的教学情境、探究问题以及活动设计方案相对应,从而使得微课的使用变成了"视频欣赏",学生的活动少,思维得不到有效调动。虽然表面上学生兴趣较高,观看微课变成了看电影式的"休闲"时光,大大影响了微课的教学目标实现。这样的微课使用,效率低、松散、缺乏趣味性。

(三)微课资源与生活联系少,缺乏生活气息

由于当前教师对于微课资源的搜集主要是从网络上搜集获得的,自己创作的少,对于视频的加工制作少,因而使得很多微课资源与学生的生活联系不够紧密。这样的微课资源缺乏生活气息,很难让学生产生亲近感,从而使得微课的使用效果大打折扣。

二、微课在小学音乐教学中建设与应用的策略

(一)重视微课资源建设,为微课的有效应用提供有力保障

微课资源的建设,分为内容选择、视频制作两个部分。在内容的选择上,集合学区片和本校优秀教育工作者的教学实践经验,梳理出适合微视频形式的教学内容及知识点,将音乐教材中的具体模块进行梳理,同时学习市场上热门微视频的制作特点,做好内容的建设工作。在这方面,我们秉持的宗旨是与小学生的身心发展特点相适应,能够激发学生的学习兴趣,调动学生的好奇心。同时还要在音乐教学方面彰显出教育功能,从歌曲的演唱、曲调的学习、节奏感的形成、曲谱的认知等多角度出发,充分考量学生的学习诉求与小学音乐教材的内容,实现教育性与趣味性的有机统一。

在微课内容的选择上,我们还充分发挥主观能动性,既发挥了网络的作用,通过搜集整理音乐资料的形式,得到了大量的微课资源,同时,又充分考虑小学生的学习诉求,对于搜集到的微课资源进行创新性改造,将微课资源与小学生生活密切联系,融入多种生活元素,将学生生活与音乐教学紧密结合在一起,引导学生在学习中感受生活,使学生在音乐学习活动中感受生活,在生活中体验音乐,实现音乐教学与生活的有机融合,促进学生音乐教学的生活化。另外,我们还根据微课资源的特点,将其与游戏教学有机相连,对于微课资源进行开发与建设,与传统游戏活动,当前流行的游戏活动进行关联,让孩子们能够在快乐的游戏活动中与音乐教学资料亲密接触,从而获得良好的音乐体验与感受。教师将学生们游戏的过程以及在游戏中学习音乐的片段整理成视频资源,可以直接成为今后的微课所用,使得微课资源得到了丰富,为微课的有效应用打下了坚实的基础。

(二)微课应用于小学音乐学科的策略经验

微课在小学音乐学科教学中的具体应用,应该充分尊重小学音乐的学科特

点。小学音乐处于音乐教学的起始阶段,对于小学生乐理知识体系的形成、音乐专长的培养以及音乐兴趣培养等方面,是非常关键的时期。该阶段的教学一定要从学生兴趣出发,积极引领学生真正投入到音乐学科的学习中去,从而获得良好的音乐体验与感受,从而调动学生音乐学习的积极性与主动性。为了实现该教育目标,结合小学音乐学科的特点,在微课内容的选择及视频制作方面,我们要做到有的放矢,具体问题具体分析。在音乐课堂上,要求微课的制作能体现能够满足学生赏析、演唱、读懂基本的读谱知识,调动学生的兴趣和积极性。

1.微课在乐理知识教学中的应用

乐理知识作为学习音乐的基石,在音乐教学中具有非常重要的意义。但对于小学生而言,乐理知识往往比较枯燥,不容易被接受。很多学生对于乐理知识缺乏兴趣,感觉难学,记不住,久而久之就会产生畏难情绪,失去学习信心。针对这种情况,教师可以通过录制生动有趣的微课的形式,集中学生的注意力,吸引学生对乐理知识的关注,从而激发学生学习乐理知识的兴趣。

比如在小节的概念乐理知识的教学中,教师就可以将乐理知识形象化,通过形象的比喻,让学生将竹子的“节”与乐理知识中的“小节”进行形象化关联。教师事先录制好竹子的视频,让学生对于竹子的内部结构有充分的了解与把握,从而对于小节、小节线的概念及作用有了较为直观的感受,这样就避免了纯粹的理论性讲述枯燥乏味的缺点,从而使得学生较为容易的理解乐理知识,获得了良好的学习成效,成功化解了教学难题。

2.微课在歌唱教学中的应用

歌唱是非常受学生欢迎的音乐学习内容。在歌唱教学中,充分发挥微课的作用,能够给予学生正确的演唱引领与示范,给学生提供良好的学习样本,有助于演唱的规范性。在歌唱教学中,教师一般先为学生播放所学习曲目的原唱视频,引领学生更好的进入到歌曲的情境之中,从而对于歌曲的意境、主题、演唱风格等有一个非常明确的把握,并通过反复观看视频,对于所学习曲目的情感体验逐渐加深,为学生成功学习与演绎该曲目创造了条件。

同时,在歌曲教学中,教师要充分发挥学生的主体性作用,指导学生录制微课。通过微课的录制的形式,让学生事先将自己对于歌曲知识的了解,或者是歌曲学习的过程录制下来,并在课堂上播放,以提高学生的音乐自主学习能力,增强音乐活动的信心,激发学生的学习兴趣。

比如,在学习《大家一起来》这首歌曲的时候,教师就让学生们自己录制微课,将自己对于歌曲的唱法认识录制下来,在课堂上播放,充分尊重了学生的主体地位,让孩子们获得了自豪感与自信心,从而对于音乐课堂学习的兴趣大增。

再者,教师可以通过微课的使用,实现学生自主学习与合作学习相结合。教师可以发挥微课的作用,用微课为学生提供自主学习与合作学习的机会。学生通过自主学习、小组合作等形式对于如何提高歌曲欣赏能力,如何提高歌唱水平、如何把握节奏等问题进行思考、讨论,在思维的交流与碰撞中把握歌曲学习的方法与技巧。学生在音乐学科学习方面掌握了歌曲演唱的技巧,对于音乐学科学习的畏惧感消失,从而有助于增强学生的学习兴趣,促进学生对于音乐学科学习的热爱,提高学生的音乐学习热情。

例如,在音乐课堂上学习《马刀舞曲》这首乐曲的时候,在演唱方面有优势的学生将自己在歌曲学习中的技巧与办法录制成了微课,与同学们进行了分享,从而大大增强了学生的音乐学习兴趣,取得了良好的学习效果。

3.微课在演奏技巧教学中的应用

器乐的学习也是提升学生综合素质的一个关键部分,教师无法一一对学生的演奏手法进行指导,通过微课,可以通过观看视频学习演奏人员的手形及指法,自己在课后加强练习,也可以让学生通过录制微课与大家交流分享的方式,巩固技法,提升自身演奏能力。

器乐学习对于器乐教学设备、学生的学习条件、练习时间等要求较高,因而在小学音乐教学中是难点。演奏技巧的把握不是通过教师的基础性讲解就能够解决的,需要学生花心思、花时间去揣摩、练习、巩固。教师可以通过指导学生观看微课的形式,让学生对于演奏的手法与技巧进行观察与探讨,这样就使得整个演奏过程更加具体,并能够针对教学难点问题进行暂停或者是重复性播放,让学生通过思考,或者是反复观看视频的形式,对于疑难点问题不停回顾,并在回顾中进行讨论、交流,通过思维的碰撞成功化解学习难点。

同时,在演奏技巧的教学中,教师既要关注全体学生,同时也要注重教学策略的针对性。尤其是对于那些乐器基础差的学生,教师要做好标注,对其加以特别关注。对于这些学生,教师可以将微课单独发给他们,并在课下与这类学生多沟通联系,勤关注、多关心,对于学生在家里是否多次观看微课,是否在父母的帮助下对于微课中的演奏技巧有了熟练的把握有一个更加深入的了解,从而让每一个学生都能够攻克学习难点,获得音乐学习能力的提升。

三、教学实际中微课应用的方向建议

教师在教学中,应该对微课使用的范围、频率、时间等有一个明确的把握,既要充分发挥微课的作用,又要考虑学生的接受能力、教学环节的把控等。目前我们将微课作为课堂教学的补充环节。是否应该将微课应用于课前自主学习、课上精讲知识点、课下复习巩固三个模块,与面对面教学过程形成紧密互动,还需要在具体的音乐教学实践中进行效果评估,观察教学效果,制定具体的应用策略。微课的应用不仅仅是教师、学生之间的事情,与学校的课程安排、课程建设、资源条件等密切相关。微课在具体应用中应该如何使用,还需要教师在教学实践中去探索。

在当前教学信息化的大环境下,微课教学以其独特的魅力在课堂中对师生产生了颇为深远的影响,成为音乐课程资源改革的风向标。但微课在具体应用的过程中还存在着很多的问题。只有正视这些问题,并针对问题找到解决问题的方法与策略,才能充分发挥微课的作用,为小学音乐课堂教学效率的提高,为小学生音乐学习能力的提升与学科核心素养的发展,创造良好的条件。希望本文能够为提高小学音乐教学中微课使用的质量做出贡献。

参考文献

[1]方冰.小学音乐教学开展中微课教学创新实践探究[J].戏剧之家,2021(03):98–99.

[2]肖杨.让微课走进小学音乐课堂[J].读写算,2020(27):9.

[3]单晶晶.积极引入"微课",助力小学音乐高效课堂[J].智力,2020(26):165–166.

[4]黄莉.小学音乐微课的制作与教学[J].中小学音乐教育,2020(08):32–33.

小学音乐合唱社团提升学生音乐核心素养的研究

天津市北辰区模范小学　王学荣　王彦合

摘　要：根据教育部印发《关于全面深化课程改革落实立德树人根本任务的意见》，"核心素养"是音乐课的核心，是音乐课程发展引领风帆，为我们音乐发展指引了明确的方向。小学合唱团不仅有利于培养小学生的音乐情感和集体意识，而且对培养学生的艺术修养和合作共处精神，提高学生的音乐素质具有重要意义，可以有效促进和提高学生综合音乐素质。当前大多数小学的合唱社团都是为了参加区级和市级的文艺展演比赛而开设的合唱社团，其根本目的是为了在比赛中取得好的名次，忽视了合唱社团的根本目的和意义，那就是对学生核心素养的培养。在合唱社团教学过程中，教师应当正确认识到合唱社团的根本重要意义，不是为了比赛取得好的成绩而忽视了对学生核心素养的培养。培养小学生音乐核心素养的方法和途径有很多，在小学音乐合唱社团就是其中的一种，在合唱社团中对学生音乐核心素养的培养效果是非常显著的。通过小学音乐合唱社团中合唱教培养学生的音乐核心素养，应当成为当前学校合唱社团教学实践中的重要课程，而不是为了文艺展演成绩而开设合唱社团，实践证实，小学音乐合唱社团可以在一定程度上强化学生音乐素质，对小学生核心素养培养教育意义非凡。下面我们对小学音乐合唱社团提升学生音乐核心素养展开论证分析。

关键词：小学　合唱社团　核心素养

　　小学音乐合唱社团是指小学生不分年级自愿形成的没有界限歌唱团体,这个群体有一个共同的爱好就是唱歌,合唱团的活动是为了保证学生在不影响学校教学秩序的情况下完成学习任务。合唱艺术是音乐艺术形式之一,极具感染力,把合唱社团作为载体以合唱作品作为知识传播传递的媒介,有效促进和提升小学生对音乐艺术架构的认知,更能提高小学生形成较高的艺术素养,从而提升学生音乐核心素养。小学生经过在合唱社团中的学习能够加入自己的见解、感受形成个人的音乐鉴赏眼光,能够满足小学生自我学习、自我发展的需要,提高音乐审美能力,激发和培养小学生的思维和个性,在此基础上激发小学生的创造能力和创作热情。我们通常所说的核心素养,即学生在课堂学习活动中学生习得有解决和处理问题的能力。从现在教学活动来说,核心素养不是独立存在的个体,与知识和能力要素之间的关系它们相辅相成、相互促进。核心素养最终的目的是实现育人。音乐知识的学习和技能的学习是小学生音乐核心素养其中的重要组成部分。在小学音乐合唱社团中除了学习音乐知识和技能之外,更重要的是能够促进小学生发现和感知音乐的美,提高学生审美价值和创造表达能力,能够在合唱社团中学生能够用歌声表达爱好生成美和创造美。小学合唱社的音乐核心素养不仅是学习音乐知识和实际演唱能力,更要具备较高的音乐认知能力和审美能力。

一、在合唱社团实践活动中提升小学生艺术表现

　　艺术表现在音乐素养当中属于实际操作的技术层面,无论有多好的审美,多丰富的知识背景,不能真正地传达给学生,不能培养学生真正的音乐相关的能力,就是无效活动。小学合唱社团是常规课的延伸补充,要求也要比《音乐课程标准》更精细化、专业化、艺术化。这三个研究点是相辅相成、相互联系的关系。明白了音乐要素与音乐形象的关系,通过规律性的科学系统的教学方法,实现学生真实地建立在音乐基础上的高级乐趣。

　　在小学合唱社团活动中用情景教学法,利用多媒体技术给学生创造身临其境

音乐合唱氛围,引起情感的共;还可以体播放其他小学生的合唱视频,让学生学习感受别人所表现出来的艺术表现力。在小学合唱社团活动时应注意多互动掌握和了解学生的需求,及时反馈在合唱社团活动过程中的不足,并做出针对性的措施,帮助小学生掌握合唱表演的艺术表现力。

无论是合唱排练中需要用到的知识与作品的选择,还是排练活动中环节、过程的安排,都是需要循序渐进的过程,是规律的、理性的、逻辑的系统性过程,这样才能培养学生扎实的音乐基础,实现学生理性音乐思维的建设。提高小学生合唱艺术表现力是漫长的过程,教师和学生都有耐心和信心。教师在活动时积极引导小学生自评、他评、互评价,鼓励学生大胆阐述自己看法说出疑问,这样有助于我们教师分析问题、解决问题。

音乐要素与音乐形象关系,是通过合唱这种艺术形式把冷冰冰的乐谱转化成具象的音乐声音形象的过程,此部分不仅要研究音乐作品中旋律、节奏、音乐表情符号是怎样表现作曲家的情感,更重要的是用什么方法将这些知识传达给学生,丰富学生的情感与心灵体验,实现情感的共鸣。有了专业的音乐素质才能够进一步提升小学生对音乐作品,对音乐理解的艺术表现。例如,在合唱社团活动时教会学生分析乐谱的表情符号,也就是乐谱中的力度记号和演唱记号,学生理解后还要结合该乐句的歌词的情感,最后通过演唱来表现乐曲真是的情绪感情。学生只有理解和了解这些音乐表情记号,才能够在演唱时用声音来表达出来。

人对事物产生兴趣也是分阶段的心理建设过程,开始的兴趣并不是真正的兴趣,可以说仅仅是新鲜好奇,在痛苦的学习和重复枯燥的练习中产生各种厌烦、放弃的念头,再通过能力积累和创造性、偶然性事件的升华,实现思维、心理理性的认识与质变,才能产生真正的兴趣。由于小学生音乐素质能力有限,在我们音乐合唱社团活动排练时学生进度非常慢,长时间的学习一首歌曲就会导致学生兴趣下降,甚至会导致排练的作品停滞不前。这是非常常见的一种现象,所以我们会选择一些学生喜欢的简单的流行的短小的音乐作品来激起兴趣,虽然作品简单学生学会后会有很强的成就感,还可以利用大课间向全校师生展示,以此来激起学生的兴趣,激起了兴趣在回到一些难的稍微大的作品,学生既不会觉得枯燥无味了。总而言之,在我们合唱社团开展时有必要穿插一些简单的合唱作品来引起兴趣是很有必要的。

二、解读作品人文内涵，提高小学合唱团文化理解能力

音乐核心素养的三个维度是相辅相成的关系，文化理解作为三个维度中的理性层面，要求我们通过合唱作品中对音乐作品的感知和表现，来理解不同作品中不同文化语境下的音乐和艺术的文化内涵，关注音乐作品从一个文化方向，了解音乐艺术所蕴含的丰富文化历史内涵。目前在各小学合唱团现状看来，合唱团关注团队学生自身演唱能力和团队演唱效果更为注重和强调，很少对作品的作曲家、音乐创作背景时期、历史内涵等文化方面进行分析讲解，这无疑是会影响到学生对音乐作品的表现和对作品音乐审美的认知，导致合唱团在作品呈现上会让欣赏者感受到有这一方面的缺失。如今国内外适合于小学合唱团基础日常训练、参演比赛、音乐会展示的合唱作品内容、风格、形式丰富多样，这时我们在训练中以作品为基础，从传播文化的角度帮助学生树立对音乐文化认识，所以我们应当在合唱训练中重视对此方面的渗透和学习。

联系合唱团的研究方向，合唱团从作品分析的角度来提升小学生文化理解能力，在涉及的多类音乐作品中提高对多元文化的认知能力。中外许多合唱作品中包含了时代性、民族性、地域性等特点，不同的音乐语言体系和风格体系都具有极强的感染力和文化渗透力。例如，我们在实践中分四个阶段进行，首先当教师确定选用合唱作品后对本首作品进行深入的调查，查阅相关作品资料进行全面的认识；然后在合唱团前期初步演唱中渗透对作品的创作背景、创作内容、作曲家方面进行简介；接下来在学生能够完成和声配合演唱，有了和声听觉、理论学习的经验后，对作品的人文内涵进行细致分析讲解，例如不同民族采用不同的记谱法，不同地区因为地域原因音乐具有地区风格，不同时期的音乐具有不同的文化背景等，通过进一步的认识加深对作品的理解；最后在合唱作品成熟时期，引导学生们谈谈自己对作品的认识和自己的看法，说说如果我们学生自己可以以什么样的方式来演绎作品，这样还能够生成出不一样的表演形式或者表演风格，或者在有了文

化认知后合唱团对作品情感的展现更为生动、形象。

在合唱团训练中人文内容还应从多方面来渗入，可以结合生活经验、自主钻研，辩证了解音乐，理解音乐文化，使得更加准确地表达音乐。首先，让学生联系自己的生活经验，结合知识的积累，从音乐作品文化层面出发，一步步将自己的感悟提升到理性认识和对作品的辨析，找到与音乐情感内容的契合点去感受和表现音乐，学生文化理解能力得以提升。其次，从学生的心理特点和实际能力出发，鼓励学生去采用启发式、互动式、合作式等多种方式自主探索和研究，教师在其过程中根据学生的心理活动进行正确的引导和方向，不局限不干涉学生的自主探索活动，学生能力逐渐被培养起来，理想思考的能力便慢慢得到提升。在组织学生展开探究和钻研的过程中，教师及时对学生进行鼓励和赞赏。再次，在合唱团活动中对音乐作品要进行辩证赏析，强化理性思维，教师组织学生对音乐作品进行对比性的分析，从感性认识上升到理性认识，构建学生的思维结构和学会分析的方法，在自己的演唱的作品中能够对其文化层面有理解和认识。

三、落实细节，在体验中获得审美感知

合唱社团作为课堂教学的延伸，在实施审美教育中同样占有重要的作用。情感是歌唱艺术的灵魂，在合唱团演唱的作品中无论是乐曲的创作还是歌曲的表现都更为专业化，难度高于课堂教学作品，具有较强的艺术性和情感性，是人类的思想与情感的真实反映。如果一个合唱团的声音演唱技术方面非常高超，但是合唱作品缺少情感方面的表现，便失去了音乐最核心的东西——情感，如同没有的灵魂。在我们的研究中从合唱团教师角度出发，指挥既是一个作品的导演，也是一个作品的演员，不仅仅对合唱团学生产生影响，同时直接影响音乐表现的效果。在合唱排练过程中教师通过自己指挥引导学生有感情的演唱作品、理解作品，最终达到情感的自然抒发，提高合唱团学生的审美能力。例如，指挥的手势不能够死板，要有律动感；指挥要引导学生模仿教师的演唱状态，所以教师的语言语气和神态表情要生动形象，具有带动性；指挥的肢体要有体态美，将音乐线条美感感染、传递给学生；强化团队教师文化素养，其对作品的产生背景、内容形式和风格特点等要有自己的分析和理解,才能够精准地把握词作者的审美内涵,通过解读来完善指挥动作,结合神态和体态与合唱团学生之间建立音乐灵魂上的沟通。在学生有了一定的技能经验和知识储备能力后,会对音乐作品产生审美认知,做到多方位理解音乐的内涵,这样才能够准确地把握每首歌曲的不同情感特征,做到声情并茂。

音乐是听觉的艺术。通过对声音的理性和外在感知,提高学生的内听能力对提高学生的审美具有重要作用。结合多种感官的合理调动,还可以丰富歌曲的艺术表现力。内在听觉是一种内在的思维语言。每个人听完音乐都会有一个内心的印象。是个人对外界声音的感受和积累,通过这种感受和积累,可以获得一定的内在理解。在合唱团训练中我们注重对演唱声音的训练,听觉意识的建立往往被忽略,学生对音乐的感性认识多,理性认识少,这样会对合唱团的进一步发展有所局限。合唱凭借其协调、统一等特点在提高合唱团音乐听觉方面独具优势,选择以声音为媒介,开发学生听觉能力,从外在听觉到内在听觉进行听觉上的全方位的研究,从而达到审美能力的提升。例如:

(1)对合唱团学生进行音乐记忆力的训练,从音调记忆和节奏记忆两个方面入手,训练学生对音高掌握和对基础性乐理有一定的掌握。

(2)合唱团学生旋律性内在听觉训练,侧重于对音乐作品音效的横向训练,是培养合唱团学生对音乐的全面了解和记忆能力。

(3)关注和声内在听觉,即合唱作品的纵向听觉建立,是听力的和谐训练的重要一部分。纵向思维与内在听觉有直接的关系,将横向听觉与纵向听觉相结合,必定会产生和谐的声音为学生带来一场听觉的盛宴,获得美的体验。

(4)从速度感和节拍感两个方面进行内心听觉的训练。不同作品有着不同的节奏、节拍、速度,我们在日常训练中应涉及广泛,学生在合作中建立中建立音乐的稳定性。

(5)建立起学生个体与合唱团、合唱团与指挥和伴奏教师、合唱团与乐器、合唱团与音乐作品、合唱团与音乐伴奏等之间的听觉桥梁,在相互配合中构建对音乐作品理性和感性的整体认知,从而达到合唱统一性的最佳视觉和听觉的效果。

同时,通过有针对性的教学活动对学生视觉、听觉、肢体、语言、心理活动等在身体内各种感官上刺激,来帮助于合唱团学生去体验、去表现音乐。在多重感官的开发下,联系音乐作品,用恰当的艺术表现形式表达音乐,这不仅丰富了歌曲的表现形式还能够对艺术作品进行创新,学生获得新的审美体验。

四、结语

总之,在我们的实践中应多反思、多思考,利用有效的教学途径开展小学合唱社团活动,通过合唱社团提升学生核心素养,在我们的音乐教育中,培养学生的鉴赏力、审美力、想象力和创造力,遵循音乐教育的规律,培养学生的高尚情操,锤炼意志品质,在此基础上形成正确的人生观、价值观,具有时效性和社会责任感的人。

参考文献

[1]谢国刚.以人为本,落实核心素养[J].黄河之声,2017(02):51.

[2]王斐.小学音乐课堂如何培养学生的核心素养[J].黄河之声,2019(11):92.

[3]郭文鹏.浅谈如何通过合唱教学培养学生艺术表现力[J].课程教育研究,2019(45):230.

[4]柳霖琪.校园合唱艺术对促进学生发展的意义[J].甘肃教育,2009,621(01):72.

浅谈同构联觉机制在培养小学生音乐审美感知能力中的促进作用

天津市和平区万全小学　刘姝岐

摘　要: 在小学音乐教学中,音乐审美感知能力的培养是音乐学科核心素养中的重要组成部分。合理利用心理学范畴的"同构联觉"机制,建立自身已有生活经验与所学音乐知识之间的同构与联觉,调动学生的感知觉来发挥其音乐想象力,在充分地感受、体验、探索中学习音乐知识,掌握音乐技能,在提高小学音乐课堂教学效率的同时,不断提升小学生音乐审美感知能力,促进音乐学科核心素的培养。本文将通过对同构联觉机制的分析与研究及如何探索更有效地运用同构联觉机制,在音乐教学实践中提升音乐审美感知能力方面阐述自己的观点,力求以提高学生音乐核心素养为目的,探索一条新型有效的小学音乐教学实践实操路径。

关键词: 同构联觉　审美感知能力　促进

音乐是表达情感的艺术,当优美、健康的音乐与人的心理产生和谐共振并被陶醉时,我们便会产生一种积极、正向、愉悦的情感体验。在小学基础教育阶段,音乐教育的本质在于通过学生学习音乐,提升对音乐艺术的体验感,增强审美意识,在音乐中体验美,感知美,达到审美愉悦,进而培养和提升审美能力。如何高效快速地提升小学生音乐审美感知能力,这一问题便成为我们一线教育工作者亟待解决的内容。在工作实践中,我不断探索、实践运用"同构联觉"机制,提升小学生音乐审美感知能力的方法和策略。

同构联觉一词在心理学领域中属于一个特有名词，它是指由一种感官刺激引起另一种感官感受变化的心理活动。实践证明，音乐与其表现对象之间有某种同构关系，它可以将音的基本性质与人类情感进行连接，如音的发音状态、高低、强弱等。因此，我认为探索如何运用同构联觉机制，调动学生学习兴趣，激发他们积极的情感体验，对提升小学生音乐审美感知能力有着重要的促进作用。

在不断的实践、研究过程中，我认为合理运用同构联觉机制，提升小学生音乐审美感知能力应把握以下几个原则：

一、建立"同构联觉"理念，以生为本，立足实践

科学表明，同构联觉机制为人类与生俱来的本能，通过音乐的载体可以更好地表达人的情感，在聆听音乐的过程中，聆听者只需认真聆听，发挥想象力；养成在同构联觉机制下的聆听习惯，便能得到生动的聆听体验，进而促进音乐审美感知能力。

在我们平时的教育教学工作中，如果能将同构联觉机制作为一种理念，在充分了解学生年龄、心理水平的基础上，站在学生的角度来思考问题，在实践中探索中设计出有趣多样的音乐教学实践活动，充分调动学生学习的积极性，通过逐层递进的教学实践活动，让学生在积极的心理体验中建立音乐的同构联觉关系，充分体验、感受、表现音乐的美，必将会给学生们带来丰富的音乐审美感知体验，音乐知识与音乐技能的水平也将不断提升，两者相辅相成，互相助推。因此，在平时的教学实践中，建立"同构联觉"的理念，积极设计相应的音乐实践活动，充分调动学生学习动力，会在教学过程中收到更好的效果。

二、深挖教材，在同构联觉机制基础上，精心设计教案

多年的教学实践工作让我总结出，要想上好一节音乐课，首先就要在充分了解所教学段学生年龄及其心理特点的基础上，将本学段教材的内容进行反复、细致地研读与分析，通过反复观察作品本身，认真研读教参内容，将所教音乐作品的音乐风格、曲式结构及节奏、旋律等特点烂熟于心，准确找出所教歌曲、乐曲的重难点部分，然后思考如何运用同构联觉机制，设计一系列突破、解决重难点的教学方法及有趣的音乐实践活动，来激发学生学习的热情及保持学习积极性的劲头。最后还需要注意在撰写教案时，对学生会发生的情况进行全面的预设，如果每节音乐课都能基于这样的教学思考，我想学生们一定会在教师的引导下，保持高涨的情绪，学习新知识，掌握新技能。

例如:《牧场上的家》这一课，在备课时我了解到这首歌曲是一首广泛流传的美国田园牧童歌曲。四三拍的节奏，节奏匀称，旋律优美、流畅，结构为带再现的单二部曲式，由四个乐句组成，其中有三个乐句材料相同，描绘了绿草茵茵的牧场美景，第四乐句再现第二乐句，表现对自己家乡的无限依恋，将歌曲推向高潮。它使人们完全沉浸在这美丽的家园情景之中，表达了人们对家乡甜美生活的热爱情感。歌词给学生们勾勒出一幅在美丽的牧场上的画面。最后的乐句再现了歌曲第二乐句的旋律，曲调又趋平稳，它使人们完全沉浸在这美丽的家园情景之中，感受和表达了对可爱的家甜美生活的热爱情感。

结合上面的教材分析，我将歌曲的教学重点我制订为:学生能用平稳、悠长的气息和柔和、连贯的声音，富有表情地歌唱歌曲，表达对家的依恋及对美好生活的憧憬。教学难点为弱起小节、附点音符、长音的延长时值及一音多字的学习。在钻研教材后，课上我采用多种有趣的音乐实践活动;如对比聆听选择不同的画面，在认真聆听歌曲的基础上，引导学生通过速度、节拍、节奏等音乐要素的感知，辨别歌曲旋律适合的图画，将音乐与学生感受及以往的经验之间进行了同构联觉，学

生们在愉快的情绪中积极主动的自主学习,学习效果很好。

三、创设良好的审美体验情景,建构与音乐的同构联觉关系

要建构与音乐的同构联觉关系,要求教师既要具备强大的教学设计能力,又要有能为学生创设良好审美体验情景的能力。在创设情景中,让学生快速融入教学内容的学习情景中,能够达到事半功倍的效果。

例如,在教授《小白船》这一课中,我采用了情境导入的方法。在课的开始我就给学生播放了一段这首歌曲的伴奏,以游戏"考考你的小耳朵"的形式,引导学生认真聆听,说出歌曲的拍号、强弱规律及情绪,并提问学生如果用一幅图表示,用游乐场还是夜空的图片更适合呢?通过这样的方法引导学生用听、看、体验、表演等方式,不仅将学生马上带入美丽幽静的夜空情景中,感受歌曲优美、抒情的情绪,还提高了学生节拍的听辨能力,激发了他们的学习兴趣,进而提升了他们音乐审美感知能力。

四、调动多种感官参与音乐实践,建构与音乐的同构联觉关系

音乐知识的学习如果只是一味枯燥地讲解,对于小学生来说,一定不能充分激发他们学习的积极性,对知识的掌握也会流于形式。在教学实践中,教师若能承担好引导学生有目的用手、眼、口、腿、脚等多种感官参与音乐实践活动这个角色,必定能迅速与音乐建立起相应的同构联觉关系,让学生在不知不觉的愉快情绪中学习音乐知识,快速掌握技能,进而提升音乐审美感知能力。

(一)建立音乐与动作之间的同构联觉关系

将音乐与一些动作相结合的做法由来以及,目前最为广泛流传的教学法之一便是体态律动教学法,它是由瑞士音乐教育家达尔克罗兹所提出的。他的理念是,让学生在听到音乐或是表现音乐的时候动起来,通过动作的方式来表现对音乐的理解与自我感受。这种做法不仅适用于唱歌课,同样也适用于欣赏课。欣赏音乐的过程中,把动作与音乐融合在一起,让学生伴着美妙动听的音乐,用律动、打节拍或节奏等动作,感受音乐要素在音乐表现中的重要作用,充分发挥了学生学习的自主性,艺术的表现形式更加开放,学生从动作的体验中逐步学习音乐知识,掌握音乐技能,进一步培养了音乐审美感知能力。

例如,在教授《捉迷藏》一课时,我从一开始就有计划,有目的地引导学生进行听辨节拍游戏及跟歌曲伴奏自己创编 3/4 拍后两个弱拍动作的音乐活动。学生们要在关注音乐节拍和自己创编什么动作的同时,注意聆听歌曲,并在适当的位置做出相应的律动。然后再请同学们听一段乐曲并引导他们通过自己的感知,跟着音乐用手划出旋律走向,表现自己听到的音的高低,第二段老师带领做动作。

通过这样的教学设计,学生们迅速建立了与歌曲旋律、节拍之间的同构联觉关系,充分感受了歌曲的节拍、旋律走向等基本音乐要素在表现歌曲轻松、愉快情绪中的作用,对音乐审美感知能力的提升有着很大的促进作用。长此以往,学生慢慢会形成自己对音乐要素感受的基本能力,这就为发挥同构联觉机制做出了很好的前期积淀,学生的音乐感受力越强,那内心的音乐想象力就会更加丰富多彩,对音乐的体验感比其他人也会更加的深刻、细腻。

(二)建立音乐与画面之间的同构联觉关系

根据小学生的年龄特征,他们正处于生理和心理迅速发展阶段,好奇心强,但认知水平低,尤其是缺乏持久性,思维呈现出直观、具体、形象等特点,由于音乐的非具象性,使得小学生们在欣赏音乐的时候很难在有限的时间内捕捉到音乐的特点,如果教师能够利用精美的图片、视频或简单易画的图形、线条,让学生在画面的欣赏及感受中建立与音乐的同构联觉关系,就能更好地帮助学生理解不同风格的音乐作品,感受其内在音乐要素之间的关系,从而提升学生音乐审美感知能力,促进学习效果。

例如,对人音版二年级教材中《单簧管波尔卡》乐曲的聆听体验中,教师可以通过展示图形谱(图1),带领学生快速了解整首乐曲的音乐旋律走向。

图 1

二年级的学生对音乐主题以及曲式结构的概念还很模糊,但是通过图形谱,学生可以直观感受到乐曲在什么地方发生了变化,又在哪些地方出现了重复的音乐片段,这样的设计对于低年级段的学生而言,充分调动了学生学习的主动性,积极将画面与音乐进行了同构联觉,在感受音乐的同时,理解了旋律走向,曲式结构等音乐表现要素在音乐形象表现中的作用,增添欣赏乐曲趣味性的同时,又能很好地夯实学生今后的音乐基础,进而培养学生良好的音乐感知能力。

(三)建立音乐与游戏之间的同构联觉关系

小学生爱玩是天性,教师如若将音乐与"游戏"融合起来,建立两者之间的同构联觉关系,必将显著提升音乐课的效率。教师首先要深入钻研教材,根据学生的年龄及所学音乐作品的特点,设计相应有趣、简单而有效的音乐游戏,让学生在音乐与游戏之间建立同构联觉关系,激发他们学习音乐的热情,并引导他们在积极主动的情绪中学习,加深对作品的感受与理解,不断提升其音乐审美感知能力。

例如,《牧场上的家》的教学中,在充分感受歌曲节拍和情绪特点后,我利用白板课件出示关闭的大门,用请同学准确地读出节奏密码打开牧场大门的游戏,引导学生通过游戏中的对比节奏的变化,逐步复习弱起小节、附点音符、连线并引导学生正确打着节拍,读出节奏谱。这样的设计基于同构联觉的理念,使学生在多种音乐实践活动中,逐步感受、体会音乐本体的东西,在浓厚的兴趣促使下,就能很快地解决歌曲中出现的难点节奏型,为后面的演唱奠定了良好的基础。

五、培养良好的聆听习惯,建构与音乐的同构联觉关系

培养良好的聆听音乐的习惯,对于建构与音乐的同构联觉机制起着至关重要的作用。因为一个人如果置身于嘈杂的环境,不可能静下心来聆听,也无法走进音乐,不能建立与音乐的同构联觉关系,就更不可能深刻地体会音乐作品所表现的情绪、内容及音乐要素之间的关系等复杂的音乐感受了。

在日常的音乐教学实践活动中,我尤其注意培养学生在安静环境中聆听音乐的良好习惯。我会在每一学期的第一节课重点强调安静聆听音乐的重要性并做两种对比实验,体会安静聆听音乐的不同。学生们每次都能很惊讶,原来两者有这么大的区别。后面的教学中,我只是坚持关注这一要求,提醒个别同学,没有多久学生们就都能养成良好的音乐聆听习惯了。接着我会培养他们在聆听的基础上,倾听音乐,感受音乐要素对音乐形象产生的作用,了解不用同风格、不同情绪的音乐作品,是由于什么音乐要素构成的。经过一段时间的培养,学生们聆听的敏感度有了明显的提升,聆听的内容更具深度与复杂性,进而丰富了自身的审美感知能力,最终能够更加科学地欣赏更为复杂的音乐作品,从而进一步提升自身感性素质。

综上所述,同构联觉机制对学生音乐学习体验和音乐,传播与个人情感塑造等方面都有着深远及重要的意义。因此,建立同构联觉的理念,通过不断学习、研究、实践,进一步提升运用同构联觉机制的能力,培养学生良好的音乐聆听习惯,

学习观念与意识,更加科学、深入地感受、表现、创造音乐,提升小学生音乐审美感知能力,更好地促进音学科核心素养的发展将成为我今后努力的方向和目标。

参考文献

[1]余音.格式塔心理学"同构"理论对音乐审美的阐释[J].安康师专学报,1993(Z2):17-23.

[2]周海宏.同构联觉——音乐音响与其表现对象之间转换的基本环节[J].中央音乐学院报,1990(02):59-64.

[3]胡杨.巧用联觉进行音乐欣赏教学初探[J].小学教学参考,2018(27):61.

[4]韩旭.浅析同构联觉在音乐欣赏中的作用[J].艺术评鉴,2019(17):13-17.

[5]王海滨.联觉——音乐臻达情感的心理机制[J].才智,2017(16):229.

[6]刘雅楠."联觉"在小学音乐欣赏课堂中有效运用的策略研究[D].上海:上海师范大学,2019.

[7]吴明玲.联觉体验:推开音乐欣赏教学的另一扇窗[J].名师在线,2019(08):74-75.

[8]张宏波.浅谈音乐欣赏课中联觉的运用[J].音乐天地,2019(01):23-25.

地域特色传统文化传承与发展在小学的实践研究

——"白云腰鼓"让雏鹰展翅高飞

天津市津南区咸水沽第六小学　马学云

摘　要：为了开阔学生眼界，培养自立、自强、自信的个性品质，我们先后组织腰鼓队员到天津市塘沽地区参加欢迎外宾的仪式，展示我们民族的文化艺术；组织腰鼓队的学生到天津市蓟州区开展学军活动，增强了他们的组织性和纪律性；组织腰鼓队进行"教师节献礼"活动，使他们懂得用自己独特的方式来感谢亲爱的老师——丰富的社团活动提高了学习兴趣，增强了学生社会实践能力，使更多的孩子把加入腰鼓队学习腰鼓变成一种良好的愿望。

关键词：地域特色　兴趣　个性发展

腰鼓是一种独特的民间大型舞蹈艺术形式，具有两千年以上的历史。独具魅力的腰鼓以豪迈粗犷的动作变化，刚劲奔放的雄浑舞姿，展示出中华民族的朴素而豪放的性格，张扬出独特的艺术个性。腰鼓队自2004年成立以来新老队员300余人，他们勤于训练，自主创新，在腰鼓队的大家庭里，一批批小雏鹰正羽翼丰满，展翅高飞。2006年度，学校将腰鼓开发成校本课程，2~4年级学生全员练习，有效地推动学校的文体工程，促进学生的个性发展。

一、初期社团活动

(一)传承地域特色,组建腰鼓队伍

在 2018 年 1 月,我校考虑到原有的社团仅仅是绘画、棋类、舞蹈、歌唱等一些小型社团,远远不能满足广大学生对文化艺术的渴求,而且我校在十年前曾经拥有一支腰鼓队,后来由于师资力量不足被搁浅。考虑到腰鼓对学生艺术、体育、个性发展等都有促进作用,经校行政研究决定组建一支 40 人的腰鼓队,并多方筹集资金,首次置办 60 个腰鼓供队员训练使用。

教练对腰鼓队员和辅导教师进行动作教授,使教师和队员们学会了腰鼓的基本节奏和基本动作。无论寒风凛冽、雪花纷飞,还是似火骄阳、阴雨连绵,老师和队员们都能克服困难参加训练,因而吸引了广大的少先队员不断加入,队伍逐渐扩大。

(二)社会实践活动,学生参与积极

为了开阔学生眼界,培养自立、自强、自信的个性品质,我们先后组织腰鼓队员到天津市塘沽地区参加欢迎外宾的仪式,展示我们民族的文化艺术;组织腰鼓队的学生到天津市蓟州区开展学军活动,增强了他们的组织性和纪律性;组织腰鼓队进行"教师节献礼"活动,使他们懂得用自己独特的方式来感谢亲爱的老师——丰富的社团活动提高了学习兴趣,增强了学生社会实践能力,使更多的孩子把加入腰鼓队学习腰鼓变成一种良好的愿望。由此,我们构思,研发校本课程,让更多的学生从中受益。

二、研发实施过程

(一)基本设想

近年来我国基础教育的改革重点转向课程,提出了实施"三级课程"的设想,即"实行国家、地方、学校三级课程管理",要求"加快构建符合素质教育要求的新的基础教育课程体系""在保证实施国家课程的基础上,鼓励地方开发适应本地区的地方课程,学校可开发或选用适合本校特点的课程"。我们津南区以葛沽镇民俗为代表有着自己独特的文化氛围和地域特色。受地域文化影响,踩高跷、扭秧歌、敲腰鼓等文化表演形式曾经繁荣一时,我校 10 年前也曾经拥有一支腰鼓队,但是由于各种原因,这支腰鼓队流失了。为了更好地传承民族文化,创建学校文化艺术特色,我校准备以此为突破口,促进学生良好的个性品质形成,学校研究决定,自2018 年将腰鼓设置为校本课程,从 2~3 年级的学生开始,让腰鼓走进课堂。从此,腰鼓学习成为中低年级学生必修的一种舞蹈艺术,使这项活动得以推广,成为我校的文化艺术中特色活动。

(二)研发要求

由于本次将腰鼓作为校本课程的研发内容,在学校尚属首次,这对我们相关的教师和学生来讲都是面临新的挑战。

一方面我们没有现成的资料和经验可以借鉴,这就要求教师在研发过程中努力学习,不断探索,大胆创新,广泛搜集本地区民俗文化,把民俗文化与腰鼓课程相结合,并将音乐节奏和舞蹈艺术融入之中,编写教材,并在实施中不断改进。

另一方面学生原来学习的课程教材都是国家配备,教育局统一购置,现在要师生共同研发新的教材内容,对学生来讲参与其中有相当大的难度。这就要求学生打破原有的学习模式,敢于尝试,不怕困难,勇于实践,能和教师一起搜集资料,开发课程资源,不断充实教材。

(三)研发原则

(1)特色与创新原则。开发腰鼓校本课程是创新教育的重要组成部分,而创新教育又是素质教育的重要部分。所以,腰鼓校本课程的开发必须力求基于创新的理念,包含创新的因素,应该具有本地区自己的创意,突出自己的特色。腰鼓校本课程的开发还要充分考虑地方艺术特色和地方文化背景知识以及相关鼓乐器的介绍,使学生在学习腰鼓的同时,了解自己所在地区的"本土"民俗、艺术文化,拓展知识,增强自信。

(2)课程目标的定位原则。小学腰鼓校本课程目标必须基于对素质教育培养目标的深刻理解,对可能开发空间的明确把握,对教育资源的足够估计。因此,小学腰鼓校本课程目标的确定应注重:①学生学习民族艺术的兴趣和学习意识的培养;②刺激受教育者在视觉、听觉和表现力等方面的发展,培养创新意识;③丰富学校的校园文化,营造轻松、活泼的优良教育与学习环境,有利于少年儿童的身心健康;④传播地方民族艺术的精华和特色。

(3)课程内容的组织原则。腰鼓校本课程内容的组织是课程开发的另一主要问题。它是课程目标的具体化,也是课程实施的操作性依据。校本课程内容必然是要与学校、学生和教师的现实紧密相连,它必须是在教师自己的能力范围之内,而且不能脱离学生的实际需要。

(4)课程评价的原则。建立规范的内部评价机制,是进行校本课程开发的重要保证。校本课程是以学校、教师为主决策进行开发的,课程内容和课程的教学安排由学校根据情况自主进行。因此,校本课程需要更多地依靠学校教师进行自我评价,不断反思课程在开发过程中出现的问题,促进校本课程的良性运作。

(四)研发经过

学校经过研讨确定把腰鼓作为学校的校本课程,首先建立课程研发小组,制定研发方案;然后由小组成员进行调研,并采用个别访问、购买光盘、网上检索、录音录像等形式进行材料准备;而后利用假期编写初期教材,包括电子版和文本两种形式;最后确定实验班开设腰鼓课程并不断进行修正。

(五)实施过程

编写校本教材。经过研发小组的不断努力,将腰鼓的基本节奏和基本动作以文字解说的形式进行编辑,每一个动作都配有相关的照片、图片,每一节动作学习后都有相关的训练游戏,同时把相关的乐器知识和其他的民俗文化形式补充进去,满足了师生使用的要求。

建立组织机构。由教导处管理课程实施情况,课程研发小组不断进行调研,搜集资料,对教材进行调整。课程实施小组每两周开展教研,研究合理的教法与学法。

设定固定课时。按照上级要求,每周设定一节学校课程教授腰鼓。同时每周两次的文体活动时间各年级练习腰鼓。

建立评价机制。为了实施新课程,我们有效的发挥队员、教师、家长等的多元评价机制,采用队员的自评、互评、小组评,辅导教师、班主任的考评,家长的校外评等手段评选每学期的最佳腰鼓手,进行表彰,为学生树立了身边的学习榜样。

三、实施效果

(一)丰富学生生活,促进他们学习兴趣

由于学生参加了腰鼓训练,他们在一起互相切磋,经常在校园,在家中的小院里,挥舞着手中的鼓槌,敲着咚咚的鼓点,丰富了孩子们的生活。他们不仅切磋老师教的舞步和动作,还经常模仿电视、光盘中安塞腰鼓的飞跃动作,自主学习和研究新的动作。他们不再是"电视谜""网吧的常客",而是认真学习,勤于练习的好孩子。通过一段时间的磨炼,老师和家长都反映"孩子们比以前坚强、自信了,学习的劲头更加足了。""吃的饭多了,身姿比以前健美了,动作也协调了。""不爱玩手机,变得懂事多了。"

(二)提高队员艺术情趣,促进他们个性发展

腰鼓更多的是练习舞蹈的步伐、身姿,节奏不仅铿锵有力,而且富于变化。孩子们感受着音乐与鼓点的交融,欣赏着音乐与舞蹈的韵味,陶冶在民族艺术的殿堂里。许多学生因为有了舞蹈基础,在学校艺术节活动中,自己编排舞蹈,设计参赛节目,自信自强,使队员形成自主创新的个性特点。

(三)提高身体素质,推动文体工程

要想打出腰鼓的神韵来,必须有一个好身体。我们结合体育课训练队员的站立行走的姿势,练习舞蹈基本功,加大身体素质的训练,从而提高队员的身体协调能力和身体素质。在学校"2+1"文体活动测试中,腰鼓队的学生成绩都是名列前茅,使我校的文体工程形成自己的特色。在学校运动会和三跳比赛活动中,最佳腰鼓手定是赛场上的运动健将和奖牌获得者。

(四)培养学生积极健康的良好品质

自 2018 年春天组建腰鼓队以来,队员们热情高涨,勤于练习。我们根据不同的演出和展示的要求,确定练习的不同主题,例如:"开展学军活动,争做优秀腰鼓队员"、迎接外宾时的"激情无限民族魂"、教师节的"欢乐的节日"、区运会的"校园金秋"、音乐活动的"欢乐的音符"等,使队员常练常新,并在活动中取得很好的成绩。曾经代表我镇参加在双港的区运会展演活动,代表我区到塘沽参加欢迎外宾仪式,在参加天津市津南区音乐活动展示中获得区级一等奖,欢乐腰鼓队在我区电视台亮相并受到各界人士好评。腰鼓队员们感受到了集体的力量,为共同取得的成绩而欢呼雀跃,增强了集体荣誉感。在每次外出活动中,队员们亲如一家,互相化妆,为晕车的同学备药并主动让座,共同解决遇到的困难,尽管不是同班同学,但是大队员都能照顾好小队员,形成团结友爱,互帮互助的良好氛围。

科学和艺术是人的素质的两大支柱,没有科学知识是蠢人,没有艺术素养是野蛮人。因此,从孔夫子到陶行知都十分强调艺术教育的重要性。事实证明,凡是艺术素质比较高的学生,几乎都是德智体美全面发展的人。所以,大力发展传承地域特色传统文化,挖掘它的教育资源既是教育教学改革的发展趋势,又是民族文化继承和发展的迫切需要。只要我们思想重视,措施实在,定能张扬学生自强不息的民族个性。我们相信,这些新时期的小雏鹰,经过不断的磨炼,将来定会飞向更加广阔的天空。

参考文献

[1]郭志东.安塞腰鼓[M].西安:陕西旅游出版社,2004.

[2]赵连胜.黄土地的骄傲[M].北京:中国文化出版社,2004.

[3]袁福堂,王毓华,樊俊成.陕北民俗研究之十[M].西安:华夏文化出版社,2005.

[4]吕静.陕北文化研究[M].上海:学林出版社,2004.

[5]王杰文.仪式、歌舞与文化展演[M].北京:中国传媒大学出版社,2006.